LabVIEW

LabVIEW기반의 **로봇 개발**
User Created Robot

이 책은
지식 경제부 주관의 지능형 로봇 사업 중의 하나인
User Created Robot(사용자 제작 로봇) 과제 지원을 통해
출판이 되었습니다.

LabVIEW

abVIEW 기반의 로봇 개발
ser Created Robot

| 권오훈 · 홍지수 · 김수환 · 박종경 · 함범철 공저 |

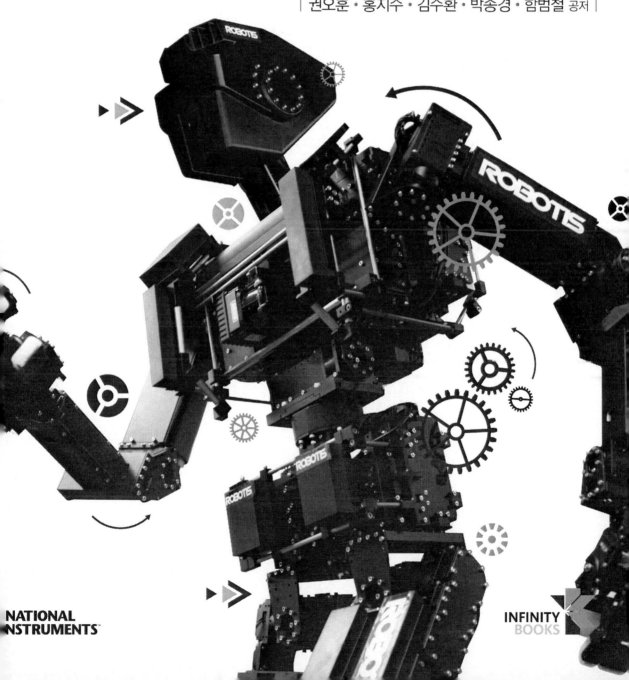

**NATIONAL
NSTRUMENTS**

**INFINITY
BOOKS**

머리말

Robot 개발을 위한 꿈

로봇하면 어떤 것이 떠오르는가? 로보트 태권브이, 터미네이터, 아이언맨, 트랜스포머? 아마도 만화나 영화에서 보았던 로봇들이 생각날 것이다. 이 책을 읽고 있는 엔지니어라면, 적어도 단순히 로봇에 대한 생각만 하는 것이 아니라, 그것을 실제로 구현하기 위한 엔지니어로서의 길을 걸어가고 있는 분들이 아닐까 싶다.

어떻게 하면 로봇을 만들 수 있을까? 처음부터 로보트 태권브이와 같은 로봇을 만들수 없다. 최신기술의 복합체인 로봇을 개발하기 위해서는 정말로 많은 최신 기술을 필요로 하기 때문에, 한 사람의 관심만으로는 접근하기 어려운 것이 현실이다.

그래서 많은 나라에서는 이러한 로봇 공학자를 양성하기 위해 어렸을 때부터 엔지니어링에 관심을 가질 수 있는 다양한 노력들을 하고 있다. 우리나라에서도 User Created Robot(이하 UCR)이라는 프로젝트를 수행하여 많은 미래의 꿈나무들과 실제 그 길을 걷고 있는 학생들에게 학문적인 도움을 주고자 시도하고 있다.

UCR 프로젝트는 비전문가도 만들고자 하는 로봇을 최소한의 노력으로 구현할 수 있는 솔루션을 개발하는 것이 목적이다. 즉, 창의적인 로봇을 만들고, 즐기고, 공유하면서 배울 수 있는 기술과 환경을 구축하여 로봇에 대한 아이디어를 쉽게 현실로 구현할 수 있도록 하겠다는 것이다. 실제 이 책의 내용들은 UCR 프로젝트를 진행하면서 나온 결과물들을 정리하여, 로봇에 관심 있는 공학을 전공한 학생들과 공학도들이 어떻게 로봇을 구현해 나갈지를 쉽게 배울 수 있도록 하기 위하여 제작되었다.

이 책을 통해 로봇 개발자를 꿈꾸는 많은 사람들이 이론이 아니라, 자신만의 로봇을 실제 현실로 구현함으로써 성취감을 느끼고, 또한 부족한 점을 지속적으로 보완해감으로써 더욱 기술력을 축적시키고, 향후 실제 로봇의 개발에 필요한 다양한 학문들을 배울 수 있는 강한 동기부여를 받아, 우리나라가 로봇 강국으로 발돋움하는 데 도움이 되었으면 한다.

저자대표 한국 NI 기술지원부 권오훈 팀장

추천사

한국내쇼날인스트루먼트 기술지원부 엔지니어 여러분의 LabVIEW 기반의 User Created Robot 출간을 진심으로 축하합니다.

지난 25년간 엔지니어를 위한 그래픽 기반의 프로그래밍 언어인 LabVIEW는 기존의 편리한 개발환경의 장점에 안주하지 않고, Real-Time OS, FPGA, RF 등과 같은 최신 기술들을 적용하여 어떠한 산업 영역에서도 LabVIEW 단일 플랫폼만으로 시스템 개발이 가능한 그래픽 기반의 시스템 디자인 플랫폼으로 그 영역을 확장해 왔습니다. 그리고 그중 하나가 바로 로봇 영역입니다.

로봇 기술은 기계, 전기/전자, 제어, 설계와 같은 기존의 전통적인 공학 기술뿐 아니라, 반도체, 인공지능, IT, 네트워크, 의료/생명공학, 신소재 등의 최신 기술들의 집합체라고 할 수 있습니다. 그래서 로봇을 개발하기 위해서는 이러한 다양한 배경지식을 최적화하여 설계하고, 또한 구현할 수 있는 기술이 필요합니다. 하지만, 현실적으로 대학교/대학원 과정에서부터 이러한 요구를 충족시키기에는 한계가 있는 것이 현실입니다. 해외의 경우 어렸을 때부터 엔지니어적인 마인드를 심어주기 위해 다양한 시도들을 하고 있습니다. Lego Wedo나 Mindstorm과 같이 블록과 간단한 센서 및 컨트롤러를 가지고 로봇과 프로그래밍에 대한 흥미를 갖게 하여, 자연스럽게 공학자로서의 꿈을 키워나갈 수 있도록 할 수 있는 플랫폼들이 존재하며, FRC(FIRST Robotics Competition) 같은 Robot 대회를 개최하여 Robot에 대한 다양한 아이디어를 구현하여 경쟁할 수 있는 장을 마련하고 조기 인재 양성을 도모하고 있습니다. 우리나라 역시 이러한 흐름에 맞추어 UCR 프로젝트를 진행함으로써, 우리나라 실정에 맞는 Robot 공학자 양성을 위한 새로운 플랫폼 개발을 위한 다양한 시도들을 진행하는 것에 대해서 많은 기대를 가지고 있습니다. 특히, 이 책에서 다루는 내용과 같이 LabVIEW 기반으로 Dynamixel 모터와 USB Camera만을 연결하여 간단한 Robot을 개발해볼 수 있다는 것은 공학적 마인드를 가진 젊은 인재들을 양성하기에는 정말 좋은 콘텐츠가 될 수 있을 것이란 확신이 듭니다. 이러한 시도를 통해 머지않아 우리나라에도 앞서 언급하였던 외국의 유명한 교육 플랫폼들을 능가하는 플랫폼들이 개발될 수 있을 거라 생각합니다.

아울러 이 책이 로봇 공학자를 꿈꾸는 많은 우리나라의 젊은이들에게 그 꿈을 위한 좋은 출발점이 되고, 향후 성공적인 로봇들을 개발할 수 있기를 바랍니다.

감사합니다.

한국내쇼날인스트루먼트
대표이사 김주엽

감사의 글

어렸을 적, 로보트 태권브이와 마징가Z를 보면서 과학자가 되겠다고 말했던 기억이 납니다. 하지만, 어떻게 하면 그러한 로봇을 만들 수 있을까 하는 고민조차 할 여유 없이 세상이 채근하는 방향대로 살아온 것 같습니다. 꿈이 무엇이고, 무엇을 좋아하며, 무엇을 하고 싶은지 생각할 여유 없이, 대학과 취업에 목표를 두고 모두들 뛰어가고 있는 세상에 살고 있는 듯합니다.

적어도 우리 아이들에게 자신이 좋아하는 로봇을 직접 경험해 볼 수 있는 환경이 있으면 얼마나 좋을까 생각해 본 적이 있습니다. 해외에 존재하는 장난감 회사에서는 이러한 것을 직접 체험하며 놀 수 있는 플랫폼들이 있는 것들을 보았을 때 참 부러웠습니다. 그런데, 저희 NI에서도 여러 업체들과 협력하여 이러한 꿈을 실현할 수 있는 기회가 주어졌습니다. 그것이 바로 User Created Robot(UCR) 프로젝트였습니다. UCR 프로젝트는 로봇에 관심 있는 사람들이 쉽게 로봇을 접할 수 있게 하여 로봇 보급을 활성화하고, 장기적으로 로봇 개발자를 양성하는 플랫폼을 개발하는 것이 목적입니다. 그중 하나로, 학생들이 LabVIEW 프로그램을 기반으로 간단한 Dynamixel 모터와 Web Camera, 그리고 로보티즈 사의 킷을 가지고 로봇에 대한 아이디어를 직접 구현할 수 있도록 도와줄 수 있는 책을 만들게 되었습니다. 자신이 원하는 기구부를 만들고 모터와 카메라를 이용하여 본인이 원하는 목적대로 행동하는 로봇을 개발해 봄으로써, 자신감을 부여하고, 향후 실제 다양한 영역의 로봇 개발자들이 될 수 있게 하는, 그 첫 걸음을 내딛을 수 있도록 하는 것이 목적입니다. 아무쪼록 부족한 이 책이 로봇 개발자의 꿈에 좋은 시작점이 되어, 우리나라가 로봇 강국이 될 수 있는 기반이 되기를 기대합니다. UCR 프로젝트를 위해 지원을 아끼지 않으신 한국내쇼날인스트루먼트 김주엽 대표이사님께 감사 드리며, 특별히 이러한 목적을 위해 밤낮없이 고민하며 콘텐츠 제작에 최선을 다해 임해 주신 기술지원부 직원분들과 이러한 내용들을 실제 배우고 다양한 아이디어로 구현해 주었던 한국 NI 22기 캠퍼스 인턴 여러분들께도 감사의 말씀을 전합니다.

한국 NI 기술지원부 권오훈 팀장

UCR 프로젝트를 처음부터 끝까지 진행하며, 과연 일반인이 쉽게 만들 수 있는 로봇을 어떻게 만들 수 있을 것인지 많은 고민을 했습니다. 놀이로 시작하지만 놀이로만 끝나면 안 된다는 사명감을 가지고 소프트웨어와 하드웨어의 접근성을 낮추는 데 목표를 두었습니다. 많은 로봇 업체들이 하드웨어는 있으나, 소프트웨어의 부재로 대중화를 이끌어내지 못하는 실정에서, 이 책이 하나의 초석이

되었으면 하는 바람입니다. 최근에는 〈라디오 스타〉라는 방송 프로그램에 이 책에서도 다룬, 모터를 이용한 로봇이 나오는 등, 미국 재난 구조 로봇에 참가하는 로봇이 인기를 누리고 있습니다. 이 책을 통해서 단 한 명이라도 LabVIEW를 이용한 로봇 엔지니어가 탄생하길 바라면서 이 책을 읽어 주시는 모든 독자분들께 감사의 말씀을 드립니다. UCR 프로젝트에 많은 조언과 지원을 해 주신 기술지원부 권오훈 팀장님과 항상 도움을 주시는 김수환 사원, 항상 어깨를 주물러 주시는 함범철 사원, 빠른 수정으로 도움을 주신 박종경 사원 및 모든 기술지원부 직원들에게 감사 드립니다.
"모든 시작은 미비하나, 끝은 창대하리라."

한국 NI 기술지원부 Application Engineer 홍지수

로봇을 보고 즐기는 것은 쉽습니다. 하지만 로봇 개발은 쉽지 않습니다. 이 같은 생각을 바꿔 보고 싶었습니다. 누구나 자신이 상상하고 한 번쯤은 만들어 보고 싶던 로봇을 이 책을 통해서 직접 제작해 볼 수 있다면, 저자로서 크나큰 기쁨과 보람을 느낄 것입니다. 많은 도움을 주신 한국 NI 기술지원부 직원분들과 항상 늦은 귀가에도 따뜻하게 맞아주는 사랑하는 아내에게도 감사를 전합니다. 모든 독자분들께 로봇 제작뿐만 아니라, LabVIEW를 사용한 Vision, Motion 분야에 조금이나마 도움이 되어 독자분들과 한국 NI가 함께 발전해 나가길 간절히 바랍니다.

한국 NI 기술지원부 Application Engineer 박종경

UCR 프로젝트에 참여하게 되면서, 로봇 제어라는 것을 처음 접하게 되었을 때에는 정말 생소했습니다. 하지만 자신이 생각하는 로봇을 Dynamixel Motor를 사용해서 구현하고 LabVIEW를 통해 컨트롤해 보니 정말 신기했습니다. 이처럼 로봇을 처음 접하는 사람도 로봇을 구성하고 컨트롤할 수 있다는 자신감을 가질 수 있도록 상세한 설명과 예제를 이 책에 담았습니다.
엔지니어를 꿈꾸는 분들이 이 책을 통해서 로봇을 개발하고, 로봇 분야를 발전시키는 것에 조금이나마 도움이 되길 바랍니다. 끝으로 UCR 개발 및 진행에 도움을 준 기술지원부 직원분들께 감사 드립니다.
"천 리 길도 한 걸음부터"

한국 NI 기술지원부 Application Engineer 함범철

2년 전 LabVIEW를 처음 시작했습니다. 그 뒤로 LabVIEW의 Motion을 통해 Dynamixel을 제어하고, Vision으로 영상을 수집하는 방법을 배웠습니다. 현재는 LabVIEW의 Vision과 Motion을 통합한 로봇 개발이 수월합니다. 이러한 과정들을 한 권의 책에 담았습니다. LabVIEW와 Vision & Motion 3가지 요소를 습득하여, 틀에 박힌 로봇의 움직임에서 벗어나 개발자만의 창의적인 모션을 구현할 수 있습니다. 이는 소프트웨어와 하드웨어를 이해할 수 있는 기반이 될 것입니다. LabVIEW의 범용성이 말해 주듯, 로봇 개발 Engineer뿐만 아니라 RF, Automotive, Semiconductor 등의 다양한 산업 분야의 Engineer로 성장할 수 있는 밑거름을 다질 수 있습니다. UCR 프로젝트 진행에 함께 힘써 준 한국 NI 기술지원부 동료들과 NI Days, LabVIEW Days 등 여러 세미나에서 UCR 홍보에 함께 힘써 준 Technical Marketing 직원분들께 감사의 말씀을 전합니다. 또한 과제 마무리를 함께 진행한 UCR 베테랑 홍지수 사원과 과제 수행에 많은 도움을 주신 로보티즈 김세형 과장님께도 감사 드립니다. 끝으로 신선한 아이디어로 로봇을 제작하고, 서적 출판에 협조해 준 한국 NI 22기 캠퍼스 인턴분들께도 진심으로 감사 드립니다.

한국 NI 기술지원부 Application Engineer 김수환

목차

PART 3 센서부: Vision을 통한 이미지 센싱

PART 4 구동부: Dynamixel 제어를 통한 로봇 구동

1

로봇 개발에 앞서…

1

로봇 개발에 앞서…

1.1 로봇이란?

로봇이라고 했을 때, 일반적으로 우리는 사람과 닮아 있는 휴머노이드 로봇을 생각하게 된다. 아마도 많은 영화와 만화를 통해 그러한 로봇들을 자주 접했기 때문일 것이다. 그렇다면 로봇을 어떻게 정의할 수 있을까?

여러 가지 정의를 할 수 있겠지만, 일반적으로 아래와 같이 정의를 내릴 수 있겠다.

스스로 보유한 능력에 의해 주어진 일을 자동으로 처리하거나 작동하는 기계

즉, 형태와 관계없이 원래 부여된 목적에 맞게 자동으로 일을 처리하고, 동작하여 인간의 삶을 좀 더 편리하고 안전하게 만들자는 데 목적이 있다.

실제 로봇이란 말은 1921년 체코슬로바키아의 작가 카렐 차페크(Karel Čapek)의 R.U.R.(Rosuum's Universal Robots)이란 소설에서 인간적인 감정을 가지고 있지 않지만, 일을 위한 작업 능력에서 인간보다 우월한 존재로 '로봇'이라고 표현하였다. 그 이유는 '로봇(Robot)'이란 단어가 체코어의 '일하다'라는 의미를 가진 단어 'Robota'에서 유래되었기 때문이다. 소설에서는 인간의 노동이 줄게 되면 유토피아가 오리라고 생각했었지만, 그러한 생각은 결국 로봇들이 자신들을 창조한 인간들을 배신하고, 모두 멸망시킨다는 비극적인 결말을 초래하게 된다는 스토리를 가지고 있다. 이러한 스토리는 많은 영화에서 소재화되어 실제 우리가 로봇이라고 생각하는 지금의 존재로 각인되었다.

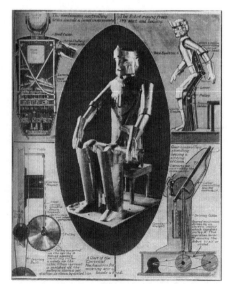

그림 1-1 ● 카렐 차페크의 소설, R.U.R에서 처음 등장한 로봇

1.2 로봇의 종류

그렇다면 로봇의 종류에는 어떤 것들이 있을까? 로봇은 우리가 상상하는 것 이상으로 우리 주변에 널리 퍼져있다. 집안을 알아서 돌아다니며 청소하는 청소 로봇부터, 산업 현장에서 자동으로 용접을 하고 조립을 하는 산업 로봇, 정밀한 수술을 보조하는 의료용 수술 로봇, 장애우들을 보조할 수 있는 의족, 의수 로봇, 군대에서 사용하는 무인 정찰 로봇, 화성을 탐사하는 로봇 등 다양한 영역에서 여러 가지 목적으로 개발되어 사용되고 있다.

국제로봇연맹(IFR)에 따르면 이러한 다양한 로봇은 다음과 같이 나눌 수 있다고 한다.

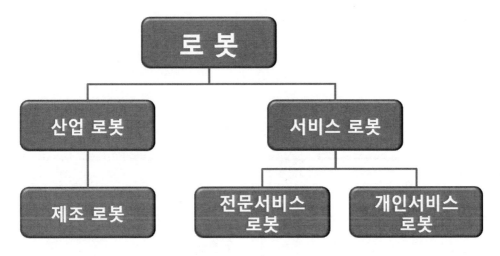

그림 1-2 ● 일반적인 로봇의 분류 (국제로봇연맹, IFR)

분류	설명
제조 로봇	산업 현장에 전반적으로 사용되는 로봇. 용접, 핸들링, 도장, 조립, 가공, 고속 정밀화 지능화 작업 등.
전문서비스 로봇	특정한 전문 분야의 서비스를 제공하는 로봇. 수색 및 탐사 로봇, 폭발물처리 로봇, 화재감시 및 진압 로봇, 인명 구조 로봇, 정찰 및 전투 로봇, 의료용 수술 로봇 등
개인서비스 로봇	개인에게 필요한 서비스를 제공하는 로봇. 청소 로봇, 경비 로봇, 안내 로봇, 애완용 로봇, 건강모니터링 로봇, 학습보조 로봇 등.

표 1-1 ● 일반적인 로봇의 분류에 대한 설명

일반적으로 제조용 로봇은 공장 자동화에 사용되는 로봇들을 말한다. 전문 서비스용 로봇은 사람이 직접하기에 위험하거나, 사람의 능력으로는 감당하기 어려운 고정밀도를 요하는 작업을 위한 로봇이며, 최근 관심을 많이 받고 있는 개인서비스용 로봇은 학습 보조 로봇, 청소 로봇, 안내 로봇, 애완동물 로봇까지 그 영역이 확대되고 있다.

1.3 로봇의 구성요소

로봇은 어떻게 구성되어 있을까? 로봇은 다양한 형태를 가질 수 있지만, 기본적인 구성요소들은 일반적으로 다음과 같다.

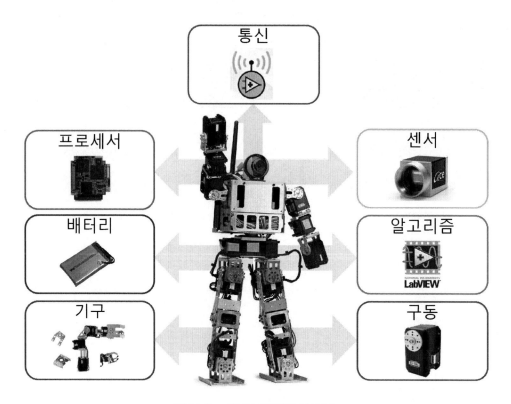

그림 1-3 ● 로봇의 일반적인 구성요소

프로세서	뇌. 로봇의 모든 연산처리를 담당하는 핵심 부분
배터리	심장. 로봇의 독립적인 구동을 위한 전원 공급
기구	뼈와 살. 로봇의 외관을 구성
센서	감각기관. 로봇의 인지기능을 담당
알고리즘	지식/경험. 로봇의 특정한 기능을 구현
구동	근육/관절. 로봇의 움직임을 구현
통신	신경. 로봇 내, 외부세계와의 정보전달

그림 1-4 ● 로봇의 일반적인 구성요소와 사람의 기관

이러한 각 구성요소들을 로봇의 목적에 맞게 적절하게 선택하여 구성하게 되면, 여러분들이 원하는 로봇들을 구현해 볼 수가 있다. 전문적인 목적의 로봇일수록 더 다양한 것들을 고려하여 설계하고, 고성능의 컴포넌트들을 적용하게 될 것이다.

LABVIEW
1.4 로봇 개발을 위한 배경지식

앞서 말씀 드린 것처럼 로봇은 다양한 구성요소들이 결합되어 있다. 즉, 각종 최신기술들이 집적된 복합체라고 말할 수 있다. 로봇을 개발하기 위해서는 기계, 전기/전자, 제어, 설계와 같은 전통 공학 기술은 물론, 신소재, 반도체, 인공지능, IT, 네트워크, 의료/생명공학 등과 같은 최신 기술들을 융합할 수 있어야만 한다. 하지만, 일반적으로 이러한 다양한 학문들이 한곳에서 이루어지기보다는 다양한 곳에서 전문적으로 이루어지고 있기 때문에, 실제 이러한 기술들을 효율적으로 통합하여, 하나의 로봇으로 완성시키는 것이 절대 쉬운 일은 아니다. 그러므로 로봇공학자를 꿈꾸는 엔지니어들은 기본적인 공학 지식을 견고하게 쌓아야 할 뿐 아니

라, 그 위에 다양한 최신 기술에 대한 지식을 지속적으로 배워야만 진정한 로봇공학자로 거듭
날 수 있을 것이다.

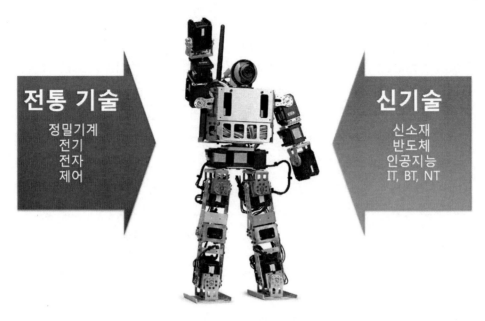

그림 1-5 ● 로봇에 적용된 기술

하지만, 시작부터 겁을 먹을 필요는 없다. 천 리 길도 한 걸음부터 시작하는 것이다. 여러분들
의 로봇공학자로서의 꿈은 지금 막 시작된 것이므로, 이제 실제로 한 걸음씩 내딛으면 된다.
본 과정에서는 이렇게 로봇 공학자로서 첫 걸음을 시작한 분들을 위해 복잡하고 이론적인 학
문이 아닌, 여러분이 상상하는 로봇을 STEM 블록과 Dynamixel 모터, 그리고 USB 카메라를
PC에서 연동하여 실제 현실에서 구현해 보는 것을 통해 학습에 재미를 느끼고, 더 나아가서
실제 로봇 개발을 위한 배움의 장으로 들어갈 수 있는 출발점을 마련하고자 하였다. 아무쪼록
용기를 내어 한 걸음 내딛으시길 바란다.

1.5 나만의 로봇 개발을 위한 준비

이 책의 목적은 다음과 같다.

당신이 생각하는 로봇을 실제로 만들어 구동시켜 보자!

여러분들은 로봇에 대한 다양한 아이디어들을 가지고 있을 것이다. 하지만, 지금 이 순간 여러분들이 상상하고 있는 바로 그 로봇을 구현하기에는 현실적으로 비용이나 부품 수급에 있어서 많은 어려움에 직면할 수밖에 없다. 그래서 이 책에서는 여러분들이 실제 여러분들의 아이디어를 구현해 볼 수 있도록, 로봇의 구성요소에 있어서 다음과 같은 제한 조건을 두고 진행할 것이다.

프로세서	로봇 외부의 PC를 사용
배터리	외부 전원을 사용
기구	로보티즈 STEP 블록을 사용
센서	USB CAM을 사용
알고리즘	LabVIEW로 알고리즘 구현
구동	Dynamixel 모터를 사용
통신	정보전달로는 별도로 사용하지 않음

그림 1-6 ● 본 과정의 제한 조건

자, 위와 같은 제약조건을 두게 되면 다시 한 번 이 책의 목적을 다음과 같이 구체적으로 단순화할 수 있다.

USB CAM을 센서로 하고, Dynamixel을 구동부로 하며, LabVIEW 기반의 알고리즘을 통해 제어되는 로봇을 개발해보자!

위의 목표는 아래의 그림과 같이 표현할 수 있다.

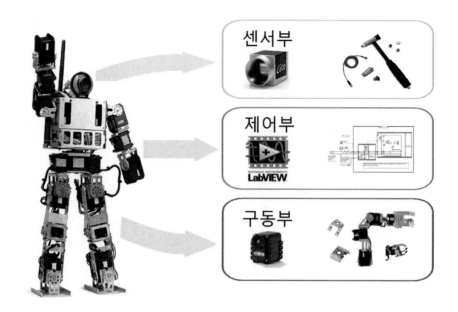

그림 1-7 ● 본 과정의 목표

이 책은 위와 같은 목적을 실행해 나가기 위해 다음과 같이 구성되어 있다.

> 2장 알고리즘 : LabVIEW 프로그래밍 기초
> 3장 센서부 : Vision을 통한 이미지 센싱
> 4장 구동부 : Dynamixel 제어를 통한 로봇 구동
> 5장 통합 프로젝트 및 Case Study : Vision Motion 통합 로봇 개발 및 사례

먼저 2장에서는 모든 로봇의 알고리즘을 개발하는 데 있어 기본이 되는 LabVIEW 프로그래밍의 기초를 설명한다. LabVIEW는 엔지니어를 위한 그래픽 기반의 프로그래밍 언어로, 굉장히 직관적인 프로그래밍 환경을 제공하여 엔지니어가 프로그래밍 스킬을 습득하고 바로 적용하여 활용하는 데 용이하도록 구성되어 있다. 또한 다양한 플랫폼을 위한 모듈과 기본적으로 제공하는 다양한 함수 라이브러리의 지원을 통해 로봇 개발자들이 라이브러리 개발을 위한 불

필요한 시간낭비를 줄여주어 빠른 개발을 가능하게 한다. 그리고 LabVIEW는 다양한 하드웨어와의 연동이 가능하여 하드웨어를 이용한 계측 및 제어에 편리하게 사용될 수 있다.

3장에서는 로봇의 센서부에 해당하는 USB CAM을 통해 이미지를 수집하는 방법과 수집된 이미지를 원하는 방법으로 처리할 수 있는 LabVIEW Vision 라이브러리의 사용 방법에 대해서 다룬다. 물론 다양한 센서를 사용하게 된다면 더욱 완성도 있는 로봇을 만들 수 있겠지만, 실제 다양한 센서를 사용할수록 시스템이 더욱 복잡해지므로, 센싱을 위해 별도의 측정 장비가 필요 없는 간단한 USB CAM을 사용하였음을 이해하시기 바란다.

4장에서는 수집된 이미지를 분석하고, LabVIEW 알고리즘을 통해 어떤 움직임을 할지 판단한 후 실제 로봇을 구동하기 위해 Dynamixel 모터를 구동하는 방법을 다룰 것이다. 하나의 Dynamixel을 제어하는 기초 방법부터 여러 개의 Dynamixel 모터를 구동하는 방법까지 예제 및 실습을 통하여 배울 수 있을 것이다.

5장에서는 앞서 각각 배운 LabVIEW의 기초, 센서부를 위한 이미지 처리 분석, 그리고 구동부를 위한 Dynamixel 모터 제어를 실제 간단한 기능을 가진 로봇으로 통합한 사례들을 다룬다. 즉, 4장까지 배운 내용들을 어떻게 하나로 통합하는지를 이해하게 될 것이다. 또한, 기존에 본 내용들을 가지고 개발된 다양한 로봇들을 Case Study 형식으로 제작하여, 이 책을 공부하시는 분들께서 본인들만의 로봇을 제작하는 데 참고가 될 수 있도록 사례들을 엮었다.

마지막으로, 이 책을 효율적으로 활용하기 위해서는 다음과 같은 준비물이 필요하다.

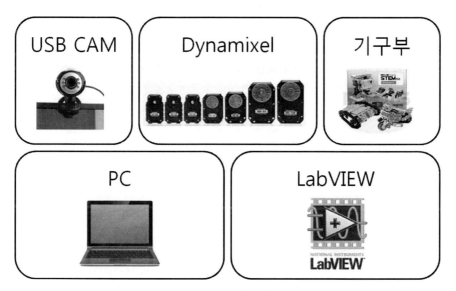

그림 1-8 ● 로봇 개발을 위한 준비물

우선 여러분들이 가지고 있는 PC에 LabVIEW가 설치되어 있어야 한다. LabVIEW가 없으신 경우에는 http://www.ni.com/trylabview/ko/ 페이지에서 평가판을 다운로드할 수 있다. 그리고, 센서로 사용하게 될 USB Camera와 로봇의 구동부가 되는 Dynamixel 모터가 필요하고, 로봇의 기구부는 직접 제작하면 좋겠지만, 현실적인 어려움이 있으므로, UCR 프로젝트를 함께 진행하고 있는 로보티즈의 STEM 같은 패키지를 구매하시면 Dynamixel과 기구부를 함께 구매할 수 있을 것이다.

준비되었다면, 이제 본격적으로 로봇 개발을 시작해보자!

알고리즘
LabVIEW 프로그래밍 기초

2

알고리즘
LabVIEW 프로그래밍 기초

LABVIEW
2.1 서론

LabVIEW(Laboratory Virtual Instrument Engineering Workbench)는 National Instruments 사가 1986년에 개발한 엔지니어를 위한 그래픽 기반의 프로그래밍 언어이다.

그림 2-1 ● National Instruments의 LabVIEW Logo

LabVIEW는 텍스트가 아닌 그래픽을 기반으로, 기본적으로 제공하는 다양한 객체 및 함수 아이콘들을 마우스를 이용해 드래그 앤 드롭으로 마치 순서도를 그리듯 쉽고 직관적으로 프로그래밍을 할 수 있다는 점이 가장 큰 장점이라 할 수 있다. 그 밖에 코드가 자동 병렬 실행 기능을 갖는 멀티 스레딩 기능이나 편리한 UI 개발, 익스프레스 VI라는 대화 상자 설정 기반의 VI로 설계 시간을 단축시킬 수 있다는 장점들도 있다.

또한, LabVIEW에서는 NI에서 제공하는 다양한 형태의 하드웨어는 물론, 호환 부품을 사용한 싱글 보드 컴퓨터, 리얼타임 임베디드, 데스크탑 PC, 또는 산업용 PC를 타겟으로 사용할 수 있다.

그림 2-2 ● LabVIEW에서 쉽게 사용 가능한 광범위한 하드웨어들

최근 사용되는 로봇의 각종 센서나 액츄에이터는 독립 혹은 분산형으로 구성되어, RS232/485, CAN, USB, IEEE 1394, Ethernet, EtherCAT 등의 통신으로 메인 제어기와 연결되는 경우가 많다. LabVIEW는 위의 다양한 통신을 표준화된 VISA 함수와 5000여 종류의 계측기 드라이버, 그리고 직관적인 Instrument I/O Assistant 등을 제공하여 로봇에 필요한 주변기기들을 편리하게 제어할 수 있도록 돕는다.

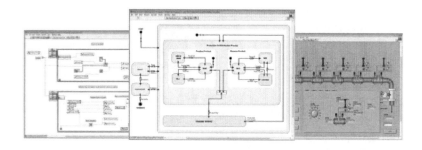

LabVIEW Real-Time Module
· 임베디드 하드웨어 타겟에 어플리케이션 배포

LabVIEW FPGA Module
· 신속한 FPGA 임베디드 설계 프로토타이핑

LabVIEW Embedded Development Module
· 32비트 마이크로 프로세서 프로그래밍에 그래픽 기반 기법 도입
· ARM 코어 배포를 위한 프로그래밍

LabVIEW Datalogging and Supervisory Module
· 분산 모니터링 및 제어 어플리케이션을 위한 개발 환경 제공
· 모든 OPC 서버와의 통신 환경 제공

LabVIEW Simulation Module
· 모델 형태로 플랜트와 컨트롤 모델 생성 및 시뮬레이션 환경 제공
· 기본 함수 및 Real-Time Module과 사용하여 하드웨어 배포

LabVIEW Vision Development Module
· 하이레벨 머신 비전, 이미지 프로세싱 기능 및 디스플레이 함수 지원
· 그레이 스케일, 컬러, 바이너리 이미지 프로세싱

LabVIEW Statechart Module
· 상태 차트 다이어그램으로 LabVIEW 어플리케이션 설계
· 데이터 흐름을 사용하여 상태 동작 및 전환 정의

LabVIEW MathScript RT Module
· 맞춤 .m file을 NI 리얼타임 하드웨어로 배포
· MATLAB® 소프트웨어에서 생성된 스크립트를 재사용

LabVIEW Robotics Module
· 그래픽 기반의 하이레벨 개발 환경
· 데스크탑, 리얼타임 시스템, FPGA에서 사용가능한 내장된 I/O

LabVIEW C Code Generator
· LabVIEW VI로부터 ANSI C 코드를 생성
· 8, 16, 32비트 마이크로프로세서와의 호환

그림 2-3 ● 다양한 LabVIEW의 Module들

다양한 프로그래밍 언어로부터 생성된 각종 로봇 연구 결과물들을 통합하는 것은 완성 로봇을 제작하기 위한 가장 중요한 요소다. LabVIEW는 로봇을 개발하기 위한 미들웨어 기능, 즉 다른 소프트웨어와의 원활한 연결성을 제공한다. LabVIEW를 중심으로 DLL, ActiveX 라이브러리, .NET 어셈블리, M 파일 스크립트 등을 불러 자유롭게 사용할 수 있으며, 로봇 엔지니어들이 많이 사용하는 SolidWorks나 Simulink 같은 응용프로그램과도 원활히 연동된다. 뿐만 아니라 각종 고급 분석 함수 및 툴킷을 제공함으로써 수집된 데이터의 분석 및 예측, 시뮬레이션을 손쉽게 진행하여 연구에 적용 가능하다.

LabVIEW 툴킷			
컨트롤 디자인과 시뮬레이션	**이미지 및 신호 처리**	**소프트웨어 개발과 배포**	**보고서 생성과 데이터 저장**
· LabVIEW Simulation Interface Toolkit	· LabVIEW GPU Analysis Toolkit	· LabVIEW VI Analyzer Toolkit	· Microsoft Office용 LabVIEW Report Generation Toolkit
· LabVIEW System Identification Toolkit	· LabVIEW Advanced Signal Processing Toolkit	· LabVIEW Unit Test Framework Toolkit	· LabVIEW Database Connectivity Toolkit
· Real-Time Execution Trace Toolkit	· LabVIEW Adaptive Filter Toolkit	· LabVIEW Applicaiton Builder	· LabVIEW DataFinder Toolkit
· LabVIEW PID Control Toolkit	· Sound and Vibration Toolkit	· LabVIEW FPGA Compile Farm Toolkit	· LabVIEW Internet Toolkit
	· Spectral Measurements Toolkit		

그림 2-4 ● 다양한 분야에 적용 가능한 LabVIEW Toolkit들

이렇게 LabVIEW는 계측, 제어, 분석 등을 한번에 통합 솔루션으로 쉽게 구현 가능하고 로봇 시스템 구성 및 제어에 큰 장점들이 있다. 이제부터 로봇 개발을 위한 LabVIEW의 기초를 다져보도록 하자.

2.1.1 LABVIEW 설치하기

LabVIEW를 사용하기에 앞서 LabVIEW를 설치해 보자. LabVIEW 2013 평가판 DVD를 기준으로 설치 방법을 설명하도록 한다. 만약 평가판 DVD가 없다면 아래의 링크에서 LV2013 32비트 한글판 평가판을 다운 받을 수 있다.

http://www.ni.com/trylabview/ko

평가판 DVD를 넣으면 자동 실행이 되며 그림 2-5와 같은 화면이 나타난다.

그림 2-5 ● LabVIEW 2013 설치 화면

LabVIEW 설치 시작화면이 나오면 가장 위의 LabVIEW, 모듈 및 툴킷 설치를 클릭한다.

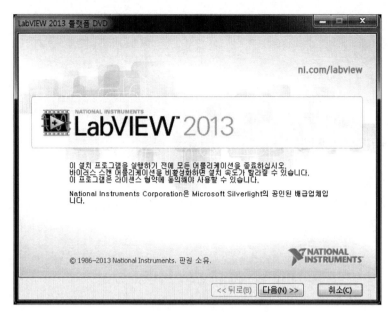

그림 2-6 ● LabVIEW 2013 설치 화면

다음을 클릭한다.

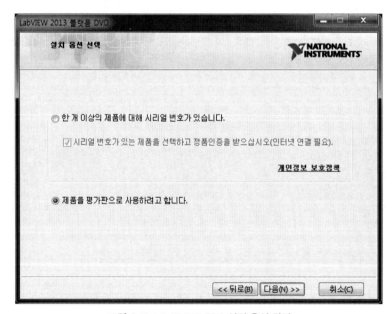

그림 2-7 ● LabVIEW 2013 설치 옵션 화면

구매한 정품이면 위의 옵션을 선택하고, 평가판으로 사용하려고 하면 아래의 옵션을 선택하고 다음을 클릭한다. 위의 옵션에서 '시리얼 번호가 있는 제품을 선택하고 정품인증을 받으십시오'를 체크하면 시리얼 번호를 바로 체크해 인증하여 준다. 만약 인터넷이 연결되어 있지 않다면 체크를 해제하고 다음을 클릭한다. 여기서는 평가판을 설치한다는 가정 하에 진행하도록 한다. 따라서 '제품을 평가판으로 사용하려고 합니다.' 옵션을 체크하고 다음 버튼을 누른다.

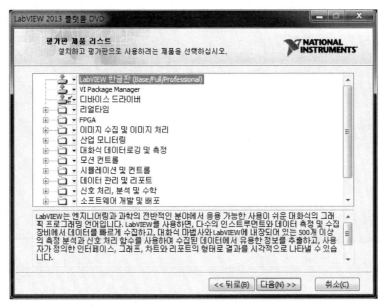

그림 2-8 ● LabVIEW 2013 평가판 제품 설치 리스트 화면

기본적으로 LabVIEW만 사용하려고 한다면 VI Package Manager 및 디바이스 드라이버는 설치하지 않아도 된다. 하지만 본 교재에서는 로봇을 개발하는 것을 전제로 하고 있기 때문에 Vision 및 Robotics를 다루기 때문에 해당 제품들을 설치해야 한다.

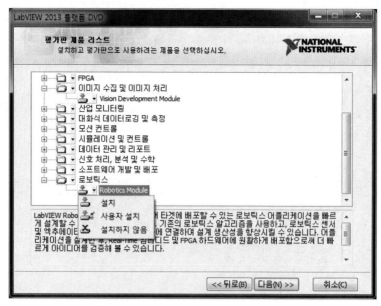

그림 2-9 ● LabVIEW 2013 시리얼 번호 입력 화면

그림 2-9와 같이 이미지 수집 및 이미지 처리를 확장하여 Vision Development Module을 설치로 변경하고, 로보틱스도 확장하여 Robotics Module을 설치로 변경한다. 만약 LabVIEW만 설치하고 싶다면 위의 두 가지를 설치하지 않아도 된다. 체크를 완료하였으면 다음 버튼을 클릭한다.

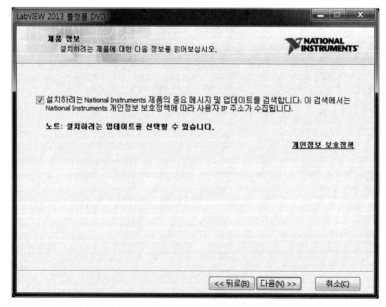

그림 2-10 ● LabVIEW 2013 시리얼 번호 입력 화면

다음을 클릭한다.

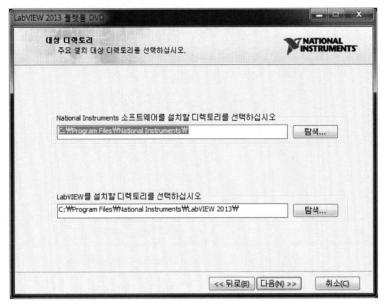

그림 2-11 ● LabVIEW 2013 시리얼 번호 입력 화면

원하는 설치 디렉토리를 선택하고 다음 버튼을 눌러 설치한다. 라이선스 협약 동의 버튼이 나오면 동의 체크 후 다음 버튼을 누른다.

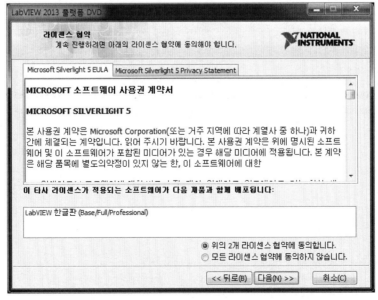

그림 2-12 ● LabVIEW 2013 설치 라이선스 협약 동의 화면

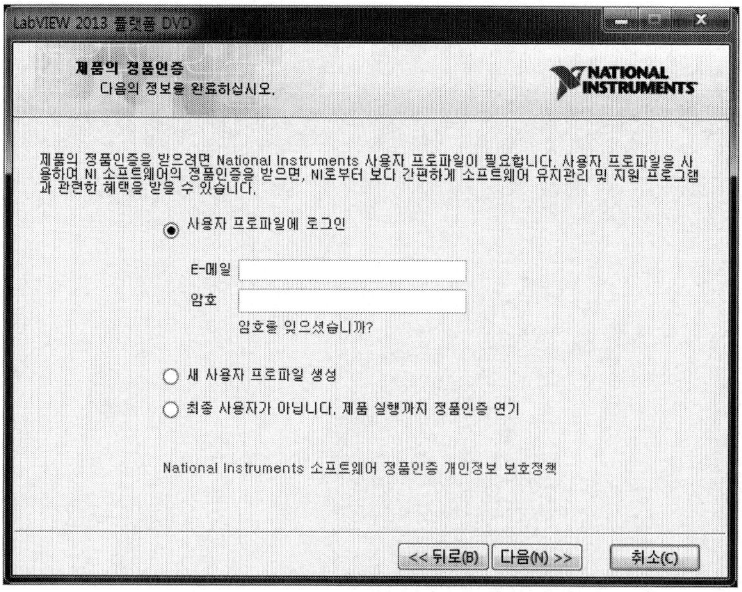

그림 2-13 ● LabVIEW 2013 프로파일 로그인 화면

프로파일에 로그인 화면이 나오면 NI 홈페이지에 가입했던 ID와 암호로 로그인하여 다음 버튼을 클릭한다. 만약 아직 ID가 없다면 새 사용자 프로파일 생성을 선택하고 다음을 클릭한다. 여기서는 프로파일에 로그인을 하고 다음 버튼을 눌러 진행한다고 가정한다.

그림 2-14 ● LabVIEW 2013 설치 라이선스 협약 동의 화면

마지막으로 다음 버튼을 눌러 설치를 진행한다. 만약 디바이스 드라이버 설치를 선택하였으면 LabVIEW 설치가 끝나고 나서 CD 교체 메시지가 나온다. 그때 디바이스 드라이버 CD를 넣어주면 된다. 설치가 완료되면 바탕화면에 LabVIEW 아이콘이 생성되고, 아이콘을 더블 클릭하면 LabVIEW가 실행되게 된다.

2.1.2 LABVIEW 시작하기

LabVIEW를 처음 실행하게 되면 그림 2-15와 같은 LabVIEW 2013의 시작 화면이 나오게 된다. 이를 시작하기 윈도우라 한다. 이 시작하기 윈도우를 사용하여 새 프로젝트 생성이나 VI를 생성할 수 있고, 기존 생성된 파일 열기, 커뮤니티 리소스, 도움말 등의 기능을 바로 시작할 수 있다. 시작하기 윈도우는 아래와 같이 구성된다.

- 프로젝트 생성 : 새 프로젝트, 새 VI 등으로 구성된다.
- 파일 열기 : 최근에 작업한 프로젝트(*.lvproj), VI(*.vi) 등을 선택하여 다시 열 수 있도록 도와준다.
- 검색 : 도움말, 커뮤니티, 제품 정보 등에서 입력된 검색어에 대한 결과를 찾아볼 수 있다.
- 유용한 정보 : 디바이스를 사용할 때, 필요한 드라이버 및 애드온을 찾을 수 있는 링크, 커뮤니티, 그리고 LabVIEW 사용법 등을 간단하게 익힐 수 있는 LabVIEW 길잡이 링크를 제공한다.

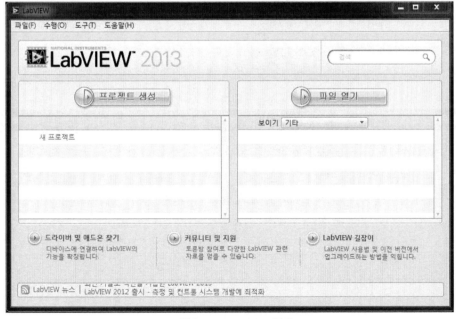

그림 2-15 ● LabVIEW 2013

● 프로젝트 생성하기

그럼 먼저 프로젝트 생성을 실행해 보도록 하자. 프로젝트 생성을 클릭하면 그림 2-16과 같이 프로젝트 생성 창을 볼 수 있다. 기본적으로 전체보기로 설정되어 있기 때문에, 모든 템플릿을 볼 수 있다. 좌측에 전체, 템플릿, 샘플 프로젝트 등으로 분류되어 있는 것을 볼 수 있다.

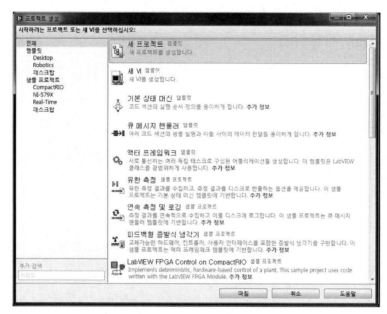

그림 2-16 ● LabVIEW 2013 프로젝트 생성

기본적으로 새 프로젝트와 새 VI를 생성할 수 있고, 기본 상태 머신, 큐 메시지 핸들러, 액터 프레임 워크 등의 프로그램 구조에 대한 템플릿과 유한측정, 연속 측정 및 로깅, 피드백형 증발식 냉각기 등 예제 템플릿들도 제공되는 것을 볼 수 있다. 이러한 템플릿을 통해 원하는 코드의 구성을 사용자가 좀 더 쉽게 이해하고, 접근할 수 있다.

그럼 프로젝트를 생성하고, 그 프로젝트에 새 VI를 함께 생성해 보도록 하겠다. 프로젝트 생성 창에서 새 프로젝트를 클릭하고 마침을 누르면 그림 2-17과 같이 프로젝트 탐색기 창이 생성된다. 프로젝트 파일은 확장자 .lvproj로 저장된다. 간단한 VI로만 동작을 하는 어플리케이션을 만들 때는 프로젝트가 필요 없을 수도 있다. 하지만 독립 어플리케이션이나 공유 라이브러리를 생성하려면 반드시 프로젝트를 사용해야 한다. 프로젝트 상에는 타겟(VI를 실행할 수 있는 디바이스)부터, 여러 VI들이나 라이브러리, 기타 파일, 가상 폴더 등을 만들어 프로젝트에 필요한 전체적인 파일들을 관리할 수 있다. 그림 2-18에서 볼 수 있듯이 프로젝트의 하위 리스트의 내 컴퓨터를 마우스 오른쪽 버튼을 클릭하여 새 VI를 추가할 수 있다. (단축키 Ctrl + N)

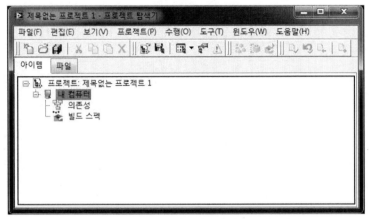

그림 2-17 ● 프로젝트 탐색기 창과 새 프로젝트 생성

● **프로젝트 탐색기의 구성**

프로젝트 탐색기 창에는 기본 설정으로 다음과 같은 아이템들이 들어 있다.

- 프로젝트 루트 : 프로젝트 탐색기 윈도우의 모든 아이템을 포함한다. 프로젝트 루트의 라벨에는 프로젝트 파일의 이름이 나타난다.
- 내 컴퓨터 : 현재 사용 중인 로컬 PC가 프로젝트의 타겟으로 나타난다.
- 의존성 : 타겟 아래 있는 VI들이 동작할 때 필요한 VI들이나 아이템들이 보여진다.
- 빌드 스펙 : 소스 배포용 빌드 및 LabVIEW 툴킷과 모듈에서 사용할 수 있는 기타 타입이 빌드에 대한 설정 정보가 들어 있다. 어플리케이션 빌더 또는 LabVIEW Professional Development System이 설치되어 있는 경우, 빌드 스펙을 사용하여 exe 독립 어플리케이션, 공유 라이브러리, 설치 프로그램, 압축 파일을 생성하여 배포할 수 있다.

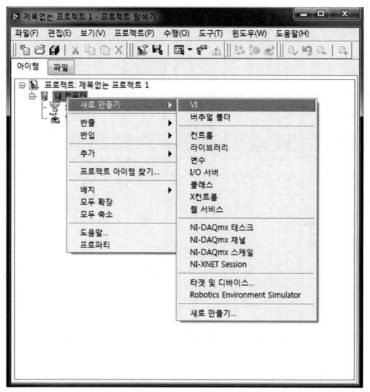

그림 2–18 ● 새 프로젝트에서 새 VI 생성하기

2.1.3 프런트패널과 블록다이어그램

새 프로젝트 내에서 새 VI를 생성하면 다음과 같이 프런트패널과 블록다이어그램이 생성된다. LabVIEW VI는 프런트패널 윈도우, 블록다이어그램, 아이콘/커넥터 팬이라는 세 가지 주요 요소로 구성된다. 아이콘과 커넥터 팬에 대해서는 2.3절에서 다루기로 하고 먼저 여기선 프런트패널과 블록다이어그램에 대해서 알아보도록 하겠다.

● **프런트패널**

프런트패널이란 사용자가 컨트롤할 수 있는 화면, 즉 User Interface이고, 컨트롤 및 인디케이터로 구성이 가능하다. 그림 2–19에서 프런트패널과 컨트롤 팔레트를 볼 수 있다.

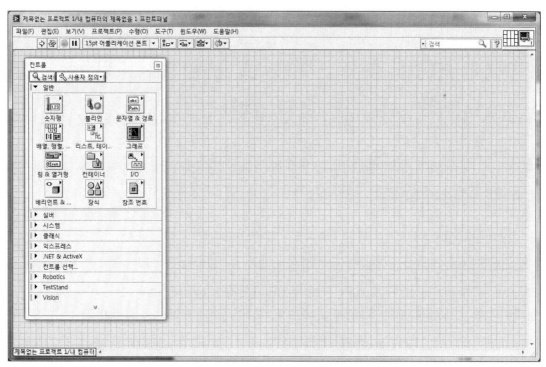

그림 2-19 ● 프런트패널과 컨트롤 팔레트

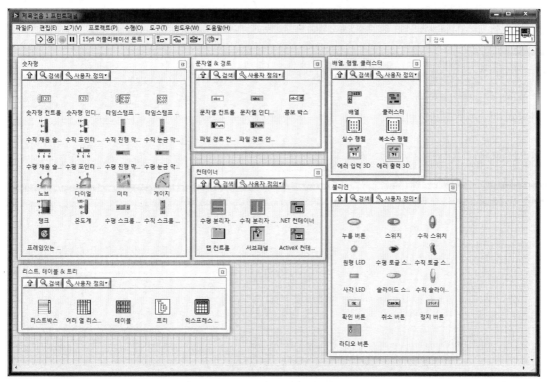

그림 2-20 ● 다양한 종류의 컨트롤 팔레트

프런트패널에서는 그림 2-20과 같이 컨트롤 팔레트를 제공하여 다양한 컨트롤, 인디케이터 객체들을 추가하여 사용할 수 있다. 컨트롤 팔레트는 프런트패널에서 마우스 오른쪽 클릭으로 확인할 수 있다. 마우스 우 클릭 후, 나오는 메뉴에서 왼쪽 상단의 고정 클립을 클릭하면 화면에 메뉴가 고정으로 떠있게 된다.

프런트패널에는 유저가 직접 컨트롤하거나 결과를 볼 수 있는 컨트롤 및 인디케이터들을 놓을 수 있다. 컨트롤이란 대화식 입력 터미널이며 숫자나 문자 등을 직접 입력할 수도 있고, 노브나 다이얼, 누름 버튼 등으로도 입력을 받을 수 있다. 인디케이터란 대화식 출력 터미널이며 코드 실행 결과를 숫자나 문자, LED, 그래프 등으로 볼 수 있게 출력하여 표시해준다.

● **블록다이어그램**

블록다이어그램은 실질적으로 프로그래밍을 할 수 있는 화면이다. 그림 2-21에서는 블록다이어그램과 함수 팔레트를 볼 수 있다. 블록다이어그램에는 그림 2-22와 같이 함수팔레트를 제공하여 기본적으로 제공하는 다양한 라이브러리 함수 등을 제공한다. 함수팔레트는 블록다이어그램에서 마우스 오른쪽 클릭으로 확인할 수 있다. 마우스 우 클릭 후, 나오는 메뉴에서 왼쪽 상단의 고정 클립을 클릭하면 화면에 메뉴가 고정으로 떠있게 된다.

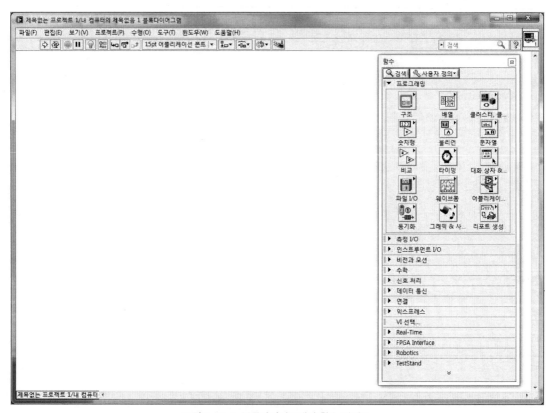

그림 2-21 ● 블록다이어그램과 함수 팔레트

그림 2-22 ● 다양한 종류의 함수 팔레트

● 블록다이어그램의 구성

블록다이어그램은 숫자, 문자, 구조, 함수 등 코드가 실행되는 데 필요한 여러 가지 터미널, 와이어, 노드 등으로 구성된다. 블록다이어그램 상에서 프런트패널의 객체들(컨트롤이나 인디케이터 등)은 터미널로 나타나게 된다. 터미널은 텍스트 기반 프로그래밍 언어에서의 파라미터 및 상수와 유사한 개념이다. 컨트롤 터미널과 인디케이터 터미널은 프런트패널의 컨트롤 및 인디케이터와 연결되어 있다.

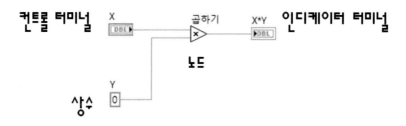

그림 2-23 ● 기본적인 블록다이어그램의 구성

그림 2-23에서 기본적인 블록다이어그램의 구성을 나타내었다. 이 블록다이어그램을 설명하면, 컨트롤 터미널 X의 값과 상수 Y 값을 곱하여 그 결과를 인디케이터 터미널 X*Y로 전달하는 코드이다.

먼저 컨트롤, 인디케이터의 터미널은 앞서 설명하였다. 그리고 Y로 라벨링되어 있는 상수가 보일 것이다. 상수는 지정된 수를 코드에 넣는 것이다. 이 상수는 프런트패널에서 사용자가 변경 가능한 값이 아니므로 프런트패널에는 나타나지 않는다. 또 노드란 입력 및 출력 중에서 하나만 갖거나 또는 입출력을 모두 가진 블록다이어그램 객체를 의미하며 함수, SubVI, 구조 등이 될 수 있다.

여기서 곱하기 함수는 하나의 노드가 된다. 그리고 이 터미널들과 노드는 와이어로 연결되어 있다. 와이어는 블록다이어그램의 객체 사이에서 데이터를 전달한다. 즉, X 컨트롤 터미널에 입력된 값이 와이어를 통해 곱하기의 입력 원소 중 하나로 들어가고, 상수 Y 또한 와이어를 통해 곱하기 입력 원소 중 하나로 들어간다. 두 값이 곱해지고 나면, 그 결과가 와이어를 통해 X*Y 인디케이터 터미널로 전달되어 프런트패널의 인디케이터에 표시하게 되는 것이다.

● **프런트패널과 블록다이어그램의 연관성**

프런트패널에서 그림 2-24처럼 숫자형 컨트롤을 클릭하여 프런트패널에 놓아 생성하면 블록다이어그램에도 자동으로 숫자형 터미널이 생성되게 된다. 블록다이어그램도 마찬가지 방법으로 터미널이나 함수를 생성할 수 있다. 그림 2-25를 보면 프런트패널의 숫자형 컨트롤과 블록다이어그램의 터미널이 서로 연계되어 있다는 것을 알 수 있다. 프런트패널과 블록다이어그램 어느 곳에서 컨트롤을 생성해도 프런트패널과 블록다이어그램에 함께 표시가 된다. 여러 컨트롤이 있을 때는 각각 라벨로 구분하거나 프런트패널 혹은 블록다이어그램에서 해당 컨트롤을 더블 클릭하면 서로 연계된 컨트롤을 하이라이트하여 확인시켜 준다. 프런트패널과 블록다이어그램은 Ctrl + E로 서로 창을 전환하여 볼 수 있다.

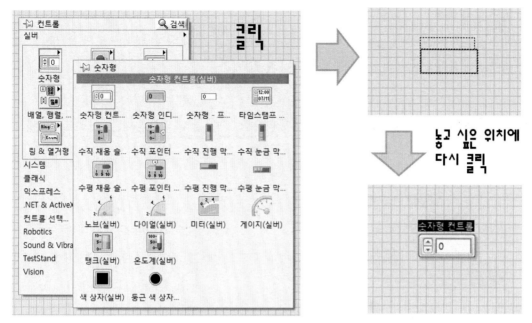

그림 2-24 ● 프런트패널에 컨트롤 생성하기

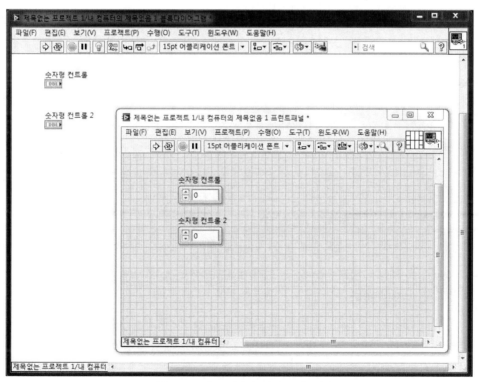

그림 2-25 ● 블록다이어그램과 프런트패널

● 도구 모음 버튼

다음은 프런트패널/블록다이어그램에 있는 도구 모음에 대해서 알아보도록 하겠다. 그림 2-26에 도구 모음 버튼 및 간략한 설명이 나와 있다.

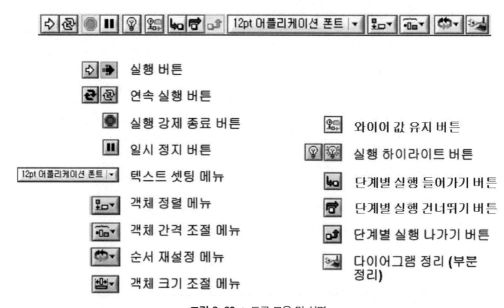

그림 2-26 ● 도구 모음 및 설명

- 실행 버튼 : VI를 실행한다. 이 실행 버튼이 깨져있다면 현재 편집 중인 VI가 에러가 있다는 것을 의미한다.
- 연속 실행 버튼 : VI를 연속적으로 계속 실행한다. 다시 한 번 누르거나 강제 종료 버튼으로 종료할 수 있다. While 루프를 사용했을 때에는 가끔 강제 종료 버튼을 누르기 힘든 상황이 발생한다. 그럴 때는 'Ctrl+.'을 눌러 강제 종료를 한다. While 루프를 사용했을 때는 가급적 연속 실행을 사용하지 않도록 한다.
- 실행 강제 종료 버튼 : 현재 실행 중인 VI를 실행 순서와 관계없이 바로 강제 종료시킨다. 하드웨어를 연계하여 사용하는 경우 문제가 발생할 수 있으므로 정상적인 정지 버튼을 만들고 종료하는 것이 좋다.
- 일시 정지 버튼 : VI 실행을 실행 중에 현재 시퀀스에서 잠시 멈춘다. 클릭하면 블록다이어그램에서 실행이 정지된 위치가 하이라이트되고 일시 정지 버튼이 빨간색으로 변한다. 다시 클릭하면 계속해서 실행이 가능하다.

- 텍스트 셋팅 메뉴 : 프런트패널이나 블록다이어그램의 텍스트 폰트, 크기, 스타일 등을 변경할 수 있다.
- 객체 정렬 메뉴 : 프런트패널이나 블록다이어그램의 객체를 세부 옵션 방법으로 정렬시킨다.
- 객체 간격 조절 메뉴 : 프런트패널이나 블록다이어그램의 객체를 세부 옵션 방법으로 간격 조정을 한다.
- 객체 크기 조절 메뉴 : 프런트패널이나 블록다이어그램의 객체를 세부 옵션 방법으로 크기 조정을 한다.
- 순서 재설정 메뉴 : 객체의 그룹핑이나 잠금, 앞뒤 이동으로 객체가 겹쳤을 때 보이는 객체의 조정이 가능하다.
- 실행 하이라이트 버튼 : 이 버튼을 클릭하면 VI가 실행될 때 블록다이어그램의 실행이 애니메이션으로 디스플레이 된다. 이를 통해 블록다이어그램에서 데이터가 어떻게 흐르는지를 살펴볼 수 있다. 버튼을 다시 클릭하면 실행 하이라이트를 비활성화할 수 있다.
- 와이어 값 유지 버튼 : 실행 흐름의 각 포인트에서 와이어 값을 저장하여, 와이어에 프로브를 놓을 때 와이어를 따라 흐른 데이터의 가장 최근 값을 바로 얻을 수 있다. VI가 한 번 이상 성공적으로 실행된 경우에만 와이어 값을 유지할 수 있다.
- 단계별 실행 들어가기 : 클릭하면 노드를 열고 일시 정지한다. 단계별 실행 들어가기 버튼을 다시 한 번 클릭하면, 첫 번째 동작을 실행한 후 SubVI 또는 구조의 다음 동작에서 일시 정지한다. 이 버튼 대신 Ctrl 키와 아래 방향 화살표 키를 눌러도 된다. VI에서 단계별 실행 들어가기를 선택하면, VI는 한 단계 당 한 노드씩 실행된다. 각 노드는 실행될 준비가 되었을 때 깜빡인다.
- 단계별 실행 건너뛰기 : 클릭하면 노드를 실행한 후 다음 노드에서 일시 정지한다. 이 버튼 대신 Ctrl 키와 오른쪽 화살표 키를 눌러도 된다. 노드에서 단계별 실행 건너뛰기를 하면, 단계별 실행 없이 노드를 실행할 수 있다.
- 단계별 실행 나가기 : 클릭하면 현재 노드의 실행을 마치고 일시 정지한다. VI가 실행을 완료하면, 단계별 실행 나가기 버튼은 비활성화된다. 이 버튼 대신 Ctrl 키와 위 방향 화살표 키를 눌러도 된다. 노드에서 단계별 실행 나가기를 하면, 해당 노드의 단계별 실행을 완료하고 다음 노드를 탐색하게 된다.
- 다이어그램 정리 : 블록다이어그램을 자동으로 정리해준다.

● 도구 팔레트

다음은 도구 팔레트에 대해서 살펴보자. 도구 팔레트는 LabVIEW 메뉴 중 보기 → 도구 팔레트를 클릭하거나 ' Shift +마우스 우 클릭'으로 볼 수 있다.

그림 2-27 ● 도구 팔레트

LabVIEW에서는 기본적으로 마우스 커서의 위치에 따라서 자동적으로 작업 모드를 인식해서 커서가 변경된다. 와이어를 연결할 때는 실패 모양으로, 라벨을 변경할 때는 라벨링 입력 모양으로 자동으로 변경이 된다. 이는 도구 팔레트에서 가장 위에 있는 자동 도구 선택 버튼이 켜져 있기 때문에 그렇다. 만약 자동 도구 선택 버튼을 해제하면 도구 팔레트에서 선택한 마우스 커서가 계속 유지되게 된다. 도구 팔레트에는 선택, 라벨링, 와이어링, 색칠 도구 등 다양한 작업 도구들이 있다. 특히 색칠 도구를 선택한 후 객체 또는 작업 영역에서 마우스 우 클릭을 하면 색 선택기가 나타나고, 색을 선택하면 선택한 색으로 변경된다.

유용한 LabVIEW 단축키 모음

실행
- Ctrl+R : VI 실행
- Ctrl+. : 강제종료

파일
- Ctrl+N : 새 VI 열기
- Ctrl+S : 저장하기
- Ctrl+O : 불러오기
- Ctrl+P : 인쇄하기
- Ctrl+Q : 종료하기

편집
- Ctrl+C : 복사하기
- Ctrl+X : 잘라내기
- Ctrl+V : 붙여넣기
- Ctrl+F : 객체찾기
- Ctrl+A : 모든 객체선택
- Ctrl+Z : 실행취소
- Ctrl++ : 라벨확대
- Ctrl+- : 라벨축소
- Ctrl+U : 블록다이어그램 정리
- Ctrl+B : 깨진 와이어 제거
- Ctrl+빈공간 클릭&이동 : 공간확대

- Ctrl+L : 에러리스트 보기
- Ctrl+M : 실행모드로 보기
- Ctrl+Y : 개정히스토리 입력
- Ctrl+I : 프로퍼티
- Ctrl+Shift+N : 탐색 윈도우

윈도우
- Ctrl+H : 기본 도움말
- Ctrl+Shift+? : LabVIEW 도움말
- Ctrl+E : 창 전환
- Ctrl+/ : 창 최대화
- Ctrl+T : 창 나누기
- Ctrl+W : 창 닫기

팔레트
- Shift+마우스 우클릭 : 도구 팔레트
- Ctrl+Spacebar : 빠른 탐색 (아래는 빠른 탐색 후)
- Ctrl+D : 미연결 컨트롤/인디케이터 생성
- Ctrl+Shift+D : 미연결 상수 생성
- Ctrl+R : 선택 객체 제거&와이어 연결
- Ctrl+T : 선택 컨트롤 라벨 정렬

2.1.4 LABVIEW의 DATA TYPE

앞에서는 기본적으로 LabVIEW를 시작하는 방법, 블록다이어그램과 프런트패널을 어떻게 사용하는지에 대해 알아 보았다. 이번 절에서는 LabVIEW에는 어떠한 데이터 타입이 있는지 알아 보도록 한다. 기본적으로 LabVIEW는 숫자형, 문자형, 그리고 불리언의 세 가지 데이터 타입으로 이루어져 있다. 그리고 이 데이터 형에는 각각 컨트롤과 인디케이터가 있다. 결론적으로 보았을 때, 숫자형 컨트롤, 숫자형 인디케이터, 문자형 컨트롤, 문자형 인디케이터, 불리언 컨트롤과 불리언 인디케이터로 구성된다. 그리고 이 데이터 형은 블록다이어그램과 프런트패널에서 모두 사용 가능하고, 통상적으로 변수라고 부른다.

그림 2-28 ● 각 데이터 타입에 대한 컨트롤과 인디케이터

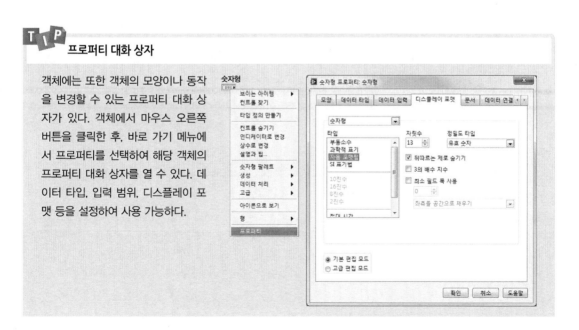

프로퍼티 대화 상자

객체에는 또한 객체의 모양이나 동작을 변경할 수 있는 프로퍼티 대화 상자가 있다. 객체에서 마우스 오른쪽 버튼을 클릭한 후, 바로 가기 메뉴에서 프로퍼티를 선택하여 해당 객체의 프로퍼티 대화 상자를 열 수 있다. 데이터 타입, 입력 범위, 디스플레이 포맷 등을 설정하여 사용 가능하다.

● 숫자형 데이터 타입

먼저 숫자형 컨트롤과 숫자형 인디케이터에 관하여 살펴보겠다. 그림 2-30에서 보는 것처럼,
프런트패널에서의 숫자형 컨트롤은 사용자가 컨트롤 가능한 UI로 이루어진 것을 볼 수 있고,
그림 2-31의 블록다이어그램에서는 숫자형 연산에 사용되는 함수로 이루어진 것을 볼 수 있
다. 또한 블록다이어그램에서 숫자형 터미널과 와이어 중 실수 타입은 주황색, 정수 타입은
파란색을 가지고 있다.

그림 2-29 ● 숫자형 터미널과 와이어

그림 2-30 ● 프런트패널 숫자형 컨트롤 팔레트

그림 2-31 ● 블록다이어그램과 숫자형 함수 팔레트

그리고 숫자형은 다시 15개의 숫자 형태로 분류된다. 크게 부동소수, 부호있는 정수, 부호없는 정수, 복소수가 있다. 각 숫자 데이터 형에 따라 표현할 수 있는 숫자 및 범위가 달라지게 된다. 만약 서로 다른 형의 숫자를 연산하려고 하면, 프로그램에서 자동으로 최적화된 데이터 타입으로 변환을 하는데 이때 그림 2-32처럼 빨간색으로 강제 변환점이 생기게 된다. 강제 변환은 여러 다른 데이터 타입 형 입력에 대해서 상대적으로 더 크고 넓은 포맷으로 출력을 반환한다. 강제 변환점이 생기면 메모리에 강제 변환점만큼 추가적인 데이터 공간을 만들기 때문에 그림 2 33처럼 형 변환을 통해서 다입을 맞춰 주는 것이 좋다. 형 변환 함수는 함수 → 숫자형 → 변환으로 가면 찾을 수 있다. 다른 방법으로는 프런트패널의 숫자형 컨트롤에서 마우스 우 클릭으로 형을 선택할 수도 있고, 프로퍼티에서도 형을 설정할 수 있다.

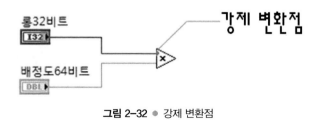

그림 2-32 ● 강제 변환점

그림 2-33 ● 형 변환을 통한 데이터 타입 일치

그럼 예제를 통해서 직접 간단한 덧셈과 뺄셈을 실습해보도록 하겠다.

예제 2.1.1 숫자형 컨트롤과 인디케이터를 사용한 연산 및 결과 확인

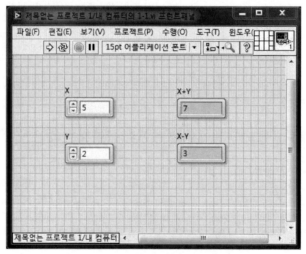

그림 2-34 ● 예제 2.1.1 프런트패널

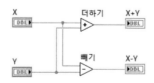

그림 2-35 ● 예제 2.1.1 블록다이어그램

위의 예제 2.1.1은 숫자형 컨트롤과 인디케이터, 숫자형 함수를 사용하여 간단한 덧셈과 뺄셈을 하는 연산을 수행하는 예제다. LV에서는 좌측에서 우측으로 데이터가 흘러가는 순서대로 코드가 실행됨을 기억해야 한다. 블록다이어그램의 전구 모양의 실행 하이라이트 아이콘을 클릭해서 코드가 실행될 때의 데이터 흐름을 직접 눈으로 확인할 수 있다. 그럼 다음 순서에 따라 실습해보도록 한다.

1. 프런트패널에서 마우스 우 클릭 후 실버 → 숫자형 → 숫자형 컨트롤 두 개를 가져다 놓는다.

2. 각 컨트롤의 라벨을 클릭하여 X와 Y로 변경한다.

3. 블록다이어그램에서 마우스 우 클릭 후 함수 → 프로그래밍 → 숫자형에서 더하기와 빼기 함수를 마우스로 가져와 놓는다.

4. 블록다이어그램에서 더하기와 빼기의 왼쪽 입력 터미널에 각각의 X, Y 컨트롤의 와이어를 연결한다. X와 Y 컨트롤의 우측에 마우스를 가져가면 자동으로 실패 모양으로 바뀔 것이다. 이때 클릭하고 더하기나 빼기의 좌측 입력 터미널에 마우스를 대면 깜박거리는 것을 볼 수 있는데 이때 마우스를 클릭하면 와이어가 연결된다.

5. 프런트패널에서 숫자형 인디케이터를 추가하여 인디케이터를 놓을 수도 있지만 다른 방법도 있다. 더하기와 빼기의 오른쪽 출력 터미널에 마우스 우 클릭을 한 후에 생성 → 인디케이터를 눌러 생성할 수도 있다.

6. 프런트패널의 X와 Y 값에 원하는 값을 입력 후 도구모음의 실행 버튼을 눌러(오른쪽 화살표 모양) 동작한 결과를 확인해본다.

● **불리언 데이터 타입**

두 번째로, 불리언에 대해서 알아보도록 하겠다. 앞서 설명한 것처럼, 불리언도 불리언 컨트롤과 불리언 인디케이터, 두 가지로 이루어진다. 마찬가지로 프런트패널에는 불리언 관련 컨트롤 및 인디케이터가, 블록다이어그램에는 불리언 연산 함수가 있나. 불리언이란, 참 또는 거짓, 두 가지의 값을 가지는 함수로 True or False, On or Off의 개념으로 생각하면 이해가 좀 더 쉬울 것이다. 따라서 버튼, 스위치, LED 등의 컨트롤이 있으며 참과 거짓 및 각종 논리 연산이 가능하다. 블록다이어그램에서 불리언 터미널 및 와이어는 그림 2-36과 같이 녹색으로 표시된다. 그림 2-37과 그림 2-38을 통해서 다양한 불리언 관련 컨트롤과 함수를 살펴볼 수 있다.

불리언 컨트롤   불리언 인디케이터

그림 2-36 ● 프런트패널 불리언 컨트롤 팔레트

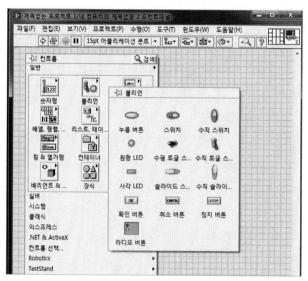

그림 2-37 ● 프런트패널 불리언 컨트롤 팔레트

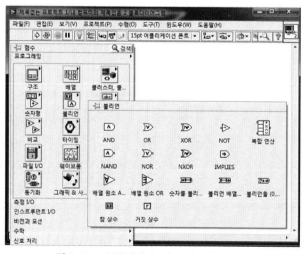

그림 2-38 ● 블록다이어그램 불리언 함수 팔레트

불리언 컨트롤에서 마우스 우 클릭을 하면 기계적 동작 부분을 볼 수 있다. 크게 스위치와 래치 동작으로 나뉘는데, 스위치는 버튼을 클릭하면 기존에서 반전된 상태를 유지한다. 반대로 래치는 버튼을 클릭하면 마우스를 눌렀을 때 반전된 상태를 유지하다가 마우스를 떼었을 때는 원래의 상태로 돌아오게 된다. 반복 loop 안에서는 스위치 및 래치의 동작에 유의해야 하는데 그 이유는 다음과 같다.

스위치는 코드가 실행되는 동안 그 불리언 컨트롤을 만났을 때 어떠한 상태인지를 보고 그 값을 가져온 뒤 그대로 지나간다. 하지만 래치는 코드가 실행되는 동안 값에 변화가 있다면 그 변화를 가지고 있다가 코드 실행이 그 컨트롤을 만났을 때 그 값을 주고 다시 원래대로 돌아간다. 이 부분은 루프 반복 속도를 3초 정도로 낮게 설정하여 직접 테스트해보길 권장한다.

블록다이어그램의 불리언 팔레트의 구성을 살펴보면, AND, OR, NOT 등의 연산으로 구성되어 있는 것을 볼 수 있다. 이러한 논리적 연산을 마치고 나면, 참 또는 거짓으로 출력되고, 또 이를 숫자로 변환할 수도 있다. 그럼 불리언 함수를 사용하여 어떻게 연산을 구성할 수 있는지 간단한 예제로 알아보도록 하겠다.

예제 2.1.2 **불리언 연산 예제**

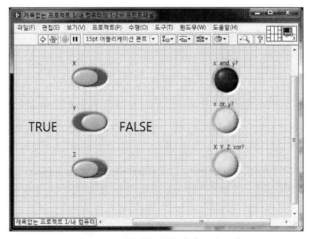

그림 2-39 ● 불리언 연산 예제 프런트패널

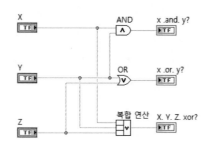

그림 2-40 ● 불리언 연산 예제 블록다이어그램

위의 예제 2.1.2는 불리언 컨트롤과 불리언 함수를 사용하여 간단한 AND, OR, 논리 복합 연산을 수행하는 예제이다. 입력되는 값에 따라 참인지 거짓인지 결과를 확인해 볼 수 있으니 실습해 보도록 한다.

1. 프런트패널에서 일반 → 불리언 → 슬라이드 스위치를 그림 2-39처럼 3개 놓고 라벨을 각각 x, y, z로 입력한다.
2. 블록다이어그램에서 프로그래밍 → 불리언 탭에서 그림 2-40에 있는 논리 연산자들을 놓고 그림처럼 와이어로 연결한다.
3. 각 논리 연산자에 마우스 우 클릭한 다음, 인디케이터를 생성한다.
4. 실행 후 슬라이드 컨트롤을 조절하며 결과를 확인해본다.

● **문자열 데이터 타입**

세 번째로, 문자열에 대해서 알아보겠다. 문자열도 문자열 컨트롤과 문자열 인디케이터, 두 가지로 이루어진다. 말 그대로 문자를 입력하고 문자를 볼 수 있는 함수이다. ASCII 코드 기반이며 다른 프로그램 언어나 EXCEL, 메모장 등에서 읽을 수 있어서 파일 저장, 각종 통신 등에 사용하기도 한다. 그림 2-42에서 볼 수 있듯이 프런트패널의 컨트롤과 인디케이터가 있고, 그림 2-43의 블록다이어그램에서 볼 수 있듯이 문자열을 사용하면서 응용할 수 있는 문자열 관련 함수들을 이용하여 여러 가지 연산을 할 수 있다. 또 블록다이어그램에서 문자열 터미널과 와이어는 분홍색으로 표시된다.

그림 2-41 ● 프런트패널 문자열 컨트롤 팔레트

그림 2-42 ● 프런트패널 문자열 컨트롤 팔레트

프런트패널에서 문자열 컨트롤에 마우스 우 클릭을 하면 4가지의 디스플레이 타입을 선택할 수 있다.

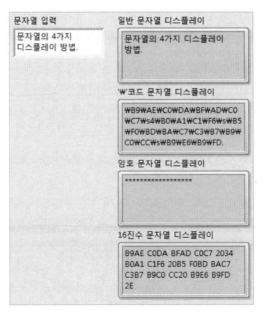

그림 2-43 ● 프런트패널 문자열 컨트롤 팔레트

- 일반 디스플레이 : 일반적인 문자열로 디스플레이 한다.
- '\' 코드 디스플레이 : 역슬래시와 16진수 아스키 값의 조합으로 문자열을 나타낸다.

- 암호 디스플레이 : 띄어쓰기를 포함하여 각 문자를 별표로 표기한다.
- 16진수 디스플레이 : 각 문자의 아스키 값을 16진수로 표기한다.

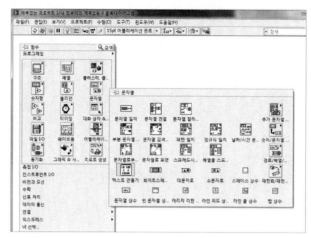

그림 2-44 ● 블록다이어그램 문자열 함수 팔레트

블록다이어그램의 문자열 팔레트의 구성을 살펴보면, 문자열 길이, 문자열 연결, 잘라내기, 문자열/숫자열 변경 등 많은 함수로 이루어져 있다. 또한 빈 문자열 상수나 스페이스 상수 등도 따로 있음을 확인할 수 있다.

다음 예제들을 통해서 문자열 함수에 대해서 익혀보도록 하자.

예제 2.1.3 **문자열 다루기 예제 #1**

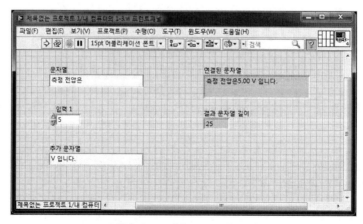

그림 2-45 ● 예제 2.1.3 프런트패널

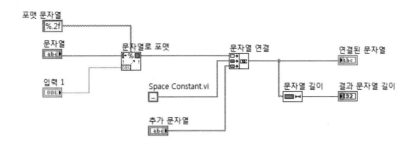

그림 2-46 ● 예제 2.1.3 블록다이어그램

1. 프런트패널에 2개의 문자열 컨트롤과 1개의 숫자형 컨트롤을 놓는다.

2. 블록다이어그램에 함수 → 프로그래밍 → 문자열 → 문자열로 포맷 함수를 놓고 문자열 컨트롤과 숫자형 컨트롤을 연결해준다. 이 함수는 문자열, 경로, 열거형 타입, 타임스탬프, 불리언 또는 숫자형 데이터를 텍스트로 포맷한다. 포맷 문자열 입력에 따라 변환되는 결과 문자열이 달라지는데 자세한 내용은 LabVIEW Help를 참고하면 된다. 이 예제에서는 %.2f로 소수점 둘째 자리까지 표현하는 포맷으로 설정하였다.

3. 문자열 연결 함수를 놓고 함수의 아래 경계를 잡고 끌어 3개의 입력이 생기도록 늘린다. 그 후에 문자열 스페이스 상수와 문자열을 함수에 연결한다.

4. 문자열 연결에서 마우스 우 클릭으로 문자열 인디케이터를 생성하고 문자열 길이 함수를 추가해 문자열 길이 인디케이터도 생성한다.

5. 프런트패널에서 컨트롤에 값을 입력하고 실행하여 결과를 확인한다.

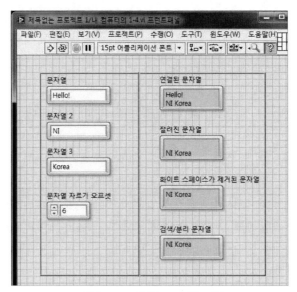

그림 2-47 ● 예제 2.1.4 프런트패널

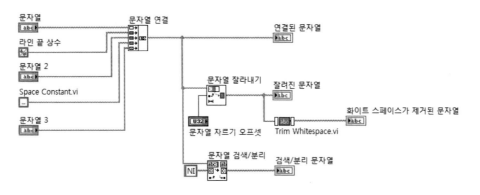

그림 2-48 ● 예제 2.1.4 블록다이어그램

1. 프런트패널을 보고 3개의 문자열 컨트롤을 생성한다.

2. 블록다이어그램에 함수 → 프로그래밍 → 문자열 → 문자열 연결 함수를 놓고 문자열 컨트롤들과 라인 끝 상수 스페이스 상수를 연결한다.

3. 함수 → 프로그래밍 → 문자열 → 문자열 잘라내기와 문자열 검색/분리 함수를 추가하고 각각 인디케이터를 생성한다.

4. 문자열 잘라내기의 오프셋 입력에 컨트롤을 생성한다.

5. 문자열 검색/분리의 검색 문자열/문자 부분에 상수를 생성한다. 이 상수에 문자열 중에 검색하고 싶은 문자를 적는다.

6. 프런트패널에서 장식을 추가해 본다. 컨트롤 팔레트의 일반 → 장식 → 볼록한 프레임을 클릭하고 프런트패널에 마우스를 클릭한 상태로 드래그하여 장식의 크기를 지정할 수 있다. 놓은 후에도 장식을 클릭하여 크기를 변경할 수 있다.

7. 컨트롤에 값을 입력하고 실행하여 동작을 확인해본다.

위의 예제 2.1.3, 예제 2.1.4를 통해서 문자열의 연결, 분리, 검색 및 각종 문자열 상수의 사용법에 대해서 익혀볼 수 있다. 또한 예제 2.1.5에서는 문자열과 숫자 간의 변환, 문자열 내에서 특정 숫자나 문자에 대한 검색에 대해서 학습해 볼 수 있다.

예제 2.1.5 **문자열 다루기 예제 #3**

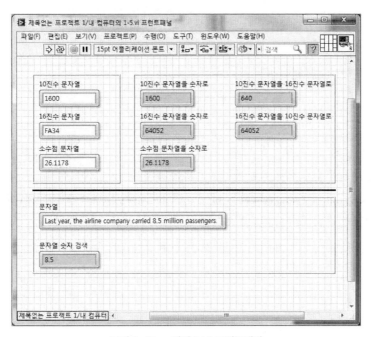

그림 2-49 ● 예제 2.1.5 프런트패널

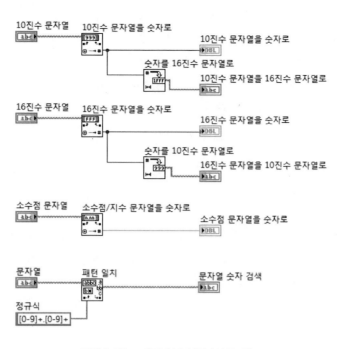

그림 2-50 ● 예제 2.1.5 블록다이어그램

1. 프런트패널에 4개의 문자열 컨트롤을 놓고 그림 2-49와 같이 라벨링을 한다.

2. 블록다이어그램에 그림 2-50에 보이는 문자열 함수들을 놓고 와이어 연결 및 인디케이터 생성을 한다. 숫자를 문자열로 변환하는 함수들은 블록다이어그램에서 함수 → 프로그래밍 → 문자열 → 숫자/문자열 변환에서 찾을 수 있다.

3. 패턴 일치 함수의 정규식은 문자열에서 검색하려는 패턴이다. 함수가 정규식을 찾지 못한 경우, 일치 부분 문자열과 이후 부분 문자열 출력은 비어 있고 이전 부분 문자열은 전체 문자열을 출력한다. 또 이때 일치 후의 오프셋은 −1이 출력된다.

4. 다양한 문자열을 숫자로 변환하는 함수에 대해서 확인해본다. 문자열에 입력된 16진수 즉 0~F까지도 숫자로 인식하여 변환할 수 있는 함수도 있다.

5. 프런트패널에 장식을 추가하고 컨트롤에 다양한 값들을 입력해 실행해보도록 한다.

① **LabVIEW의 프로젝트에 대한 내용으로 틀린 것은?**

A. VI들이나 라이브러리, 기타 파일, 가상 폴더 등을 만들어 프로젝트에 필요한 전체적인 파일들을 관리할 수 있다.

B. 프로젝트 파일은 확장자가 .lvproj이다.

C. 프로젝트를 생성하지 않으면 VI를 작성할 수 없다.

D. 독립 어플리케이션을 만들 시에 꼭 필요하다.

② **프런트패널과 블록다이어그램에 대한 설명으로 틀린 것은?**

A. 프런트패널은 사용자가 컨트롤할 수 있는 화면이다.

B. 블록다이어그램은 실질적으로 프로그래밍을 할 수 있는 화면이다.

C. 프런트패널에는 컨트롤, 인디케이터, 상수 등을 추가할 수 있다.

D. 블록다이어그램에는 함수와 노드 등을 와이어로 연결하여 사용한다.

③ **다음 중 LabVIEW의 기본 Data Type이 아닌 것은?**

A. 배열　　B. 문자열　　C. 숫자형　　D. 불리언

로봇은 다양한 동작을 한다. 같은 동작을 반복할 수도 있고, 여러 관절을 순차적으로 움직여 하나의 동작을 만들 수도 있다. 또한 사용자가 지정한 입력이 들어왔을 때 일정 동작을 실행해야 할 수도 있을 것이다. 이러한 부분을 구현시켜주기 위해선 다양한 방법이 있을 수 있지만 간단하고도 중요한 방법 중에 여러 가지 구조를 사용하는 방법이 있다. 이 구조들에 대해서 알아보도록 한다.

2.2.1 WHILE LOOP

While Loop는 사용자가 지정하는 조건에 따라 반복적으로 실행하는 구조이다. While Loop 내에 있는 코드를 루프 종료 조건에 따라 루프가 종료되기 전까지 계속적으로 반복 실행하게 된다. While Loop 우측 하단에 있는 조건 터미널을 사용하여 사용자 조건을 지정할 수 있다. 이 While loop는 같은 동작을 하는 것을 일정한 속도로 계속 반복해야 할 때 사용할 수 있는 가장 기본적인 구조이다. While Loop는 블록다이어그램의 함수 팔레트에서 함수 → 프로그래밍 → 구조에서 찾을 수 있다. 그림 2-51에 While Loop의 기본 구조가 나와 있다.

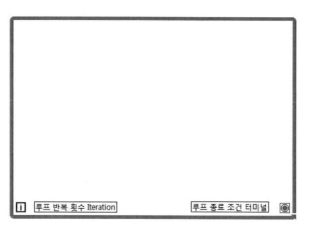

그림 2-51 ● While Loop

그림 2-51에서 보는 것처럼 루프 반복 횟수를 나타내는 Iteration과 While Loop를 정지할 수 있는 조건 터미널로 구성되어 있다. Iteration i는 0부터 시작해서 Loop가 한 바퀴 돌 때마다 1씩 증가하게 된다. 그러므로 루프 반복 횟수는 i+1이 된다. 조건 터미널을 클릭하면 True 값이 입력일 때 종료할지 아니면 계속 동작할지 선택이 가능하다. 또 While 루프의 조건 터미널에 상수 입력으로 바로 종료되게 하더라도 While loop 안의 코드는 최소 한 번은 실행되게 된다. While loop 내부에서 사용되는 데이터들은 루프가 종료될 때까지 밖으로 전달되지 못한다. (로컬 변수, 공유 변수나 큐 구조 등의 몇 가지 방식을 제외하였을 때)

● **While Loop 반복 속도와 CPU 사용의 관계**

While Loop의 Loop Time은 PC의 성능에 의해 결정된다. CPU의 성능이 가능한 범위에서 가장 빠르게 실행되기 때문이다. 그래서 loop에 별도의 타이밍 제어를 해주지 않을 경우 CPU resource를 최대한 이용해 빠르게 돌게 되고 이는 LV를 제외한 다른 프로그램 동작에 성능 저하를 주게 된다. 이러한 이유로 인해서 Loop 안에 Timing 함수를 사용해서 Loop Time에 Delay를 주어야 한다. 이것은 Loop가 사용자가 설정한 속도로 일정하게 실행되게 함과 동시에 CPU에 Resource 사용을 크게 줄일 수 있다.

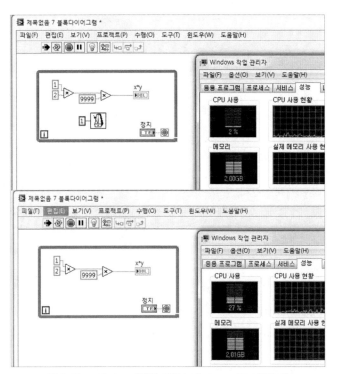

그림 2-52 ● Timing 제어에 따른 While Loop CPU 사용 비교

그럼 예제를 통해서 While loop를 간단히 구성해보도록 하겠다.

While Loop 활용

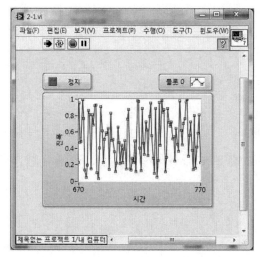

그림 2-53 ● While Loop 활용 예제 프런트패널

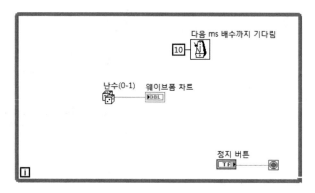

그림 2-54 ● While Loop 활용 예제 블록다이어그램

예제 2.2.1은 간단히 While 루프 안에 난수 발생 함수를 사용해서 계속적으로 웨이브폼 차트에 결과가 나오도록 하는 예제이다. 정지 버튼을 누르기 전까지는 계속적으로 실행되게 된다.

1. 블록다이어그램에서 구조 → While 루프를 클릭하고 마우스 드래그로 루프 크기를 정해 그린다.
2. 블록다이어그램에서 숫자형 → 난수 함수를 놓는다.
3. 프런트패널에서 실버 → 그래프 → 웨이브폼 차트를 클릭하여 놓는다.
4. 블록다이어그램에서 난수 출력과 웨이브폼 차트를 연결한다.
5. 루프 조건 터미널에 불리언 컨트롤을 생성한다.
6. 타이밍 → 다음 ms 배수까지 기다림 함수를 놓고 입력에 10ms를 입력한다. 루프가 10ms에 한 번씩 돌도록 제어된다.

2.2.2 FOR LOOP

For loop도 While Loop와 마찬가지로 Loop 안의 코드를 반복적으로 실행하는 구조이다. 다만 While Loop와 약간의 차이점이 있다. While Loop는 사용자가 조건터미널을 사용하여 Loop를 계속 실행하거나 정지하게 할 수 있는 반면에 For Loop는 Loop 반복 횟수를 사용자가 지정해서 지정한 반복 횟수만큼 반복 실행하게 된다. For loop의 반복 횟수 터미널은 32비트 부호 있는 정수형이다. 만약 이보다 더 큰 숫자형 타입인 배정도 부동소수가 연결되더라도 루프 반복은 정수의 횟수만 가능하기 때문에 강제 변환은 32비트 부호 있는 정수형으로 된다. While Loop처럼 조건 터미널을 추가하여 사용자가 지정한 반복 횟수 이전에 Loop를 정지시킬 수도 있다. 그림 2-55에서 For loop의 구조를 볼 수 있다.

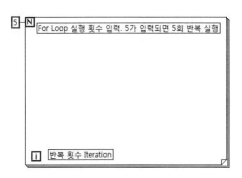

그림 2-55 ● For Loop 구조

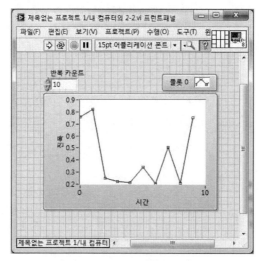

그림 2-56 ● For Loop 활용 프런트패널

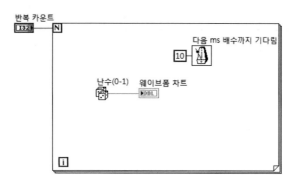

그림 2-57 ● For Loop 활용 블록다이어그램

위의 예제 2.2.2는 For Loop를 사용하여 0~1 범위의 난수를 계속해서 WaveForm Chart에 나타내는 예제이다. 반복 카운트를 10으로 했기 때문에 For loop는 10회 반복되고 차트에는 10개의 샘플이 나오게 된다.

1. 블록다이어그램에서 구조 → For 루프를 클릭하고 마우스 드래그로 루프 크기를 정해 그린다.
2. 숫자형 → 난수 함수를 놓는다.
3. 프런트패널에서 실버 → 그래프 → 웨이브폼 차트를 클릭하여 놓는다.
4. 블록다이어그램에서 난수와 웨이브폼 차트를 연결한다.
5. 루프 반복 터미널에 터미널을 생성한다.
6. 타이밍 → 다음 ms 배수까지 기다림 함수를 놓고 입력에 10ms를 입력한다. 루프가 10ms에 한 번씩 돌도록 제어된다.

● **For Loop의 인덱싱**

For Loop에서는 인덱싱이라는 개념이 있다. 아래 그림 2-58을 보면서 배워보도록 하자.

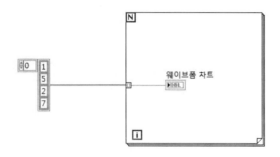

그림 2-58 ● For Loop 오토 인덱싱

반복 터미널에 반복 횟수가 연결되지 않았다. 하지만 이 For Loop는 문제없이 실행된다. 바로 오토 인덱싱 때문이다. For loop에 배열이 입력으로 있을 때 자동으로 오토 인덱싱 입력으로 연결되며 반복 횟수를 연결하지 않아도 배열의 원소 개수만큼 반복하게 된다. 그리고 루프의 반복 횟수 때마다 그 횟수에 맞는 배열 인덱스의 원소만 For loop 안으로 들어가게 된다. 만약 그 배열 전체를 For loop 안으로 넣으려면 입력 터미널 부분에 마우스 우 클릭을 하고 인덱싱 비활성화를 해주면 된다. 물론 인덱싱 비활성화를 해주면 반복 터미널에 반복 횟수를 연결해주어야 한다.

For loop 출력도 마찬가지이다. 그림 2-59를 참고해보도록 하자. 단일 출력 값들이 오토 인덱싱 출력이 되어 있다면 각 loop 반복 시에 나온 결과들이 모여 하나의 배열로 출력되게 된다. For loop 출력 터널 모드에는 연결하기, 인덱싱하기, 마지막 값의 세 가지 종류가 있다. 각 터널 모드의 차이는 예제 2.2.3을 통해서 알아보도록 하자.

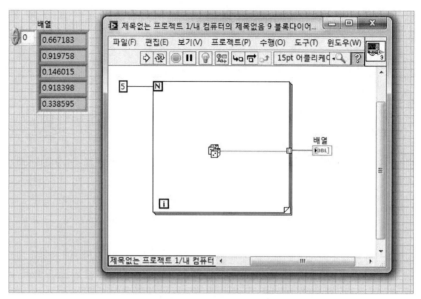

그림 2-59 ● For Loop 출력 인덱싱하기

예제 2.2.3 For Loop 출력 터널 모드

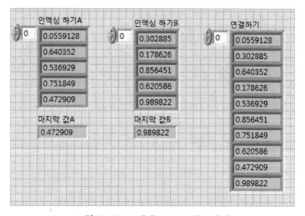

그림 2-60 ● 예제 2.2.3 프런트패널

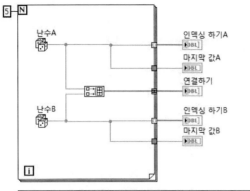

인덱싱 하기는 For loop 각 반복 횟수에 맞는 결과들이 하나의 배열로 나오게 된다.
마지막 값은 마지막 loop의 결과 값이 나온다.
연결하기는 출력 데이터가 배열일때 이에 대한 인덱싱이라 생각하면 된다.

그림 2-61 ● 예제 2.2.3 블록다이어그램

1. 블록다이어그램에서 For loop를 그리고 두 개의 난수 함수를 놓는다.
2. 프로그래밍 → 배열 → 배열 만들기 함수를 놓고 입력으로 난수 A와 난수 B 출력을 연결한다.
3. 난수 A, B에 대한 For loop 바깥으로 나가는 각각 2개의 출력을 만든다. 기본은 자동으로 인덱싱 출력으로 된다. 이에 대한 인디케이터를 하나 만들고 두 번째 출력에 대해서는 마우스 우 클릭 후 터널모드 → 마지막 값으로 설정한다.
4. 배열 만들기의 출력도 For loop 바깥으로 나가는 출력을 만들고 마우스 우 클릭 후 터널모드 → 연결하기를 클릭한다. LV2012 이상의 버전에서만 연결하기가 있다.
5. 반복 터미널에 5를 넣어주고 실행해본다. 프런트패널에서 결과를 확인해보자.

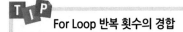

For Loop 반복 횟수의 경합

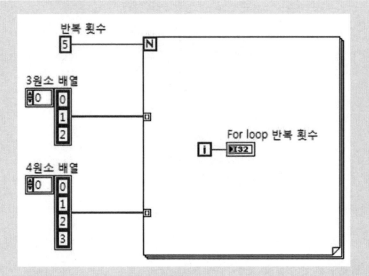

만약 For Loop의 반복 횟수에 관여하는 반복 횟수, 3원소 배열 오토 인덱싱, 4원소 배열 오토 인덱싱의 3가지가 경합을 한다면 위의 Loop는 몇 회 반복 실행을 하겠는가?

정답은 3회로 반복 횟수에 경합이 있을 경우는 가장 적은 횟수에 맞춰 loop의 반복 횟수가 결정된다.

직접 확인해 보도록 하자.

2.2.3 타이밍

앞에서도 말했듯이, 반복 구조에서는 CPU 점유율이나 반복 타이밍 제어를 위해서 타이밍 함수를 사용하는 것이 좋다. 가장 많이 사용하는 함수는 기다림, 다음 ms 배수까지 기다림, 시간 지연, 경과 시간인데 각 함수들에 대해서 알아보도록 하겠다.

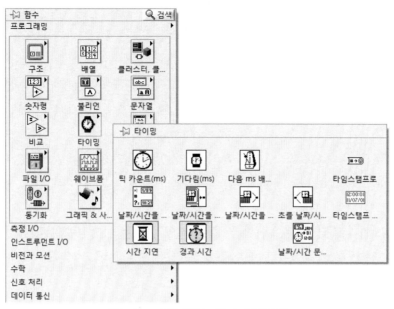

그림 2-62 ● 블록다이어그램 타이밍 함수들

먼저 기다림 함수와 다음 ms 배수까지 기다림 함수에 대해서 알아보도록 하겠다. 기다림 함수는 보통 코드의 진행 중간에 시퀀스 구조 등에서 정해진 시간만큼 기다리는 데에 사용하거나 반복 루프의 타이밍을 제어하는 데 사용한다. 다음 ms 배수까지 기다림 함수는 반복 루프의 타이밍을 제어하는데, 기다림 함수와는 조금 동작이 다르다.

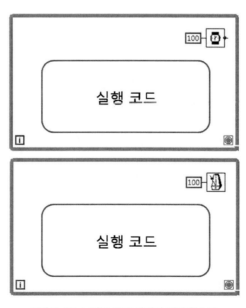

그림 2-63 ● 반복 루프 타이밍 제어 함수들

그림 2-63을 보면 기다림 함수와 다음 ms배수까지 기다림 함수가 각각 나와 있다. 먼저 그림에서 위의 기다림 함수가 포함된 루프 제어는 실행 코드와 병렬로 기다림 함수가 실행되기 때문에 실행 코드가 100ms 이하이면 루프가 100ms에 한 번 주기적으로 실행되고 100ms 이상이면 실행 코드 실행 시간에 따라 루프가 도는 속도가 달라진다. 하지만 그림에서 아래의 루프는 실행 코드가 100ms 이하이면 루프가 100ms에 한 번 주기적으로 실행되고 100ms 이상이면 실행 코드 100ms의 정수 배인 200ms, 300ms…… 중에서 가장 빠른 속도로 돌게 된다. 여기서 주의할 점은 순수 코드 실행 속도가 아닌 실행 코드 내에 의도적인 기다림이나 시간 지연 함수가 있어서 100ms를 초과할 경우는 실행 코드의 속도에 따라 루프 속도가 달라지게 된다.

다음은 시간 지연과 경과 시간 함수이다. 시간 지연 함수는 기다림 함수와 동일하다고 생각하면 되고, 여기에 에러 클러스터가 추가되어 있는 형태이다. 경과 시간은 어떤 시간을 설정하고, 그 시간이 지났는지 아닌지 체크가 가능하다.

2.2.4 시프트 레지스터

프로그래밍에서 루프를 사용할 때, 이전 루프에서 사용된 데이터를 다음 루프에서 사용해야 할 경우가 있다. 이렇게 루프를 사용하여 이전 반복의 값을 다음 반복으로 전달하고자 할 때 시프트 레지스터를 사용한다. 시프트 레지스터는 하나의 터미널 쌍으로 표시된다. 루프 오른쪽의 터미널에는 윗 방향 화살표가 있고, 반복이 한 번 끝날 때마다 데이터를 저장한다. 시프트 레지스터 오른쪽에 연결된 데이터는 LabVIEW에서 다음 반복으로 전달된다. 루프가 실행된 후, 루프 오른쪽의 터미널은 시프트 레지스터에 저장된 마지막 값을 반환한다.

시프트 레지스터는 반복 구조에 마우스 우 클릭을 하여 시프트 레지스터 추가로 추가할 수 있다.

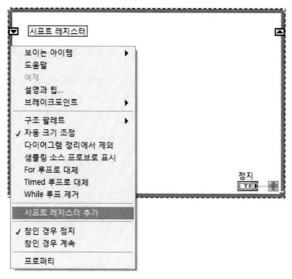

그림 2-64 ● 시프트 레지스터 추가 방법

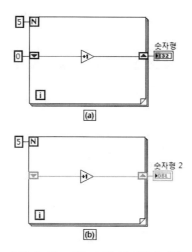

그림 2-65 ● 시프트 레지스터의 초기화

그림 2-65에 시프트 레지스터가 추가된 것을 볼 수 있다. 루프를 5회 돌면서 각 루프의 결과를 저장하고 있다가 그 값에 계속 1을 누적하여 더한다. (a)와 (b) 두 가지의 차이는 처음 시작시 초기화의 유무이다. (a)의 경우 실행 종료를 반복할 때마다 결과 값인 5를 출력한다. 하지만 (b)의 경우 처음엔 64비트 실수형의 기본 값인 0으로 시작해서 VI의 시작과 종료를 반복할 때마다 5, 10, 15로 계속 값이 증가한다. 즉 시프트 레지스터가 이전 실행의 마지막 값을 다음 실행에 시작 값으로 인식하게 된다. 초기화하지 않은 시프트 레지스터는 VI를 완전히 닫을 때까지 이전의 최종 반복 값을 유지한다.

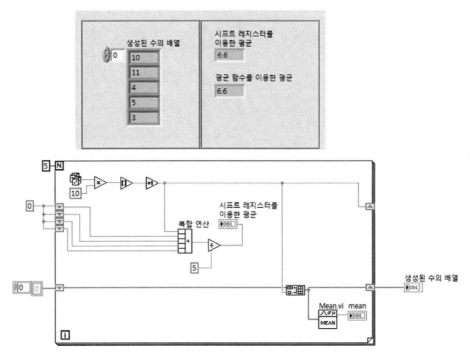

그림 2-66 ● 시프트 레지스터의 초기화

예제 2.2.4에서는 시프트 레지스터의 생성 및 활용과 다층 시프트 레지스터를 다뤄볼 수 있다. 시프트 레지스터를 추가한 후에 왼쪽 시프트 레지스터의 밑 부분을 잡고 드래그하거나, 혹은 시프트 레지스터에서 마우스 우 클릭 후 원소 추가를 클릭해도 다층 시프트 레지스터를 생성할 수 있다. 다층 시프트 레지스터는 여러 번의 이전 반복에서 생성된 데이터까지 가지고 있어 루프가 반복될 때마다 아래의 다층 레지스터로 값을 전달한다.

1. 블록다이어그램에서 For loop를 생성한다. 반복은 5회로 설정해준다.
2. For loop 내부 함수 → 프로그래밍 → 숫자형에서 난수 함수, 반올림, 증가 함수를 놓고 그림 2-66처럼 연결한다.
3. For loop 구조 좌측 경계에서 마우스 우 클릭을 하여 시프트 레지스터를 추가한다. 그 후 시프트 레지스터 아래 경계를 잡고 아래로 끌어당겨 다층 시프트 레지스터를 구현한다. 총 4개의 다층 시프트 레지스터를 만든다. 오른쪽 시프트 레지스터의 입력에는 난수 연산 결과를 연결하여 준다.

4. 상수 0을 생성하고 다층 시프트 레지스터 모두 0으로 초기화시켜준다.

5. For loop 내부에 함수 → 프로그래밍 → 숫자형의 복합 연산을 넣고 시프트 레지스터 출력과 난수 발생 연산을 연결해준다. 그리고 복합 연산 출력을 5로 나눠 평균을 구하고, 그 값에 대한 인디케이터를 생성한다.

6. For loop에 시프트 레지스터를 하나 더 생성하고 빈 배열을 연결하여 초기화시켜준다. 배열은 추후에 자세히 배우겠지만 먼저 예제에 따라 실습해보도록 한다. 블록다이어그램에서 함수 → 프로그래밍 → 배열 → 배열 상수를 클릭하여 놓고, 숫자형 상수를 하나 생성해 배열 상수 내부로 끌어 놓는다. 만약 잘 모르겠다면 2.4절의 배열 부분을 참고하도록 한다. 배열 상수는 기본적으로 데이터 타입과 형이 정해져 있지 않기 때문에 어떠한 데이터 타입을 끌어 놓는지에 따라 다르게 생성된다.

7. 생성된 배열 상수로 새로 생성한 시프트 레지스터를 연결하여 초기화시켜준다.

8. 블록다이어그램에서 함수 → 프로그래밍 → 배열→ 배열 만들기를 놓고 시프트 레지스터에서 나오는 배열과 난수 연산 결과를 합쳐 배열을 만들어 준다. 그리고 출력을 오른쪽 시프트 레지스터에 연결해준다. 이렇게 되면 빈 배열에 원소로 난수 연산 결과가 차례로 추가가 되게 된다.

9. 블록다이어그램에서 함수 → 수학 → 확률&통계 → 평균 함수를 놓는다. 그 후 배열 만들기의 결과를 평균 함수 입력에 연결해준다. 평균 함수의 결과에 대한 인디케이터도 추가한다.

10. 실행하여 시프트 레지스터를 이용한 평균의 결과와 평균 함수에 대한 결과를 비교하여 본다.

2.2.5 CASE

CASE 구조는 선택자 터미널에 연결된 조건에 따라서 사용자의 선택에 따라 서로 다른 실행을 할 수 있게 하는 구조이다. 기본적인 CASE 구조가 그림 2-67에 나와 있다. 기본적으로 CASE 구조를 실행하기 위해서는 선택자 터미널에 반드시 입력을 해줘야 한다. 선택자로 사용할 수 있는 것은 불리언, 숫자형, 문자열, 에러 등을 입력할 수 있다. 사용자가 불리언을 선택자 터미널에 연결하면 "참" 또는 "거짓"의 두 가지 조건으로 CASE가 생성되고, 숫자형으로 0~3을 입력한다고 하면, CASE는 0, 1, 2, 3의 네 가지의 조건에 대한 CASE가 생성된다. 이 CASE에 대한 것은 선택자 라벨을 클릭하여 리스트로도 볼 수 있다.

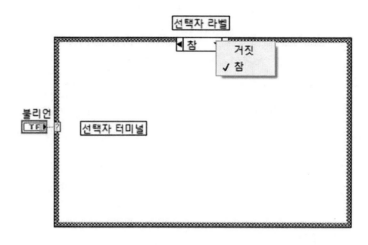

그림 2-67 ● CASE 구조

케이스의 선택자로 불리언을 사용하는 것이 가장 일반적인 경우이고, 사용해야 할 CASE가 여러 가지일 경우, 숫자형이나 문자열을 열거형이나 링 형태로 사용하여 구분하게 된다. 선택자를 문자열로 사용할 때 주의할 점은 기본적으로 대소문자를 구분하도록 설정되어 있다는 것이다. 만약 구분을 없게 하려면 문자열 값을 선택자 터미널에 연결하고 케이스 구조의 경계에서 마우스 우 클릭 후 '대소문자 구분 없는 일치'를 클릭해 주어야 한다.

● 케이스 구조의 입력 및 출력 터널

케이스 구조에서 또 한 가지 유의해야 할 점은 입력과 출력 터널이다. 하나의 구조에는 여러 케이스가 있을 것이고, 각 케이스들은 구조에 들어온 입력을 선택적으로 원하는 것만 사용할 수 있다. 하지만 케이스 구조의 출력 터미널은 모든 케이스에 대해서 연결되어야 한다. 그렇지 않으면 에러가 발생한다. 이러한 에러를 수정하려면, 연결되어 있지 않은 출력 터널이 있는 케이스를 전경에 보이도록 하여 해당 터널에 출력을 연결해야 한다. 또한 출력 터널에서 마우스 우 클릭 후 바로 가기 메뉴에서 '연결되지 않으면 기본값 사용'을 선택하여, 연결되지 않은 모든 터널에 그 터널의 데이터 타입에 대한 기본값을 사용하도록 설정할 수 있다. 모든 케이스에 출력이 연결되어 있는 경우, 출력 터널은 흰색이 아닌 다른 색으로 표시된다. '연결되지 않으면 기본값 사용' 옵션을 사용하였을 때, 각 데이터 타입에 따른 기본값 출력은 다음과 같다. 이 옵션을 사용하면 추후 디버깅에서 어려움이 발생할 수 있으니 가급적 사용하지 말도록 하자.

데이터 타입	기본값
숫자형	0
불리언	거짓
문자열	빈 문자열 ("")

표 2-1 ● CASE 구조 데이터 타입 별 기본 출력 값

예제 2.2.5 CASE 활용

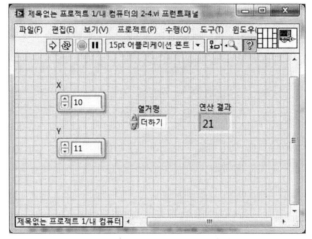

그림 2-68 ● CASE 활용 예제 프런트패널

그림 2-69 ● CASE 활용 예제 블록다이어그램

앞의 예제 2.2.5는 CASE 구조를 사용하여 사칙연산을 수행하는 간단한 예제이다. X, Y 값을 입력 받은 후, 연산자를 선택하면 그에 맞는 결과를 출력해 주는 형식으로 구성되어 있다. 선택자에 열거형을 사용하였고, 아이템 편집을 사용하여 더하기, 빼기, 곱하기, 나누기로 구성하였다. 열거형 상수 선택에 따라 다른 CASE가 실행되고, 이에 따라 다른 연산 결과가 출력되게 된다.

1. 프런트패널에서 일반 → 링&열거형 → 열거형 컨트롤을 놓는다.
2. 열거형 컨트롤에 마우스 우 클릭 후 아이템 편집을 선택한다.
3. 아이템에 더하기, 빼기, 곱하기, 나누기를 추가한다. 아이템 편집 창에 보면 아이템과 값이 있는데, 열거형으로 아이템을 선택했을 때 값에 있는 수가 출력되게 된다.
4. 두 개의 숫자형 컨트롤을 놓는다.
5. 블록다이어그램에서 구조 → 케이스 구조를 선택하여 드래그로 그린다.
6. 열거형 컨트롤과 케이스 구조의 선택자를 연결한다.
7. 케이스 구조에 마우스 우 클릭 후 모든 값에 대한 케이스 추가를 클릭한다.
8. 그 후 각 케이스에 해당하는 연산을 넣고 연결하여 연산 결과 인디케이터를 생성한다. 케이스 내에 마우스를 놓고 Ctrl + 마우스 휠을 움직이면 케이스를 이동하여 볼 수 있다.
9. 열거형 컨트롤을 바꿔가며 결과를 확인해본다.

2.2.6 EVENT

이벤트 구조는 어떠한 코드를 실행하기 전에 비동기적인 이벤트 발생을 기다리고, 지정된 이벤트가 들어왔을 때 동작하는 구조이다. 추후 다루게 될 상태 머신 구조에서 이 이벤트 구조를 함께 사용하면 훨씬 쉽고 수월하게 구현할 수 있다. 사용자의 입력으로 움직이는 로봇의 경우, 입력을 대기할 때 입력 유무를 계속적으로 폴링할 필요가 없기 때문에, CPU 사용량이 줄고 빠른 입력도 놓치지 않고 감지가 가능하다.

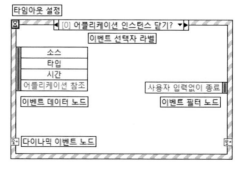

그림 2-70 ● 이벤트 구조의 모습

이벤트 구조는 그림 2-70과 같이 이루어져 있다. 타임아웃에 시간을 입력하면 이벤트를 타임아웃 시간만큼 기다리다 이벤트를 종료한다. 이벤트 선택자 라벨은 케이스 구조처럼 어떤 이벤트들이 있는지 구별이 가능하다. 이벤트 데이터 노드는 이 이벤트가 가지고 있는 속성들을 확인할 수 있다. 이벤트 필터 노드는 이벤트 데이터 노드의 데이터 중에서 이벤트 케이스가 수정할 수 있는 데이터를 식별하고 입력이 가능하게 되어 있다. 필터 이벤트에서만 사용 가능하다. 다이나믹 이벤트 노드는 다이나믹 이벤트 등록에 필요하며, 이 부분은 고급 과정으로 여기서 다루지 않는다. 예제를 통해서 동작에 대해 익혀보도록 하겠다.

예제 2.2.6 이벤트 구조 다루기

그림 2-71 ● 예제 2.2.6 프런트패널

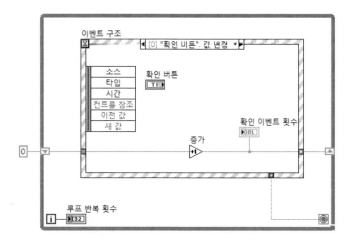

그림 2-72 ● 예제 2.2.6 블록다이어그램

예제 2.2.6은 이벤트 구조 동작에 대해서 간단하게 알아볼 수 있는 예제이다. 확인 버튼을 누르면 이벤트가 실행되며 이벤트가 실행되었음을 인디케이터로 보고, While loop 반복 횟수를 체크해본다. While loop 내에 이벤트 구조가 있으면 이벤트가 실행될 때마다 While loop가 반복된다.

1. 블록다이어그램에 While loop와 event 구조를 그린다.
2. While loop에 시프트 레지스터를 추가하고 0으로 초기화해준다.
3. 확인과 정지 두 불리언 버튼을 프런트패널에 추가한다.
4. 이벤트 구조의 기본 이벤트는 타임 아웃이다. 마우스 우 클릭 후 이 케이스에 대해 핸들되는 이벤트 편집을 누른다.
5. 이벤트 소스의 컨트롤 → 확인 버튼을 클릭하고, 이벤트 쪽에서 값 변경을 선택 후 확인을 누른다.
6. 이벤트 구조에 마우스 우 클릭 후 이벤트 케이스 추가를 누른다.
7. 이벤트 소스의 컨트롤 → 정지 버튼을 클릭하고, 이벤트 쪽에서 값 변경을 선택 후 확인을 누른다.
8. 이벤트 구조에서 확인 이벤트로 가서 확인 버튼을 이벤트 구조 내로 위치시킨다. 확인 버튼은 블록다이어그램 내에 어디 있든 상관이 없지만 코드 가독성을 위해 해당 이벤트 내에 위치시키는 것이 좋다. 정지 버튼도 정지 이벤트에 위치시킨다.
9. 확인 이벤트에 증가 함수를 놓고 시프트 레지스터와 연결 후, 인디케이터를 하나 생성한다.
10. 정지 이벤트에서 정지 버튼과 While loop의 조건 터미널을 연결한다.
11. 실행하여 결과를 확인해본다.

2.2.7 시퀀스

시퀀스 구조는 프로그램을 순차적으로 실행시킬 때 사용하는 구조이다. 즉, 프로그램의 실행 순서를 강제하는 구조이다. 시퀀스 구조에는 다층 시퀀스 구조와 플랫 시퀀스 구조가 있다.

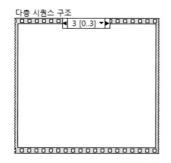
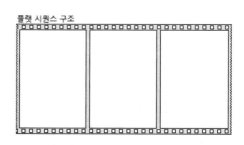

그림 2-73 ● 다층 시퀀스와 플랫 시퀀스 구조

이 두 구조는 모양은 다르지만 같은 기능을 수행한다. 플랫 시퀀스 구조는 좌측부터 우측으로 차례로 실행하게 된다. 다층 시퀀스 구조는 플랫 시퀀스 구조를 차곡차곡 아래로 쌓아 놓고 순서대로 실행된다고 생각하면 된다.

시퀀스 구조는 순차적 프로그래밍에 중요한 요소 중 하나이며, 로봇이 여러 관절을 순차적으로 움직여야 할 때, 프레임에 순서대로 관절에 움직임을 넣어주면 순차적인 동작을 구현할 수 있다.

CHECK · POINT ☑

① 다음 중 While Loop의 설명으로 틀린 것은?

A. 사용자의 지정 조건까지 반복적으로 실행하는 구조이다.

B. 조건 터미널에 불리언 상수 참 값을 입력해 놓으면 루프 내의 코드가 한 번도 실행되지 않고 종료된다.

C. While Loop의 Iteration은 0부터 시작된다.

D. Loop 타이밍 제어를 하는 이유 중에는 CPU 리소스 관리를 위한 이유도 있다.

② 다음 중 For Loop의 설명으로 틀린 것은?

A. For Loop는 While Loop와는 다르게 사전에 반복 횟수를 지정해 주어야 한다.

B. 반복 횟수 터미널에 DBL 소수 타입으로 4.5를 연결하면 강제 변환으로 Loop가 총 5회 반복된다.

C. 반복 횟수를 0으로 연결하면 For Loop는 한 번도 실행되지 않는다.

D. 오토 인덱싱으로도 반복 횟수 설정이 가능하다.

③ 다음 중 함수 시작으로부터 경과된 시간을 알 수 있는 함수는?

A. 기다림 함수   B. 다음 ms 배수까지 기다림 함수   C. 시간 지연 함수   D. 경과 시간 함수

④ 다음 중 시프트 레지스터에 대한 설명으로 틀린 것은?

A. 초기 값을 넣어주지 않으면 랜덤한 값으로 시작하게 된다.

B. 반복 구조에서 다음 반복으로 데이터를 넘겨주기 위해 주로 사용한다.

C. 다층 레지스터로 현재 루프의 몇 빈 전의 값도 확인 가능하다

D. 처음 생성 시에 데이터 타입이 없이 생성된다.

⑤ 케이스 구조에서 '연결되지 않으면 기본 값 사용' 옵션에 대한 데이터 타입 별 기본 값으로 다른 것은?

A. 숫자형 : 0

B. 불리언 : 참

C. 문자열 : 빈 문자열 ("")

2.3.1 VI 디버깅

LabVIEW를 사용하여 Application을 개발하면서 꼭 거쳐야 하는 것이 바로 VI 디버깅 과정이다. VI를 실행하려고 할 때 실행 버튼이 깨져있는 모양으로 있을 때가 있다. 이럴 경우에는 깨져있는 실행버튼을 클릭하면 에러 리스트 창이 팝업된다. (메뉴 중 보기 → 에러리스트를 클릭해도 된다.) 에러 리스트 창에는 에러가 있는 아이템을 표시해주고 어떠한 에러가 있는지 간단하게 설명되어 있다. 여러 개의 에러가 있을 경우, 에러를 선택한 후, 에러 보이기 버튼을 클릭하거나 해당 에러를 더블 클릭하면 블록다이어그램으로 화면이 이동되면서 에러가 있는 부분을 자동적으로 표시해 준다.

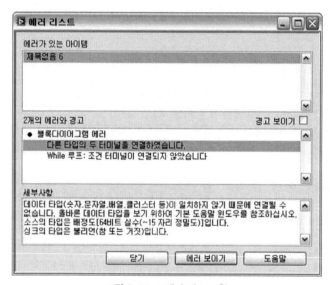

그림 2-74 ● 에러 리스트 창

● **VI 에러의 원인들**

이렇게 VI가 깨지는 일반적인 원인으로는 블록다이어그램에 깨진 와이어가 존재하거나 블록다이어그램에 있는 함수 중에서 필수 터미널이 연결되어 있지 않은 경우, 그리고 SubVI가 깨져있는 경우 등이 있다. 이러한 경우에는 위에서 설명한 것과 같이 에러 리스트 창을 통해서 기본적인 VI 디버깅을 진행할 수 있다. 그러면 어떠한 방법으로 VI를 디버깅해야 하는지 좀 더 살펴보도록 하겠다.

VI가 자신이 생각한 것과 다르게 동작할 경우, 기본적으로 설정되어 있는 데이터가 올바른지 확인을 하고, 데이터가 잘 전달되고 있는지, 데이터 형이 올바른지, 노드의 실행 순서가 올바른지 등을 검사해야 한다. 이러한 디버깅 방법에는 실행하이라이트 기능을 활용하는 방법과 단계별 실행 기능, 프로브, 브레이크 포인트 등을 활용하는 방법이 있다.

● 🔆 **실행하이라이트를 이용한 VI 디버깅**

먼저 실행하이라이트 기능에 대해서 알아 보자. 실행 하이라이트를 클릭하여 활성화하면, 블록다이어그램 상에서의 데이터의 흐름이 어떻게 되는지 시각적으로 확인이 가능하다. 이렇게 데이터의 흐름을 시각적으로 확인하면서 데이터가 정상적으로 잘 전달되고 있는지, 알맞은 순서로 전달되고 있는지 확인할 수 있다.

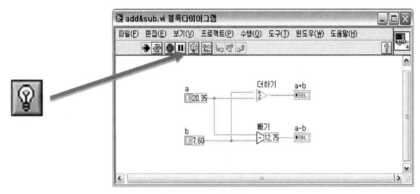

그림 2-75 ● VI 실행하이라이트

그림 2-75를 보면 알 수 있듯이, 실행 하이라이트를 활성화한 후, VI를 실행시키면 블록다이어그램 상에서 데이터 값과 흐름이 어떻게 되는지 시각적으로 확인이 가능하다.

● 🔆🔆🔆 **단계별 실행을 통한 VI 디버깅**

두 번째로 VI를 단계별로 실행하여 VI의 각 동작을 확인하는 방법이 있다. 단계별 실행 들어가기, 건너뛰기, 나가기 버튼을 이용하여 SubVI를 단계별로 실행해 볼 수 있다.

● 🔆 **프로브 도구를 이용한 VI 디버깅**

세 번째로 프로브 도구를 사용하는 방법에 대해서 살펴보겠다. 프로브 도구를 사용하면 데이터의 중간 값을 확인하고, VI와 함수, 특히 입출력 기능을 수행하는 VI와 함수의 에러 출력까지 점검할 수 있다. 즉 어느 동작에서 잘못된 데이터가 반환되는지 알아볼 수 있다. 프로브 도구는 함수와 함수 사이를 연결하는 와이어에 사용할 수 있다. 그림 2-76에 프로브를 사용하는 것과 그림 2-77에서 프로브 도구를 통해서 값을 어떻게 확인하는지 나타내었다. 블록다이어그램에서 관찰하고자 하는 와이어에서 마우스 오른쪽을 클릭하여 프로브 도구를 추가할 수 있고, 프로브가 와이어에 추가되면 자동적으로 넘버링되어 순차적으로 데이터 값을 알아 볼 수 있다. 주요하게 확인해야 하는 부분에는 인디케이터를 직접 달아서 프런트패널에서 확인할 수도 있다.

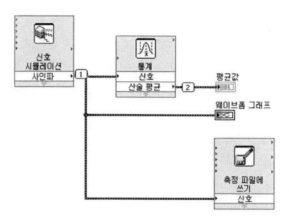

그림 2-76 ● 와이어에 프로브를 설정한 모습

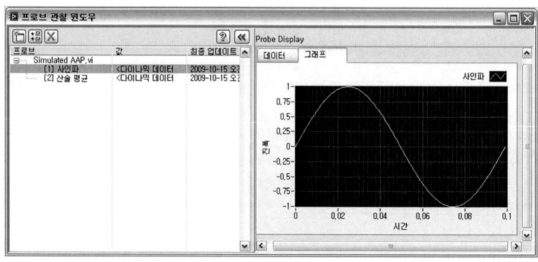

그림 2-77 ● 프로브 관찰 윈도우

마지막으로 브레이크 포인트 기능에 대해 살펴보자. 브레이크 포인트 또한 연결된 와이어에서 마우스 오른쪽 클릭하여 추가할 수 있다. 브레이크 포인트를 추가하고 실행해보면, 브레이크 포인트를 만날 때, VI 실행이 중단되게 되며 일시 정지 버튼이 빨간색으로 나타나게 된다. 이 상태가 되면 단계별 실행을 통해서 단계별로 실행이 가능해지며, 프로브를 사용하여 중간 값 확인이 가능하다. 그리고 프런트패널 컨트롤의 값을 변경하는 것도 가능하게 된다.

● **LabVIEW에서의 에러 핸들링**

LabVIEW에서는 에러 핸들링이 가능하다. 에러 핸들링이란 경고와 에러를 예측하고 감지하고, 또 해결하는 것을 뜻한다. 문제가 없이 완벽해 보이는 VI일지라도 예상치 못한 곳에서 문제가 발생할 수도 있다. 따라서 에러 핸들링을 하여 추후 발생할 문제들에 대해서 감지하고, 해결하는 매커니즘이 필요하고 이를 에러 핸들링이라고 한다. 다만 모든 문제에 대해서 전부 예측할 수는 없다. 에러 확인 매커니즘이 없는 경우는 VI가 올바르게 작동하고 있지 않다는 것 정도만 알 수 있다. 앞서 나왔던 그림 2-74의 에러 리스트 창을 띄워 주는 것도 에러 핸들링이다. 이것은 사용자가 VI를 실행하면 자동으로 에러 핸들링이 되는 것이므로 자동 에러 핸들링이라 하고, 대화 상자를 통해서 사용자가 직접 컨트롤할 수 있는 수동 에러 핸들링도 있다. 그림 2-78의 블록다이어그램의 오른쪽에 있는 단순 에러 핸들러를 통해서 에러 핸들링이 가능하다.

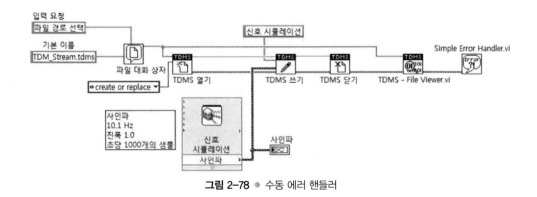

그림 2-78 ● 수동 에러 핸들러

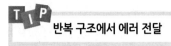

반복 구조에서 에러 전달

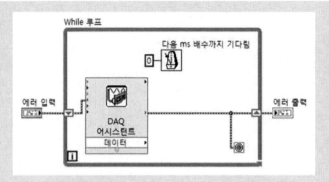

반복 구조에서 시프트 레지스터를 사용하여 에러를 전달할 수 있다.
또 에러가 발생하면 바로 종료 가능하도록 에러 클러스터를 조건 터미널에 바로 연결할 수 있다.

2.3.2 APPLICATION 모듈화

LabVIEW를 사용하여 Application을 개발할 때, 어느 정도 프로그램이 커지게 되면 나중에 디버깅을 하거나 프로그램을 변형하는 것이 어려워진다. 이런 것을 고려하여 같은 역할을 하는 코드나 복잡하여 가독성이 떨어지는 부분을 SubVI로 모듈화하여 코드의 가독성 및 디버깅의 효율을 높이는 방법을 사용하여야 한다.

● **SubVI**

SubVI란 하나의 VI 안에 있는 다른 VI를 말한다. 일반적인 텍스트 기반 프로그래밍 언어에서는 서브루틴(Subroutine)에 해당한다고 볼 수 있다. SubVI를 Main VI에 놓게 되면 프런트 패널과 블록다이어그램 윈도우의 오른쪽 위 모퉁이 부분에 있는 VI의 아이콘 모양으로 나타나게 된다. SubVI의 예를 그림 2-79와 그림 2-80에 나타내었다. 그림 2-79의 블록다이어그램을 보면 반복되는 코드가 있는 것을 볼 수 있는데 이 부분을 마우스로 드래그하여 선택한 다음 편집 → SubVI 생성을 클릭하면 자동으로 SubVI로 생성해준다. 그림 2-80의 블록다이어그램처럼 SubVI로 대체하여 간단하게 나타낼 수 있다.

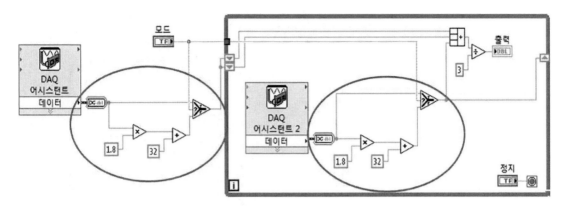

그림 2-79 ● 반복되는 코드가 있는 블록다이어그램

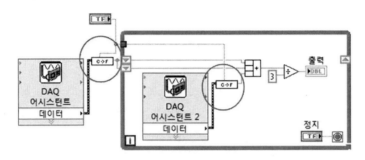

그림 2-80 ● SubVI를 사용한 블록다이어그램

그림 2-79와 그림 2-80을 비교하여 보면 알 수 있듯이 SubVI를 사용하면 코드가 좀 더 간단해지고, 보기 쉬워진다. 이처럼 VI를 SubVI로 사용하기 위해서는 아이콘과 커넥터 팬이 필요한데 아이콘과 커넥터 팬을 어떻게 만들고 수정하는지 알아 보도록 한다.

● 아이콘 편집기

VI의 아이콘은 앞서 말한 것처럼 VI 프런트패널과 블록다이어그램의 우측 상단 모퉁이 부분에 위치하고 있다. 기본적으로 설정되어 있는 그림을 사용자가 자신의 기호에 맞게 수정이 가능하다. VI의 아이콘에서 마우스 우 클릭을 이용하여 아이콘 편집기로 들어가거나 아이콘을 더블 클릭하여 아이콘 편집기로 들어갈 수 있고 여기서 아이콘 모양을 편집할 수 있다. 그림 2-81에서 아이콘 편집기를 볼 수 있다.

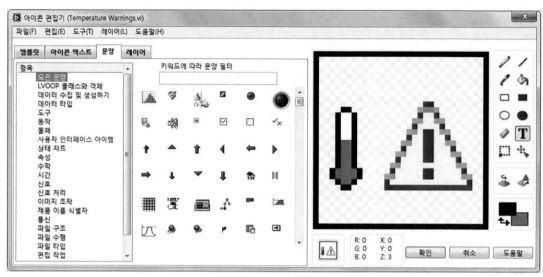

그림 2-81 ● VI 아이콘 편집기

그림 2-81처럼 사용자가 VI 기능에 맞게 수정할 수 있다. 위의 VI는 코드를 보지 않아도 아이콘 그림으로 온도와 관련된 VI라는 것을 어느 정도 예상할 수 있다. 이처럼 VI 아이콘은 해당하는 VI와 관련된 그래픽을 사용하거나, 필요한 경우 텍스트를 입력하여 나타내는 것이 가장 바람직하다. 아이콘 편집기를 보면 템플릿, 아이콘 텍스트, 문양, 레이어 등으로 구성되어 있기 때문에 다양하게 아이콘을 편집, 생성할 수 있다.

● 커넥터 팬 설정

SubVI로 사용하기 위한 VI의 아이콘을 편집을 하고 나면 이 SubVI를 사용하기 위한 커넥터 팬을 설정해야 한다. SubVI의 컨트롤 입력, 인디케이터 출력을 다른 VI의 입력, 출력과 연결할 수 있게 커넥터를 만들어 주어야 한다. 프런트패널에서 우측 상단에 있는 아이콘 좌측에 커넥터 팬이 위치하고 있다. 커넥터 팬 안에 있는 사각형들은 각각의 터미널들을 나타내고 있는 것이고 각 터미널을 사용하여 입력과 출력을 지정하게 된다. 커넥터 팬에서 마우스 오른쪽 버튼을 클릭하여, 바로 가기 메뉴의 패턴을 선택하면 다른 패턴들도 사용할 수 있다. 다음 그림 2-82에 패턴 선택 및 패턴의 종류가 나와 있다.

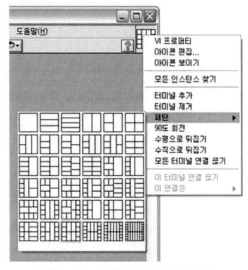

그림 2-82 ● VI 커넥터 팬 패턴 선택하기

일반적으로 커넥터 팬은 기본 설정되어 있는 패턴을 많이 사용한다. 일반적으로 가장 위에 있는 터미널은 파일 참조와 같은 참조를 위한 터미널로 많이 사용하고 가장 아래에 있는 터미널은 일반적으로 에러 클러스터를 위한 터미널로 쓰인다. 그리고 일반적으로 왼쪽의 터미널이 입력, 오른쪽의 터미널이 출력으로 사용된다. 그림 2-83에 일반적인 커넥터 팬 연결법이 나와 있다.

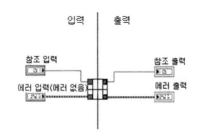

그림 2-83 ● 일반적으로 사용되는 VI 커넥터 팬 연결

이렇게 만든 SubVI는 프로젝트 탐색기에서 VI를 끌어와 블록다이어그램에 놓아서 추가할 수 있다. 또는 함수 팔레트에서 VI를 탐색하여 추가하는 방법도 있다. 그리고 VI를 열려있는 VI의 블록다이어그램에 드래그하여도 추가가 가능하다. 직접 간단한 VI를 만들어 아이콘을 편집한 후, 커넥터 팬을 연결하여 VI에 추가해 보는 것이 가장 좋은 방법이다.

이렇게 VI 자체를 SubVI를 만들지 않고, VI 내에서 일부를 SubVI로 바로 변경할 수도 있다.

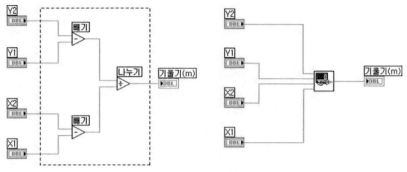

그림 2-84 ● VI 내에서 일부를 SubVI로 만들기

그림 2-84에서처럼 SubVI로 만들 부분을 마우스로 선택한 후, 편집 → SubVI 생성을 선택하면 자동적으로 SubVI를 만들어 주게 된다. 생성된 SubVI를 더블 클릭으로 열어서 저장하고, 아이콘 편집을 통해서 아이콘을 알기 쉽게 편집하는 방법도 많이 사용되고 있다.

CHECK · POINT ☑

① 다음 중 VI 디버깅 방법으로 활용 가능한 것이 아닌 것은?

　A. 실행 하이라이트를 이용한 VI 디버깅
　B. 단계별 실행을 통한 VI 디버깅
　C. 프로브 도구를 이용한 VI 디버깅
　D. 연속 실행을 이용한 VI 디버깅

② SubVI 생성 시에 고려해야 할 부분이 아닌 것은?

　A. 가독성이 좋도록 아이콘을 편집한다.
　B. 커넥터 팬을 좌, 우로 입출력 터미널을 구별하여 연결한다.
　C. 반복되는 부분이 아니더라도 SubVI는 최대한 많은 것이 좋다.
　D. 하나의 Main VI 내부에 여러 개의 동일한 SubVI가 있을 경우 재호출 셋팅 부분을 고려해야 한다.

서로 관련된 데이터를 그룹으로 묶어 사용하면 유용한 경우가 많다. 예를 들어 로봇 제어에서 한 동작을 완성하는 명령어의 세트가 있을 경우에 이를 배열로 만들면 쉽게 전달 및 사용이 가능하다. 이번 절에는 배열과 클러스터에 대해서 학습해보도록 하겠다.

2.4.1 배열 함수 사용하기

LabVIEW에서의 배열도 우리가 통상적으로 알고 있는 배열의 의미를 벗어나지 않는다. 배열은 원소와 차원으로 구성되고 다른 의미로 같은 타입을 갖는 데이터 원소의 집합으로 정의할 수 있다. 배열을 구성하는 데이터를 원소라 하고, 차원은 배열의 길이, 높이, 폭을 지칭한다. LabVIEW에서 사용 가능한 배열의 개수는 메모리가 허용하는 경우 $(2^31)-1$개의 원소가 포함되는 것이 가능하다. 배열은 인덱스가 있고, 첫 번째 원소의 인덱스는 0이다.

그림 2-85 ● 숫자형, 문자열, 불리언 데이디 디입의 1차원 배열

위의 그림 2-85는 숫자형, 문자열, 불리언 데이터 타입의 1차원 배열의 프런트패널을 나타낸 것이다. 앞서 나왔던 데이터 타입 모두 배열로 만들어서 사용하는 것이 가능함을 보여준다. 그림 2-86은 1차원 배열이 아닌 2차원 배열을 나타낸 것이다. 배열 맨 앞에 있는 사각형이 인덱스다. 인덱스란, 배열 원소의 순서라고 생각하면 된다. 인덱스는 무조건 0부터 시작된다. 1차원 배열을 생성하고 난 후, 인덱스 상자 경계에 마우스를 올려놓으면 화살표가 생기고, 드래그를 하여 배열의 차원을 확장할 수 있다. 그리고 배열의 크기도 동일한 방법으로 확장이 가능하다.

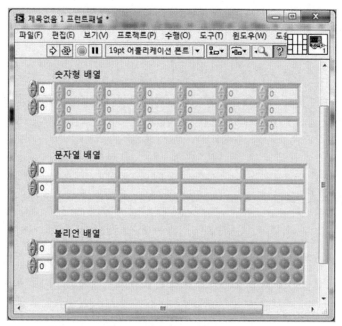

그림 2-86 ● 숫자형, 문자열, 불리언 데이터 타입의 2차원 배열

위의 그림 2-85와 그림 2-86과 같이 배열을 사용하는 가장 큰 이유는 비슷한 데이터들로 작업을 하거나 반복적인 연산을 수행하는 경우 배열을 사용해서 값을 순차적으로 넣어줌으로써 좀 더 편리하게 코드를 동작시킬 수 있기 때문이다. 그럼 지금까지 설명한 배열을 어떻게 만들 수 있는지 알아보도록 하겠다.

● 배열 생성하기

먼저 프런트패널에서 배열의 틀을 만들어야 한다. 배열의 틀을 만들고 나면 배열 안의 데이터를 어떤 타입으로 할 것인지를 정해야 하는데 숫자형, 문자열, 불리언 등 어떤 데이터를 사용할 것인지 정하고, 또, 컨트롤로 사용할 것인지, 인디케이터로 사용할 것인지 정해야 한다. 만약 숫자형 배열을 만들고자 한다면, 배열 틀을 만들어 놓고 숫자형 컨트롤을 배열의 틀 안으로 드래그하여 넣어주면 배열이 완성된다.

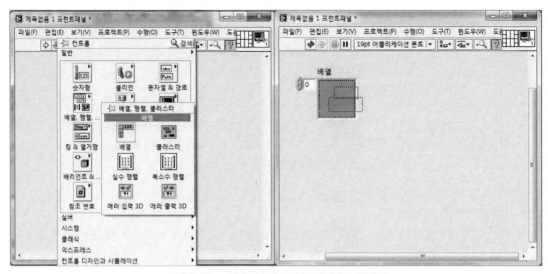

그림 2-87 ● 배열 만들기 – 프런트패널 함수 팔레트

● 배열 함수들의 종류 및 기능

그럼 이제부터 배열 함수에는 어떠한 것들이 있고, 어떻게 활용할 수 있는지에 대해서 알아본다.

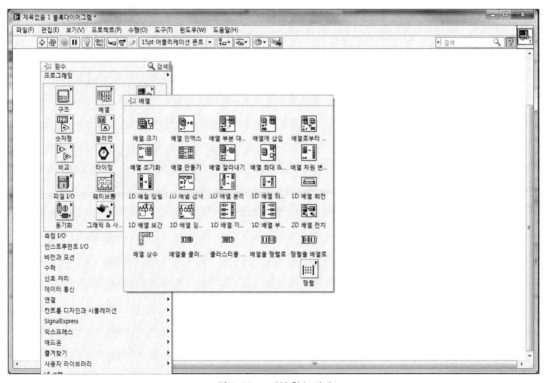

그림 2-88 ● 배열 함수 팔레트

가장 많이 쓰이는 함수들에는 배열 크기, 배열 초기화, 배열 잘라내기, 배열 만들기, 배열 인덱스 등이 있다. 먼저 배열 크기 함수는 사용자가 생성한 배열의 크기(원소 개수)를 알 수 있는 함수이다.

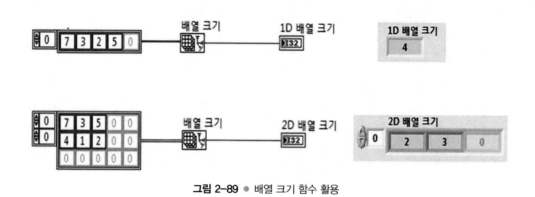

그림 2-89 ● 배열 크기 함수 활용

다음으로는 배열 초기화 함수이다. 배열 초기화 함수는 배열의 차원 크기와 원소를 입력하여 배열을 초기화해 주는 함수다.

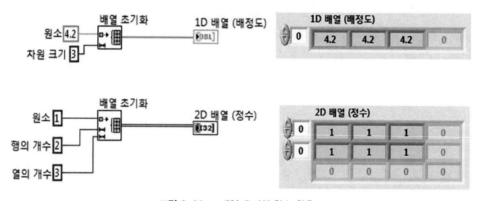

그림 2-90 ● 배열 초기화 함수 활용

위의 그림 2-90을 보면 배열 초기화 함수에 원소 4.2를 입력하고 차원 크기를 3으로 하고 1D 배열의 인디케이터를 생성하여 결과를 확인한 것이다. 차원 크기 3만큼 원소 4.2가 입력된 것을 볼 수 있다. 아래 2D 배열도 동일한 방법이다. 배열 초기화 함수의 아래쪽 경계에서 마우스를 드래그하여 차원 크기 입력을 더할 수 있다. 첫 번째 터미널이 행의 개수가 되고, 두 번째 터미널이 열의 개수가 된다.

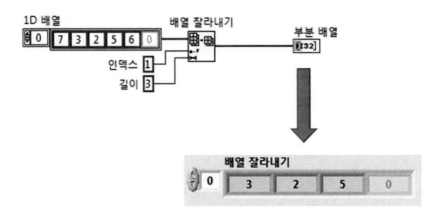

그림 2-91 ● 배열 잘라내기 함수 활용

위의 그림 2-91은 배열 잘라내기 함수이다. 그림에서처럼 1D 배열을 입력하고 잘라낼 배열의 인덱스인 1과 잘라낼 배열의 길이 3을 입력한 것이다. 출력된 부분 배열 인디케이터를 보면 인덱스 1부터 길이가 3인 배열이 출력된 것을 볼 수 있다.

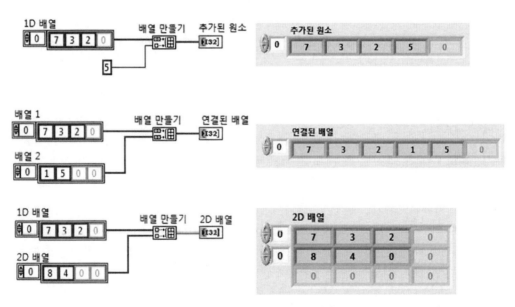

그림 2-92 ● 배열 만들기 함수 활용

위의 그림 2-92는 배열 만들기 함수를 사용하여 배열을 어떻게 만드는지 나타낸 것이다. 1D 배열과 원소 하나를 합쳐서 다시 1D 배열을 만들 수 있다. 두 번째 예와 세 번째 예는 1D 배열 두 개를 입력 받아 1D 배열 또는 2D 배열을 만드는 방법이다. 두 번째와 세 번째 배열 만들기는 배열 만들기 함수를 자세히 봐야 한다. 모양이 약간 다른 것을 알 수 있는데 두 번째 1D 배열 만들기는 배열 만들기 함수에서 '입력 연결' 설정해 준 것으로 배열 차원이 늘어나는 것이 아닌 두 개의 배열을 연결하게 된다. 입력 연결 설정을 하지 않을 경우는 마지막처럼 2D 배열이 만들어지게 된다.

그리고 배열과 스칼라, 배열과 배열도 모두 연산함수와 함께 사용이 가능하다. 연산함수는 다형성 VI이기 때문이다. 다형성 VI란 VI와 함수가 다른 데이터 타입의 입력 데이터를 받을 수 있도록 입력이 연결되었을 때 그에 맞게 자동으로 변환되는 것을 말한다. 그림 2-93에서 배열과 스칼라, 배열과 배열의 연산이 어떻게 되는지 확인할 수 있다.

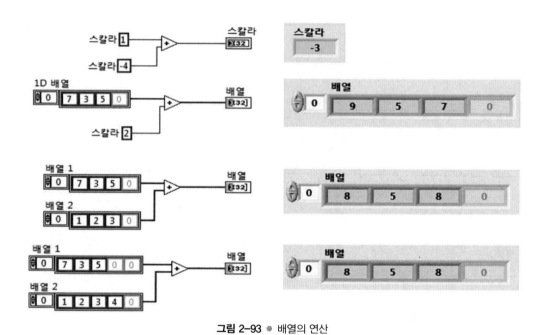

그림 2-93 ● 배열의 연산

위의 그림 2-93에서 볼 수 있듯이 1D 배열과 스칼라 값을 더하게 되면 배열의 모든 원소에 스칼라 값이 동일하게 더해진다. 그리고 배열과 배열을 합했을 경우, 같은 인덱스의 원소끼리 합해지는 것을 볼 수 있다. 마지막으로 배열과 배열을 합하지만 배열 원소의 개수가 다를 때인데, 이러한 경우에는 작은 원소를 가진 배열이 기준이 되어 값이 더해진다.

2.4.2 FOR LOOP를 사용한 배열 만들기

2.4.1절에서는 배열 함수를 사용하여 배열을 만들고, 배열을 어떻게 활용하는지 살펴보았다. 이번 절에서는 배열 함수를 사용하지 않고, For Loop를 사용하여 배열을 만드는 것에 대해서 살펴 보도록 하겠다. LabVIEW 2012 이전 버전에서는 오토인덱싱 활성화를 통해서 For Loop를 사용하여 배열을 만들 수 있었다. LabVIEW 2012 버전부터는 이름이 '인덱스하기'로 변경되었다. 그림 2-94에 인덱스하기가 활성화된 For Loop를 나타내었다. For Loop 밖으로 값이 출력되면서 배열로 출력되는 것을 볼 수 있다. 그림에서 For Loop를 5번 반복하므로 출력되는 배열도 5개의 원소를 가진 배열을 출력하게 된다. 일반적으로 For Loop에서 값을 출력하면 Loop 반복의 마지막 값만을 출력하게 된다. 마지막 값을 출력할 경우는 출력 터미널이 꽉 찬 사각형 모양으로 바뀌게 된다. 출력 터미널에서 마우스 오른쪽 클릭 → 터널모드 → 인덱스하기로 설정한다. 이 내용에 대해서는 For loop를 다룰 때 예제 2.2.3에서 자세히 짚고 넘어갔기 때문에 추가 설명은 생략하도록 한다.

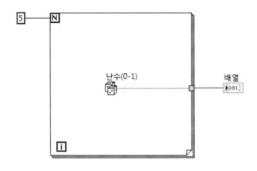

그림 2-94 ● For Loop를 사용한 배열 만들기

위에서는 For Loop를 사용하여 1D 배열을 만들어 보았다. 이것을 활용하여 2D 배열을 만드는 것도 가능하다. For Loop를 두 번 사용하면 바깥쪽의 For Loop의 반복 횟수는 2D 배열의 행을 만들어 내고, 안에 있는 For Loop의 반복 횟수는 2D 배열의 열을 만들어 낸다. 그림 2-95에 두 개의 For Loop를 사용하여 2D 배열을 만드는 것에 대해서 나타내었다.

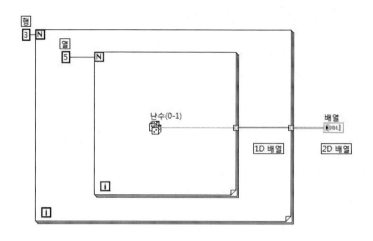

그림 2-95 ● For Loop를 사용한 2D 배열 만들기

그림에서 보는 것처럼, 첫 번째 For Loop에서 1D 배열이 출력되고, 두 번째 For Loop를 통과하면서 1D 배열이 2D 배열로 출력되는 것을 볼 수 있다. 결과적으로 3행 5열의 배열이 출력되게 된다.

이제 여러 배열의 함수들을 활용한 예제들을 통해서 다양한 배열 함수들의 기능을 익혀보도록 하겠다.

예제 2.4.1 **주사위 최대 최소값 구하기**

그림 2-96 ● 예제 2.4.1 프런트패널

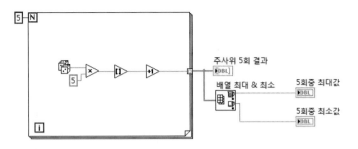

그림 2-97 ● 예제 2.4.1 블록다이어그램

예제 2.4.1은 주사위를 5회 굴렸을 때 그 중 최소값과 최대값이 무엇인지 구해보는 예제이다.
배열 생성 및 배열 최대 최소값 함수를 활용해 볼 수 있다.

1. 블록다이어그램에 For loop를 그리고 5회 반복으로 설정한다.
2. 난수 발생, 곱하기, 반올림, 증가 함수를 그림 2-97처럼 놓고 연결한다.
3. 난수 연산의 결과를 인덱싱하기 출력으로 하여 인디케이터를 생성하여 본다.
4. 함수 → 프로그래밍 → 배열 → 배열 최대&최소 함수를 놓고 For loop 출력 배열을 입력과 연결한다.
5. 배열의 최대값, 최소값에 인디케이터를 설정해 각각 결과를 확인해본다.
6. 실행하여 결과를 확인하여 본다.

예제 2.4.2 배열 정렬 및 중복 원소 제거하기

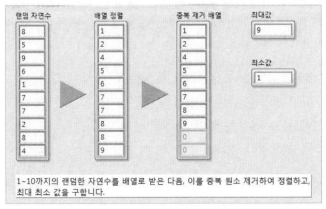

그림 2-98 ● 예제 2.4.2 프런트패널

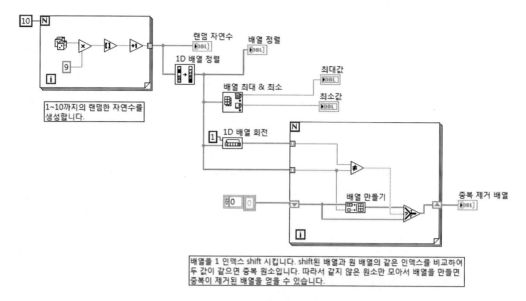

배열을 1 인덱스 shift 시킵니다. shift된 배열과 원 배열의 같은 인덱스를 비교하여
두 값이 같으면 중복 원소입니다. 따라서 같지 않은 원소만 모아서 배열을 만들면
중복이 제거된 배열을 얻을 수 있습니다.

그림 2-99 ● 예제 2.4.2 블록다이어그램

예제 2.4.2는 1~10까지의 랜덤한 자연수를 생성하고 이를 정렬한 후에 중복된 수를 제거해보
는 예제이다. 이 예제를 통해 배열 만들기 및 배열 정렬, 배열 회전 등의 함수를 활용해 볼 수
있다.

1. 먼저 블록다이어그램에 For loop를 하나 생성하고 10회 반복으로 설정한다.

2. For loop 내부에 난수 발생, 곱하기, 반올림, 증가 함수를 그림 2-99와 같이 연결 및 작
   성한다. 연산의 결과를 For loop 인덱싱 출력으로 연결한다. 이 결과에 대한 인디케이터
   를 만들어 랜덤으로 생성된 1~10의 자연수 결과를 확인한다.

3. 1D 배열 정렬 함수를 놓고 For loop 출력 결과를 연결한다. 랜덤으로 생성된 결과를 오
   름차순으로 정렬하여 준다. 이 결과에 대한 인디케이터를 생성한다.

4. 배열 최대&최소 함수, 1D 배열 회전 함수를 놓고 1D 배열 정렬에 대한 출력을 입력으로
   각각 연결하여 준다. 배열 최대&최소 함수에서는 최대값, 최소값을 인디케이터로 생성
   한다.

5. 그림 2-99와 같이 For loop를 하나 더 생성한다. 오토 인덱싱으로 반복 횟수를 설정할
   것이기 때문에 따로 반복 횟수는 입력하지 않는다.

6. 함수 → 프로그래밍 → 배열→ 배열 상수를 블록다이어그램에 놓고 숫자형 상수를 생성
   하여 배열 상수로 끌어넣어 숫자형 빈 배열을 생성한다.

7. 두 번째 For loop에 시프트 레지스터를 생성하고 6번에서 생성한 빈 배열로 초기화시켜
   준다.

8. 두 번째 For loop에 두 배열을 인덱싱 입력으로 넣어 준다. 하나는 1D 배열 회전의 출력이고, 하나는 1D 배열 정렬의 출력이다.

9. 두 번째 For loop 내부에 같지 않음? 선택 함수와 배열 만들기 함수를 놓는다.

10. 같지 않음? 함수에 For loop로 들어온 두 배열의 값을 각각 연결해준다. 이는 오름차순으로 정렬된 배열과 이를 1 인덱스 shift시킨 배열과 비교하여 같지 않을 때만 새로운 배열의 원소로 추가하는 구조이다. 비교했을 때 두 값이 같다면 중복 원소라는 얘기로 새로운 배열에 추가하지 않아도 된다.

11. 배열 만들기의 위의 입력에는 빈 배열을 연결해주고, 아래의 원소로 1D 배열 정렬 입력값을 추가한다. 선택 함수의 선택자에는 같지 않음?의 출력을 연결해주고, True 값에는 배열 만들기의 출력을, False 값에는 시프트 레지스터의 빈 배열 출력을 연결하여 준다.

12. 프런트패널로 가서 인디케이터를 정리하고, 실행하여 결과를 확인하여 본다.

예제 2.4.3 배열 정렬 및 중복 원소 제거하기

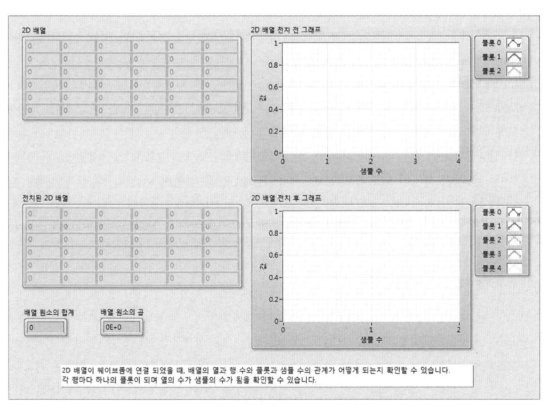

그림 2-100 ● 예제 2.4.3 프런트패널

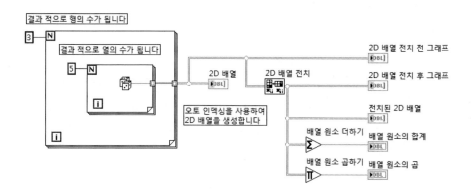

그림 2-101 ● 예제 2.4.3 블록다이어그램

예제 2.4.3은 2차원 배열의 생성 및 그래프에서 플롯과 샘플로 어떻게 적용되는지를 알아볼 수 있는 예제이다. 또한 배열원소 더하기, 곱하기의 함수도 익혀볼 수 있다.

1. 블록다이어그램에 크게 For loop를 생성한다. 반복 횟수는 3으로 한다.
2. 생성된 For loop 내부에 For loop를 생성하고 반복 횟수는 5로 한다. 내부 For loop에 난수 발생 함수를 넣고 인덱싱 출력으로 터미널을 생성한다. 인덱싱 출력으로 2D 배열이 나오게 되는데 외부에 있는 For loop가 행을 생성하고, 내부에 For loop가 열을 생성한다. 이에 대한 인디케이터를 생성한다.
3. 프런트패널에서 컨트롤 → 실버 → 그래프 → 웨이브폼 그래프를 2개 생성하여 놓는다.
4. 함수 → 프로그래밍 → 배열에 2D 배열 전치, 배열 원소 더하기, 배열 원소 곱하기 함수를 놓고 그림 2-101처럼 연결 및 인디케이터를 생성한다.
5. VI를 실행하여 결과를 확인해본다. 2D 배열이 웨이브폼 그래프에 연결되었을 때, 각 행마다 하나의 플롯이 되고 열의 수가 샘플의 수가 됨을 확인할 수 있다. 따라서 원하는 데이터를 얻기 위해서는 적절히 배열 전치 함수를 써줘야 한다.

2.4.3 클러스터 사용하기

클러스터는 다양한 데이터 타입의 원소를 하나로 그룹화할 수 있다. LabVIEW의 에러 입출력 클러스터는 불리언, 숫자형, 문자열 값을 통합하는 대표적인 클러스터 중 하나이다. 클러스터는 텍스트 기반 프로그래밍 언어의 레코드나 구조체와 유사하다고 볼 수 있다. 클러스터를 사용하면 블록다이어그램의 와이어의 복잡한 연결을 피할 수 있고 SubVI에 필요한 커넥터 팬의 개수를 감소시킬 수 있다.

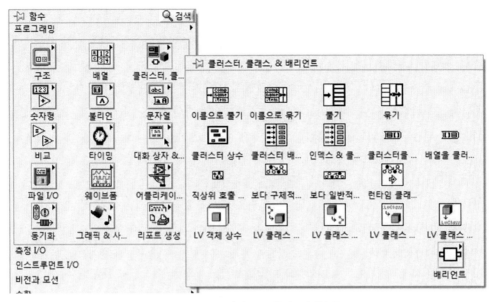

그림 2-102 ● 예제 2.4.3 클러스터 함수들

● 클러스터 생성하기

클러스터의 생성은 프런트패널 및 블록다이어그램에서 할 수 있으며, 클러스터 상수는 블록다이어그램에서만 가능하다. 생성하는 방법은 프런트패널 윈도우에 클러스터 셸을 놓은 다음 내부에 원하는 객체나 원소를 끌어서 안으로 놓으면 된다.

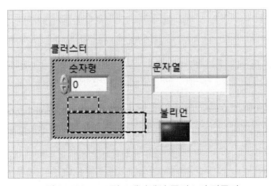

그림 2-103 ● 프런트패널에서 클러스터 만들기

클러스터에서 주의할 점은 클러스터 내부 원소에는 각각 순서가 있어서 같은 데이터 타입 원소가 두 개 이상 있을 시에는 입력이나 출력에 유의해야 한다. 클러스터의 원소 순서는 그림 2-104에서와 같이 클러스터에 마우스 우 클릭 후 클러스터 내의 컨트롤 순서 재설정으로 변경할 수 있다. 순서로 인해 잘못된 원소가 전달되고 출력되는 문제를 피하기 위해선 각 원소에 라벨을 붙여 이름으로 묶기나 이름으로 풀기 함수를 활용하는 것이 좋다. 예제를 통해 클러스터의 사용법을 익혀보도록 하자.

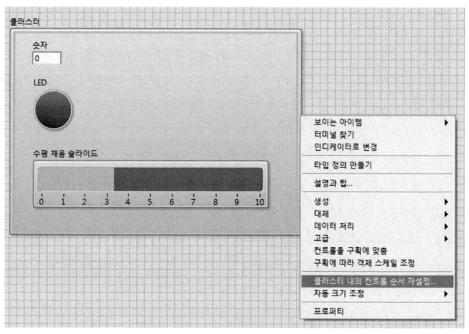

그림 2-104 ● 클러스터 원소 순서 재설정하기

예제 2.4.4 클러스터 생성 및 다루기

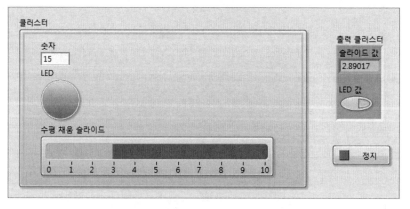

그림 2-105 ● 예제 2.4.4 프런트패널

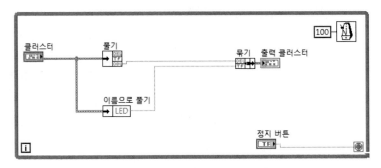

그림 2-106 ● 예제 2.4.4 블록다이어그램

예제 2.4.4는 클러스터를 만들고, '풀기'와 '이름으로 풀기'로 원소를 출력한 다음 그 원소들을 묶어 새로운 클러스터를 만들어보는 예제이다. 이 예제를 통해 기본적인 클러스터 생성 및 원소 출력에 대해 학습해 볼 수 있다.

1. 프런트패널에 클러스터 상수를 놓고 숫자형 컨트롤, 불리언 LED, 수평 채움 슬라이드를 넣는다.

2. 블록다이어그램에 While loop를 그리고, 다음 ms 배수까지 기다림 함수를 100 ms로 설정하여 넣는다. 그리고 조건 터미널에 정지 불리언 버튼을 생성하여 연결한다.

3. 블록다이어그램에 클러스터 → '풀기'와 '이름으로 풀기' 함수를 놓는다. 생성된 클러스터를 각각 연결하고, 이름으로 풀기 함수는 LED 데이터를 출력으로 선택한다.

4. 클러스터 → 묶기 함수로 풀기 함수 중 수평 슬라이드 출력과 이름으로 풀기의 LED 출력을 묶어 하나의 클러스터를 만든다. 묶기 함수의 출력에 마우스 우 클릭하여 인디케이터 생성으로 출력 클러스터를 생성한다.

5. 실행하고 클러스터 컨트롤의 값을 변경해가며 결과를 확인해본다.

TIP

배열과 클러스터의 차이점

배열	클러스터
같은 데이터 타입만 가능	다양한 데이터 타입만 가능
순서가 인덱스로 되어 있음	순서를 따로 지정해주어야 함
차원이 있고 크기가 가변 가능	차원이 없고 고정된 크기를 가짐
인덱스로 원소 삽입 및 추출 가능	원소 순서로 삽입이나 추출 불가능. 풀기나 묶기 함수에서 직접 선택해주어야 함

2.4.4 웨이브폼 차트와 웨이브폼 그래프

LabVIEW를 사용하면서 데이터를 확인하고, 분석하는 데에 가장 많이 사용하는 것이 아마 웨이브폼 차트와 그래프일 것이다. 자세한 데이터 외에도 시간에 따른 결과 값의 흐름이나 경향을 파악하는 데에도 수월하기 때문이다. 그럼 이 두 가지 부분에 대해서 알아보도록 하자.

먼저 웨이브폼 차트에 대해서 알아보자. 웨이브폼 차트는 일정한 속도로 수집되는 데이터를 하나 또는 그 이상의 플롯으로 나타내는 특수한 타입의 숫자형 인디케이터다. 웨이브폼 차트는 하나의 플롯 또는 여러 플롯들을 함께 표시할 수 있다.

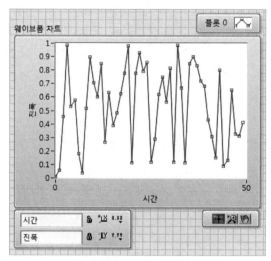

그림 2-107 ● 웨이브폼 차트

웨이브폼 차트에는 히스토리라는 개념이 있어서 과거의 데이터를 누적된 디스플레이로 볼 수 있다. 이 부분이 웨이브폼 그래프와의 가장 큰 차이점이라 할 수 있다. 웨이브폼 그래프는 그래프를 플롯하는 당시에 입력된 데이터만 디스플레이하고 그 이전의 데이터는 남겨놓지 않는다. 웨이브폼 차트의 히스토리 길이는 웨이브폼 차트를 마우스 우 클릭하여 차트 히스토리 길이를 선택하여 수정 가능하다. 그렇기 때문에 차트에는 스칼라 값이 입력 연결되어야 한다.

차트가 업데이트되어 데이터를 표시하는 방법에는 세 가지 방법이 있다.

- 스크립 차트 : 디폴트 모드이며 왼쪽에서 오른쪽으로 이동하면서 연속적으로 실시간 데이터를 보여준다.
- 스코프 차트 : 왼쪽에서 오른쪽으로 이동하면서 차트 시간 축의 최소값부터 최대값까지 지정된 길이가 모두 디스플레이되고 나면 플롯된 디스플레이를 지우고 그 다음 순서를 왼쪽 처음부터 다시 디스플레이한다.
- 스윕 차트 : 스코프 차트와 유사하지만 디스플레이된 데이터를 지우지 않고 새로운 데이터만 덮어서 쓰면서 디스플레이하여 보여준다.

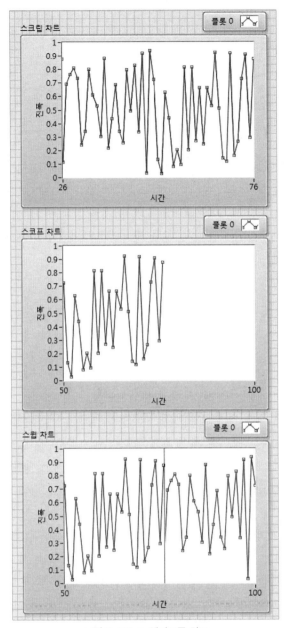

그림 2-108 ● 웨이브폼 차트

웨이브폼 그래프는 차트와는 다르게 배열 값이 입력으로 들어가고, 현재 들어간 값만 디스플레이하여 보여 준다. 시프트 레지스터를 이용하여 배열 원소를 늘리면서 차트처럼 디스플레이하는 방법이 있지만 배열의 크기가 커지면 문제가 발생할 수 있기 때문에 주의하여 사용해야 한다.

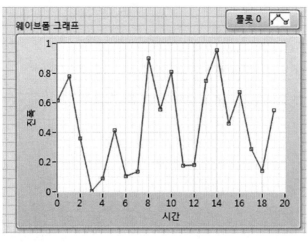

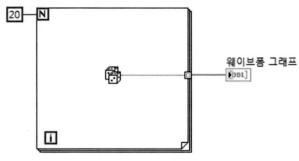

그림 2-109 ● 웨이브폼 그래프

CHECK · POINT ☑

① 배열과 클러스터에 대한 설명으로 틀린 것은?

A. 배열은 같은 데이터 타입만 가능하다.

B. 클러스터에는 문자, 숫자, 배열 등 다양한 데이터 타입이 가능하다.

C. 클러스터 풀기로 나오는 원소 순서는 클러스터 원소 순서와 일치한다.

D. 배열과 클러스터는 서로 변환이 가능하다.

② 웨이브폼 차트와 그래프에 관한 설명으로 틀린 것은?

A. 웨이브폼 차트는 3가지 디스플레이 타입이 있다.

B. 클러스터가 입력으로 들어가는 그래프 종류도 있다.

C. 웨이브폼 차트는 히스토리가 있어서 지난 데이터를 디스플레이할 수 있다.

D. 웨이브폼 차트에도 배열을 연결하여 데이터를 플롯할 수 있다.

상태 머신 프로그래밍

2.5.1 순차적 프로그래밍

LabVIEW에서 프로그래밍을 할 때에는, VI의 실행 순서를 정해주는 것이 좋다. 기본적으로 LabVIEW에서는 순차적인 프로그래밍을 강제적으로 수행하지는 않는다. 이 말은, 즉, 순서를 정하지 않으면 어떠한 것도 먼저 실행될 수 있다는 말이다. 이렇게 되면 VI가 예기치 않게 실행될 수도 있기 때문에 사용자가 원하는 대로, 예상하는 대로 VI를 실행시키기 위해서는 VI의 순서를 정해 주어야 한다. 순서를 정하는 방법은 여러 가지가 있을 수 있다. 대표적으로는 시퀀스 구조를 사용하는 것과 에러 케이스 구조를 사용하는 방법이 있다.

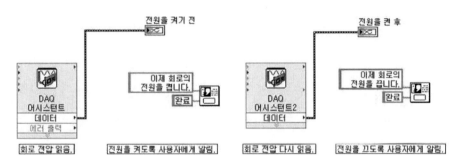

그림 2-110 ● 순서를 정하지 않은 VI

그림 2-110은 실행 순서를 정하지 않은 VI다. 따라서 어떤 태스크라도 먼저 실행될 수 있다. VI를 실행할 때마다 어떤 함수가 먼저 실행될지 알 수 없다. 회로의 전원을 켜는 것을 알려주는 대화상자가 가장 먼저 실행될 수도 있고 가장 나중에 실행될 수도 있다.

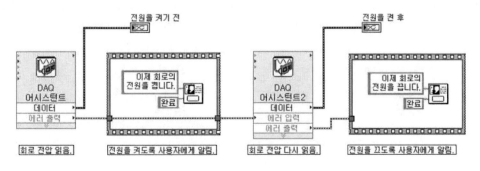

그림 2-111 ● 시퀀스 구조와 에러 라인을 함께 사용하여 순서를 정한 VI

그림 2-111의 예는 시퀀스 구조와 에러 라인을 함께 사용해서 VI의 실행 순서를 정해준 예시다. 이것의 단점은 VI를 중간에 멈춰야 할 때 발생하게 된다는 데 있다. 시퀀스 구조는 실행 도중 실행을 정지시킬 수 없기 때문이다. 그래서 권장하는 방법이 있는데 바로 에러 케이스 구조다. 케이스 구조와 에러 라인으로 순서를 정해주는 방법이다. 아래의 그림 2-112를 참고하기 바란다.

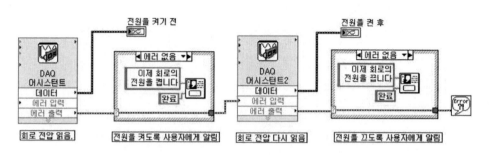

그림 2-112 ● 에러 케이스 구조를 사용하여 순서를 정한 VI

2.5.2 상태 머신 프로그래밍

LabVIEW에서 상태 프로그래밍은 여러 사용자 동작이 서로 다른 상태로 사용자 인터페이스를 보내는 경우에 사용자 인터페이스를 생성하는 데 사용하거나, 상태가 프로세스의 각 부분을 나타내는 경우에 프로세스를 테스트하는 데 일반적으로 사용된다. 시퀀스의 순서를 변경해야 할 경우, 그리고 특정 조건이 되었을 때에만 실행되는 경우, 시퀀스가 끝날 때까지 기다리지 않고 종료해야 하는 경우 등이 있을 수 있다. 이렇게 상태에 따라 실행되는 것이 다른 프로그래밍을 할 때에는, 상태와 전이에 대하여 먼저 알아야 한다.

상태란 조건을 만족시키거나, 동작을 수행하거나, 이벤트를 기다리는 프로그램이라고 생각하면 되고, 전이란 프로그램이 다음 상태로 이동하는 원인이 되는 조건, 동작 또는 이벤트를 말한다. 상태와 전이 구조를 사용하여 상태 머신을 구현할 수 있다.

기본적으로 상태 머신은 여러 개의 상태와 다음 상태로 맵핑을 하는 방식인 전이 함수로 구성된다. 그리고 각 상태는 하나 또는 여러 개의 상태로 전이되거나 프로세스의 진행을 종료할 수 있다. 기본적인 상태 머신 구조를 그림 2-113에 나타내었다.

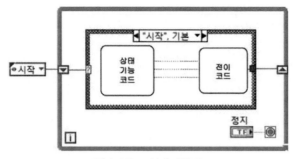

그림 2-113 ● 상태 머신 구조

그림 2-113에서 보면 상태 머신은 기본적으로 While Loop와 Case 구조, 그리고 시프트 레지스터, 타입 정의된 열거형으로 구성된다. 타입 정의된 열거형 컨트롤을 사용하는 이유는 만약 타입 정의가 안 된 열거형 컨트롤이라면 상태를 만들고 작성하는 중에 상태를 추가하게 되면 이 컨트롤의 복사본에 연결된 나머지 와이어가 깨지게 된다. 따라서 추후 상태 변경의 가능성이 있다면 열거형 컨트롤을 타입 정의하도록 하자.

Case 구조 안의 상태 기능 코드와 전이 코드가 있는 것을 볼 수 있는데, 상태 기능 코드 부분이 실질적으로 실행되는 코드라고 이해하면 되고, 전이 코드는 타입 정의된 열거형을 사용하여 상태를 전이하는 부분이라고 생각하면 되겠다.

예제를 수행하면서 상태 머신 프로그래밍에 대해서 좀 더 알아보고 이해해 보도록 하자.

예제 2.5.1 **간단한 상태 머신 구현**

예제 2.5.1의 상태 머신의 간략한 동작 조건은 다음과 같다.

- 상태 머신을 사용하여 사용자가 순서에 관계없이 프로세스 1 또는 프로세스 2를 활성화할 수 있고, 정지 버튼을 사용하여 프로세스를 종료할 수 있어야 한다.
- 예제 2.5.1을 보면 5가지 상태로 이루어져 있다. 초기화, 대기, 프로세스1, 프로세스2, 종료. 이렇게 5가지 상태를 전이하면서 상태 머신이 실행된다.
- VI가 실행되면 초기화 상태로 시작된다. 초기화를 거쳐서 바로 대기 상태로 가게 된다. 그리고 사용자의 입력을 기다린다.
- 사용자가 입력을 하면 해당 상태를 실행하고 다시 대기 상태로 돌아가 기다린다. 종료 버튼을 누르면 종료 상태로 들어가 최종적으로 VI가 종료되게 된다.

그림 2-114 ● 예제 2.5.1의 프런트패널

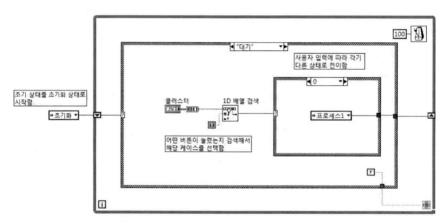

그림 2-115 ● 예제 2.5.1의 대기 상태 블록다이어그램

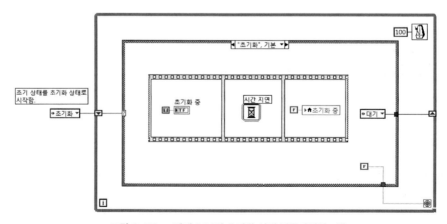

그림 2-116 ● 예제 2.5.1의 초기화 상태 블록다이어그램

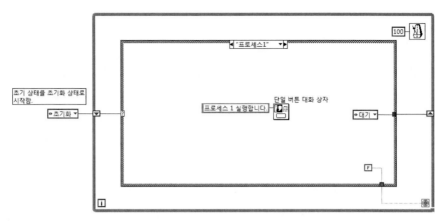

그림 2-117 ● 예제 2.5.1의 프로세스1 상태 블록다이어그램

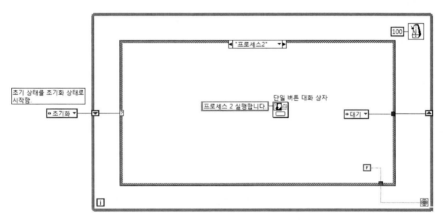

그림 2-118 ● 예제 2.5.1의 프로세스2 상태 블록다이어그램

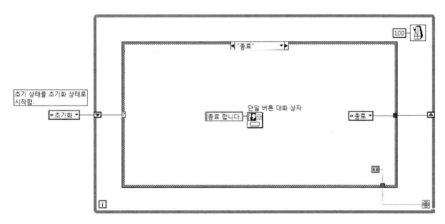

그림 2-119 ● 예제 2.5.1의 종료 상태 블록다이어그램

1. 블록다이어그램에서 While loop를 생성하고 다음 ms 배수까지 기다림 함수로 100ms 타이밍 제어를 한다.

2. 숫자형 → 열거형 상수를 생성한다. 열거형 상수를 마우스 우 클릭하여 아이템 편집을 선택한다. 그리고 아이템에 초기화, 대기, 프로세스1, 프로세스2, 종료의 5가지 상태를 추가한다.

3. While loop에 시프트 레지스터를 추가하고 열거형 상수로 초기화하여 준다. 이때 열거형 상수의 초기 상태는 초기화로 선택하여 놓는다.

4. While loop 내부에 케이스 구조를 하나 놓고 선택자에 시프트 레지스터 출력을 연결한다. 그 후 케이스 구조에 마우스 우 클릭하여 모든 값에 대한 케이스 추가를 클릭한다. 케이스 기본 상태를 초기화 상태로 설정한다.

5. 프런트패널로 가서 그림 2-114와 같은 클러스터와 불리언 LED를 만든다. 클러스터에는 3개의 불리언 버튼이 있고 각각 프로세스1, 프로세스2, 정지로 라벨링한다. 불리언 LED는 초기화 중이라고 라벨링한다.

6. 블록다이어그램에서 케이스를 초기화로 선택한다. 그리고 내부를 그림 2-116과 같이 만든다. 시퀀스 구조를 놓고 초기화 LED에 True 값을 준 다음, 시간 지연 함수로 2초의 시간 지연을 준다. 그리고 다시 LED에 false 값을 주어 초기화가 끝남을 알린다. 또한 While loop 조건 터미널에 false를 전달한다.

7. 그림 2-115를 참고하여 대기 상태를 만든다. 프런트패널에서 생성한 클러스터 컨트롤을 놓고 '클러스터를 배열로' 함수를 이용하여 배열로 변경한다. 그 후에 1D 배열 검색 함수로 True 값을 검색하여 어떤 버튼이 눌렸는지를 확인한다. 만약 프런트패널에서 프로세스2 버튼을 눌렀다면 배열 중 1번 인덱스의 값이 True로 변경되었을 것이고 1D 배열 검색에 의해 인덱스 출력이 1이 나오게 된다. 케이스 구조를 만들고 선택자에 1D 배열 검색 출력을 연결해준다. 그 후 케이스 구조에 마우스 우 클릭하여 모든 값에 대한 케이스 추가를 클릭한다. 여기에 -1에 대한 케이스를 하나 더 추가하고 이 케이스를 기본 상태로 설정한다. 1D 배열 검색에서 True 값이 검색되지 않을 경우는 인덱스 출력으로 -1이 나오기 때문에 이때는 다시 대기 상태가 반복되어야 한다.

8. 대기 상태 내부의 케이스에 각각 -1에는 대기, 0에는 프로세스1, 1에는 프로세스2, 2에는 종료로 열거형 상수를 설정하여 연결해 외부 시프트 레지스터에 연결한다.

9. 그림 2-117, 그림 2-118을 참고하여 프로세스1, 2에 대한 내용을 구성한다. 함수 → 프로그래밍 → 대화 상자 & 사용자 인터페이스의 단일 버튼 대화 상자를 선택하여 놓고, 각 프로세스 실행 중이라는 문자열을 연결하여 해당 프로세스 실행 시 알 수 있도록 한다.

10. 그림 2-119를 참고하여 종료 상태를 구성한다. 함수 → 프로그래밍 → 대화 상자 & 사용자 인터페이스의 단일 버튼 대화 상자를 선택하여 종료임을 알리고 While loop의 조건 터미널에 True를 전달하여 While loop를 종료할 수 있게 한다.

11. 실행하여 프로세스1, 프로세스2 버튼을 각각 눌러 확인해본다. 그리고 블록다이어그램에서 실행 하이라이트 버튼을 켜고 실제로 상태가 변하는 과정을 확인해본다.

CHECK · POINT ☑

① 상태 머신 프로그래밍에 대한 설명으로 틀린 것은?

  A. 상태 머신은 여러 개의 상태와 전이 함수로 구성된다.

  B. 열거형 컨트롤을 상태 변환의 선택자로 주로 이용한다.

  C. 상태 머신은 사용자의 입력을 받아 동작할 수는 없다.

  D. LabVIEW의 새로 만들기 템플릿에 표준 상태 머신이 있다.

2.6.1 시리얼 통신

직렬 통신 방식의 대표적 통신인 Serial 통신은 대부분의 PC에서 표준으로 사용되는 통신 프로토콜이다. Serial 통신은 데이터 바이트를 한 번에 한 비트씩 8비트로 분리하여 순차적으로 송수신하고 1바이트 식별을 위하여 Start bit와 Stop bit를 사용한다. 한 번에 전체 데이터를 동시에 전달하는 병렬 통신 방식과 비교하면 Serial 통신이 속도가 느리지만 사용면에서 간단하고 병렬 통신보다 통신할 수 있는 거리가 늘어날 수 있다. 예를 들어 병렬 통신 IEEE 488.2(GPIB)는 기기 간의 케이블 길이는 총 20m미만이어야 하며, 두 개의 디바이스 간의 거리는 2m미만이어야 하지만 Serial 통신을 사용할 때는 약 1.2Km까지 통신거리의 확장이 가능하다. 따라서 USB, IEEE1394 등과 같은 다른 시리얼 통신에 비해서 산업 현장의 각종 제어 장비 통신에는 아직도 많이 활용되고 있고 본 교재의 Dynamixel을 제어하는 데에도 이 시리얼 통신이 사용되게 된다.

그림 2-120 ● NI RS-232 Straight Through Cable

Serial 통신은 크게 RS-232와 RS-422, RS-485 방식이 있다. 그러나 PC를 사용하는 현장에서는 대부분 RS-232 통신을 사용하여 장비를 제어한다. 따라서 RS-232 통신에 대해 자세히 살펴보도록 하겠다.

● RS-232 통신

RS-232(Recommend Standard number 232) 통신은 1962년 미국 EIA에서 처음 소개된 이후로 원래 터미널 단말기와 프린터, 모뎀 등의 접속용으로 쓰였다. 여러 차례 개정을 거듭하여 현재는 RS-232 C(표준 규격 "C")를 대부분 사용하고 있다. 25pin과 9pin의 규격이 있으며 보통 IBM 사가 만든 9pin이 널리 사용되고 있다.

RS-232 통신은 기본적으로 Tx, Rx, Ground의 세 가지 전송 라인을 사용하여 통신을 한다.

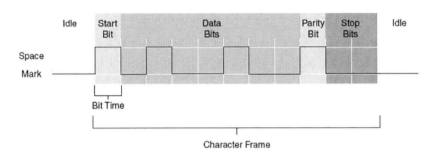

그림 2-121 ● RS-232 통신 신호 전달 개요

그림 2-121에 RS-232 통신의 신호 전달 방법이 나와 있다. 먼저 Voltage level에 따른 Space와 Mark가 있는데 Space는 전압 레벨로 본다면 High에 있지만 로직 상으로는 0이다. Mark는 이와 반대로 전압 레벨로 Low이지만 로직 상으로는 1이다. 바이트의 시작을 알리는 Start bit가 먼저 나오고 그 다음 Data bit가 LSB(Least-Significant Bit)로 순차적으로 오게 된다. 따라서 그림 2-121의 데이터는 1101101로 인식된다. 그 후 에러 검출을 위한 Parity bit가 오고 마지막으로 전체 전달의 끝을 알리는 Stop bit가 오게 된다.

Serial 통신에서 필요한 설정은 Baud Rate, Data bit, Stop bit, Parity bit 등이 있고 두 개의 포트가 서로 통신하기 위해서는 위의 네 가지의 파라미터들을 적절하게 맞춰 설정해야 한다.

Baud Rate는 초당 심볼 수 혹은 초당 펄스 수를 의미하는 수치이며, 초당 얼마만큼의 펄스 변화가 있는지에 대한 단위이다. 하나의 펄스 변화가 1비트를 표현한다고 하면 일반적으로 PC에서의 초당 비트 전송률(bps)과 동일한 의미로 사용 가능하다.

데이터 비트는 전송되는 실제 데이터 비트의 측정값을 의미한다. 데이터 패킷의 표준 값은 보통 5, 7, 8비트이다. 어떤 정보를 전송하느냐에 따라 어떤 세팅을 선택할지를 결정해야 한다. 예를 들어, 표준 ASCII는 0~127(7비트)의 값을 가진다. 확장된 ASCII는 0~255(8비트)를 사용한다. 전송하려는 데이터가 단순 텍스트(표준 ASCII)일 경우, 패킷 당 7비트의 데이터를 보내면 통신에 무리가 없다. 패킷은 단일 바이트 전송을 의미하며, 시작/정지 비트, 데이터 비트, 패리티가 포함된다. 실제 비트의 수는 선택된 프로토콜에 따라 달라지므로 모든 경우를 포괄하는 "패킷"이라는 용어를 사용한다.

정지 비트는 단일 패킷에 대한 통신의 종료를 알리는 데 사용된다. 데이터는 모든 라인을 통해 클럭되며, 각 디바이스에는 고유의 클럭이 있기 때문에 두 개의 디바이스는 동기화가 되지 않을 가능성이 있다. 따라서 정지 비트는 전송의 종료를 알려줄 뿐 아니라 클럭 속도 오류를 방지하기 위한 완충 역할을 한다. 더욱 많은 비트가 정지 비트에 쓰이면 다른 클럭을 동기화할 수 있지만 데이터 전송 속도는 느려지게 된다.

패리티는 시리얼 통신에서 에러를 체크하는 데 사용된다. 패리티에는 짝수, 홀수, 마크, 스페이스 패리티의 네 가지 형태가 있고 "패리티 없음"을 사용할 수도 있다. 에러가 발생했을 때 에러의 존재를 알 수는 있지만 어느 비트가 잘못되었는지 알리는 기능은 없다.

2.6.2 시리얼 통신의 LABVIEW 구현

모든 프로그래밍 가능한 테스트 및 측정 계측기에는 계측기가 이해하는 명령 세트가 있다. 일반적으로, 계측기에 함께 제공되는 프로그래머 매뉴얼에는 본 명령이 문서화되어 있으며, 필요한 명령어를 직접 검색할 수도 있다. Identify command(*IDN?)와 같은 일부 명령은 대부분의 계측기에서 동일하다. 그러나 그 외의 경우, 명령과 파라미터는 계측기 모델에 따라 고유하다.

과거에는 Serial 통신을 위해 Serial만을 위한 API 함수가 있었으나, 계측 장비의 종류가 점차 커짐에 따라 이러한 장비들을 제어할 수 있는 통합 드라이버의 필요성이 대두되었다. 따라서 기존에는 각 인터페이스에 맞는 USB, serial, GPIB, VXI 통신에 대한 드라이버가 따로 있었지만 현재는 NI-VISA 드라이버를 통해 통합 관리되고 있다. 이 장에서도 VISA 드라이버를 사용한 시리얼 통신에 대해 다룰 것이다.

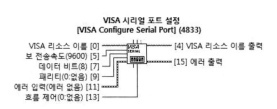

그림 2-122 ● VISA 시리얼 포트 설정 함수

VISA 시리얼 포트 설정 VI는 VISA 리소스 이름으로 지정된 시리얼 포트를 지정된 셋팅으로 초기화한다. 데이터를 VISA 리소스 이름 입력에 연결하여 사용할 다형성 인스턴스를 결정하거나 인스턴스를 수동으로 선택한다. 이 함수를 이용하여 포트, 전송속도, 데이터비트, 패리티 등과 같은 시리얼 통신을 위한 환경 설정을 해줄 수 있다.

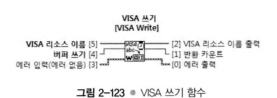

그림 2-123 ● VISA 쓰기 함수

VISA 쓰기 함수는 말 그대로 버퍼 쓰기에 연결된 데이터를 시리얼 포트에 보내는 함수이다. PC에서 계측기로 데이터를 전송하는 데 사용하는 함수이다.

그림 2-124 ● VISA 읽기 함수

VISA 읽기 함수는 함수에 연결된 바이트 카운트만큼 포트에서 데이터를 읽어 반환을 하는 함수이다. 즉 계측기에서 보내오는 데이터를 PC에서 수신하는 데 사용하는 함수이다.

그림 2-125 ● VISA 닫기 함수

Serial 통신 역시 루프가 종료되면 반드시 VISA 닫기 함수를 사용하여 포트를 닫아주어야 프로그램에서 포트에 연결 시 에러가 나지 않는다.
이처럼 LabVIEW에서는 시리얼 통신을 매우 간단하게 구현 가능하며 Dynamixel 제어도 쉽게 구현할 수 있다. 다음 함수는 Dynamixel을 제어하기 위해 포트를 초기화하는 함수이다.

보시다시피 포트 지정과 전송 속도만 설정해 주면 되며 세부적으로 함수를 들어가보면 앞서 말한 바와 같이 LabVIEW의 VISA 관련 함수를 이용하여 구현되어 있다.

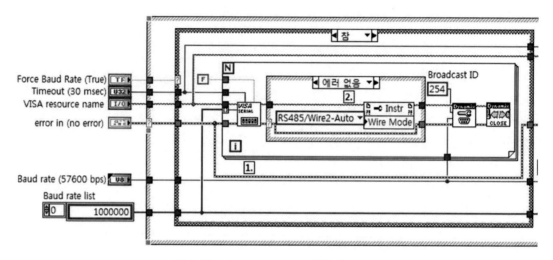

그림 2-126 ● Dynamixel Initialize 함수 내부 구조

그럼 예제를 통해서 직접 시리얼 통신을 LV로 어떻게 하는지 확인해보도록 하겠다. 실제 시리얼로 통신이 가능한 인스트루먼트나 센서가 있어야 실습이 가능하다.

예제 2.6.1   NI-Instrument Simulator를 이용하여 시리얼 통신 실습해보기

그림 2-127 ● NI-Instrument Simulator

예제 2.6.1은 NI-Instrument Simulator를 이용하여 시리얼 통신을 진행해보았다. NI-Instrument Simulator는 GPIB 및 시리얼 통신으로 파형 발생기, 오실로스코프, 디지털 멀티미터 (DMM) 작동 시뮬레이션이 가능한 제품이다.

PC에 RS-232 포트가 없는 경우 USB to RS232 cable을 이용하여 연결하여 주면 된다.

그림 2-128 ● NI USB-232

예제를 하기에 앞서 NI 하드웨어 관리자인 Measurement & Automation에서 com port 세팅 및 연결 확인을 해줘야 한다

NI-Instrument Simulator의 기본 시리얼 세팅은 다음과 같다.

- 8 data bits/character
- 1 stop bit/character
- Parity disable
- Serial port configured to 9600 baud

만약 다른 장비를 사용한다면 그 장비에 맞는 세팅을 해주어야 한다. 내용은 해당 장비 매뉴얼을 참고하면 된다.

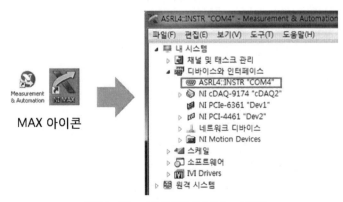

그림 2-129 ● MAX 상에서 COM port 확인

MAX를 실행하여 디바이스와 인터페이스에 COM port가 잡혔는지 확인한다. 만약 목록에 없다면 디바이스와 인터페이스를 마우스 우 클릭하여 새로 생성 → Port(Serial or Parallel)를 클릭하여 연결된 COM port를 추가한다.

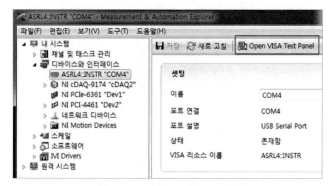

그림 2-130 ● VISA Test Panel 열기

다음 디바이스와 인터페이스에서 연결된 port를 클릭하고 오른쪽에 Open VISA Test Panel 을 클릭한다. (그림 2-130)

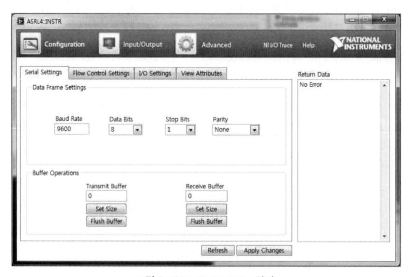

그림 2-131 ● Serial Setting하기

Serial Settings 탭에서 통신하고자 하는 디바이스와 맞게 Data Frame Setting을 한다. 그후 위의 Input/Output 메뉴를 클릭하여 기본 명령 통신을 해본다.

그림 2-132 ● Instrument와 통신으로 연결 확인하기

명령의 읽기 쓰기가 잘 됨을 확인해보고 만약 통신이 되지 않는다면 몇 가지 사항을 확인해본다.

1. NI-VISA 드라이버를 설치하였는지 확인한다.

2. 윈도우 제어판의 장치관리자에서 제대로 인식되었는지 확인한다.

3. 해당 인스트루먼트와 Baud rate, Data bit 등의 세팅이 맞는지 확인한다.

4. 간혹 장비에서 시리얼 통신 Enable/Disable 세팅이 있는 경우가 있다. 장비 매뉴얼을 보고 확인해본다.

그림 2-133 ● 예제 2.6.1 프런트패널

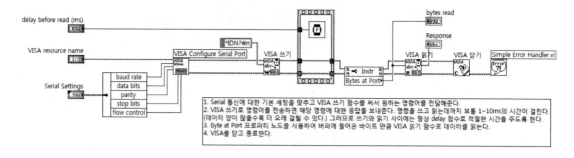

그림 2-134 ● 예제 2.6.1 블록다이어그램 패널

하드웨어 연결이 완료됨을 테스트하였으면 이제 LabVIEW의 예제를 실행해보도록 한다.

1. LabVIEW의 도움말 → 예제 찾기로 예제 탐색기 창을 띄운다.

그림 2-135 ● 예제 탐색기 창

2. 탐색 탭에서 하드웨어 입력과 출력 → 시리얼 → Simple Serial.vi를 연다.

3. 이 예제의 전체적인 흐름은 다음과 같다. VISA com port 및 기본 세팅을 하고 *IDN? 명령을 인스트루먼트로 보낸다. 그 후 그에 대한 응답을 읽어 프런트패널에 표시해주고 종료하게 된다. 그림 2-133에서 VISA resource name과 Serial settings 부분을 테스

트하고자 하는 인스트루먼트에 맞게 설정하고 실행을 누르면 response 인디케이터에 명령에 대한 응답이 오는 것을 볼 수 있다. 만약 *IDN? 명령이 해당 인스트루먼트에 입력되어 있지 않다면 매뉴얼을 보고 적당한 명령을 입력해 본다.

요약

지금까지 Dynamixel을 이용한 로봇 제어 프로그램 구성 및 동작 컨트롤을 위한 LabVIEW의 기본적인 내용에 대해 알아보았다.

로봇 동작 제어에 필요한 가장 기초적인 프로젝트 생성 및 데이터 타입부터 시작하여 반복 동작 구현 및 제어를 위한 여러 가지 구조와 그 구조 내에서의 코드 제어들을 학습했고, 배열 및 클러스터를 통해 같거나 다른 타입의 여러 데이터를 주고 받는 부분을 학습하였다. 지정된 순차적 명령을 로봇에게 전달할 때, 이 배열 및 반복 구조들은 유용하게 쓰일 것이다. 또한 코드 실행의 순서를 제어하기 위한 방법이나 구조, 딜레이들을 통해서 코드와 실제 물리적 동작 사이에 유기적인 통신이 되도록 하는 방법도 학습하였다. 마지막으로 상태 머신을 통한 다양한 상태 설정과 상태 전이를 통한 로봇의 여러 동작 시퀀스를 제어할 수 있으며, 시리얼 통신으로 PC와 로봇 간의 명령을 주고 받는 학습도 하였다.

LabVIEW를 학습하고 사용해보면서, 그래픽 기반의 프로그래밍의 장점인 빠른 학습과 쉽게 코딩이 가능한 점을 느껴 보았을 것이다. 또한 PC와 로봇 간의 통신에 대한 구현 및 제어 부분이 LabVIEW를 통하면 간단하고 편리하게 제어가 가능한 부분도 확인할 수 있었을 것이다.

이번 장에서 제공된 예제 외에도 많은 예제를 직접 작성 및 변형하여 실행해 봄으로써, 초기에 발생 가능한 여러 프로세싱 문제나 에러에 대해 디버깅하고 학습하는 과정이 필요하다. 그리고, 후에 나올 센서부나 제어부를 학습하고 전체 로봇 제어에 대한 프로그래밍을 한다면 자신이 원하는 대로 동작하고 제어되는 로봇을 제작해 볼 수 있을 것이다.

센서부
Vision을 통한 이미지 센싱

3

센서부
Vision을 통한 이미지 센싱

3.1 이미지 수집 및 처리

로봇에서 Vision은 사람의 눈과 같은 인지능력을 가진 센서이다. 카메라를 통한 이미지를 받아 후 처리를 통해서 원하는 정보를 들이고, 그것을 바탕으로 로봇은 움직이게 된다. Vision의 측정 및 분석은 User Created Robot 안에서 센서와 같은 역할을 하게 된다. Vision을 통한 측정 및 분석은 더 나아가 산업 현장에서의 자동화 및 연구 개발을 하는 데 있어서 필수적인 요소임에 틀림이 없다.

이 장에서는 LabVIEW를 통해 이미지 신호를 얻고 분석을 통해 모터와의 연계를 할 수 있는 발판을 마련하고자 하였다. 또한 다양한 예제(연습문제)를 통해서 창의적인 응용을 할 수 있도록 하였다. 저렴하게 구입할 수 있는 웹 카메라를 사용하여 접근성을 높였으며, 예제만을 통해서도 NI의 정규 교육을 수강하지 않더라도 스스로 학습할 수 있도록 구성하였다.

이미지를 이용한 로봇 제어를 위해 LabVIEW 기반의 NI VISION Software를 통해서 사용자의 수준에 맞는 개발 능력을 향상시킬 수 있다. NI VISION SYSTEM을 이용한 이미지 처리에 익숙하신 분들과 그렇지 않으신 분들 모두에게 이미지 처리의 의미에서부터 NI의 VISION Software를 이용한 이미지 처리 기법들과 모션 기능과 NI 비전을 통합하는 방법 등을 다음 장에서 확인할 수 있다. 특히 WebCAM을 이용한 이미지 수집 및 분석 방법을 통해서 VISION 제어에 손쉽게 다가갈 수 있다. 이를 사용하기 위해서는 다음과 같은 내용이 필요하다. NI VISION Software는 Vision Development Module, Vision Acquisition Software가 갖추어지면 이미지 수집이 가능하게 된다. Vision Acquisition Software의 경우에는 Vision Developments Module에 포함되어 있다. 이 부분은 다음 절에서부터 상세히 나타내도록 할 것이다.

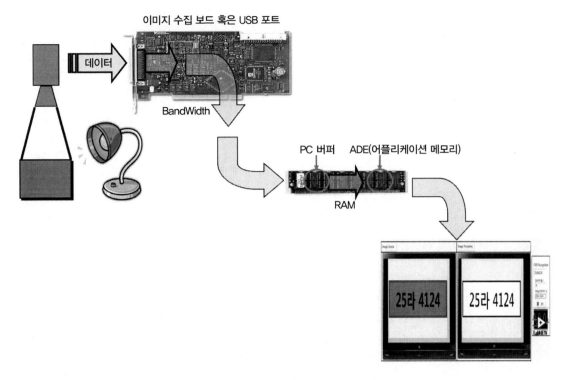

그림 3-1 ● 이미지 수집을 위한 시스템 구성

그림 3-1은 이미지 수집을 할 때 구성해야 할 흐름에 대해서 보여주고 있다. 이미지를 수집하기 위한 이미지 수집 장치가 있어야 한다. 이미지 수집을 위한 조명과 이미지 수집을 하기 위해서 적절한 거리를 조절할 수 있는 렌즈가 필수적 구성요소이다.

● VISION 시스템 활용을 위한 기본 지식

이미지 수집 장비로부터 이미지를 받기 위해서는 카메라 버스(USB, IEEE1394 등)를 고려해야 한다. 예를 든다면 고속의 이미지 처리가 필요한 충동 차량 Test를 하기 위해 필요한 카메라는 Frame Grabber라고 하는 이미지 수집보드가 따로 필요하게 된다. 일반적인 경우는 USB를 통해서 데이터를 전송하게 된다. 산업에서도 바로 비싼 산업용 카메라를 구입하지 않고, USB 타입의 카메라로 검증을 해 본 뒤에 산업용 카메라를 적용하는 것이 일반적이다. 그만큼 USB 카메라로 이미지를 수집하는 방법은 가장 기본적인 부분이라 할 수 있다. 그러면 이런 이미지 수집에 들어가기 앞서 용어를 설명하도록 하겠다.

● 이미지의 정의

사진은 물체에 반사되는 빛을 신호로 표현한 것을 말한다. 빛은 연속적인 아날로그 신호이며, 이를 표현한 사진도 아날로그 이미지이다. 아날로그 신호로 구성된 사진을 디지털 신호로 변환한 것을 디지털 이미지라고 한다.

● 이미지 처리

아날로그 신호를 디지털 신호로 변환하는 과정에서 사용자가 원하는 알고리즘을 통해서 이미지를 변형 및 수정하는 과정을 말한다. 이 부분은 아날로그 신호를 디지털 신호로 바꾸는 과정이며 패턴 매칭, 문자 인식, 각도 측정 등의 알고리즘을 추가해서 원하는 어플리케이션을 만드는 기본 과정이 된다.

그림 3-2 ● 이미지 처리 전 후 : 왼쪽의 이미지는 컬러 이미지이며, 오른쪽의 이미지는 흑백 이미지이다. 간단하지만 이런 식으로 이미지를 처리할 수 있다.

● 응용 사례

산업 현장의 공장 자동화 분야 및 의료 이미지 처리 분야, 군사 분야 등 다양한 부분에서 폭넓게 사용된다. LabVIEW Vision 소프트웨어에 포함되어 있는 다양한 Library를 통해서 사용자가 원하는 부분에 맞는 함수를 사용하게 될 경우 쉽게 응용할 수 있는 부분이 되겠다.

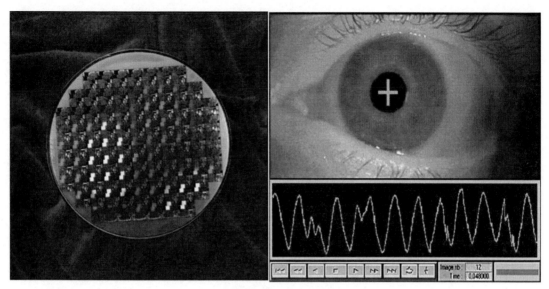
그림 3-3 ● 응용 사례

● 카메라 종류 및 선정

사용자의 작업환경에 맞는 카메라를 선정하기 위해서는 고려해야 할 사항이 있다. 카메라를 선정할 경우 카메라 전문 업체의 도움을 받아 선택할 것을 추천하나, 일반적으로 간단한 측정의 경우에 어떻게 선택하는지 설명하겠다.

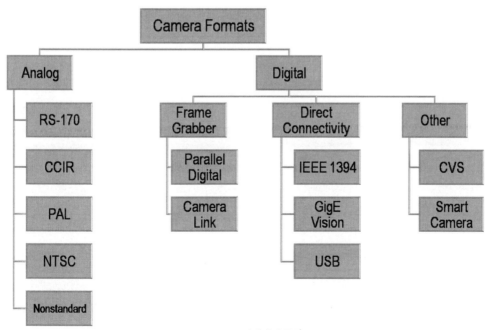
표 3-1 ● 카메라의 종류

카메라의 종류는 표 3-1에 나와 있듯이 크게 아날로그 카메라와 디지털 카메라로 나뉘게 된다. 디지털 카메라는 기존의 필름을 사용한 카메라의 필름 대신 CCD, CMOS 센서를 이용한 카메라를 말한다.

● **카메라의 종류 및 타입**

아날로그 카메라는 국내에서 사용하던 TV 이미지 출력을 가지는 방식의 카메라로서, Standard 방식의 NTSC(미국 표준)/PAL(유럽 표준)의 컬러 이미지 방식과 RS-170의 흑백 이미지 방식이 존재한다.

Standard 방식을 따르는 Signal들은 Interlaced 방식으로 Signal을 수집한다. 이 신호는 프레임 단위라기보다는 Even과 Odd Field가 모여서 하나의 Frame을 이루게 된다. 짝수의 필드가 먼저 출력되고 홀수의 필드가 곧바로 이어져서 출력되는 방식이다. 이러한 Interlaced 방식의 이미지를 보면 물체의 움직임이 non-Standard 방식보다는 부자연스러움을 알 수 있다.

Non-Standard 방식을 따르는 Signal은 Progressive라는 방식으로 Signal을 수집하게 된다. 이는 Frame 단위로 데이터를 수집하기 때문에 시간차가 없다. 그래서 Interlaced 방식과 비교할 때 움직임에 비해 odd와 even의 필드의 시간차만큼 갈라짐이 없어서 자연스러운 이미지를 얻을 수 있다.

디지털 카메라는 이미지 수집을 위해 보드가 필요한 Camera Link 타입 혹은 Parallel Digital 타입의 카메라와 이미지 수집 보드 없이 다이렉트로 연결되는 Direct Connectivity 카메라로 나뉠 수 있다. 이 교재에서는 간단한 사용을 위해서 다이렉트로 연결되는 USB 카메라를 사용하도록 한다.

USB 타입의 카메라는 산업용 카메라에 비해서 일반적으로 저렴하며, 트리거나 조명 컨트롤러 기능이 탑재되어 있지 않은 것이 일반적이다. 이 부분을 사용하지 않고 빠른 속도로 이미지 수집이 필요하지 않다면 비싼 산업용 카메라를 구매해 보아야 손해이다. USB 타입의 카메라는 USB 1.1 표준 이후부터 사용이 되었으며, 아주 부족한 BandWidth(1.5Mbit/s~12Mbis/s)를 가지고 있다. USB 2.0 표준 규격의 카메라는 이미지 수집에 충분한 Bandwidth(~480Mbit/s)를 가지고 있으며, 최근에 출시되고 있는 USB 3.0 표준의 경우 이론상 Bandwidth(~5Gbit/s)로 발전하고 있는 추세이기 때문에 시장에서도 점점 제품들이 나오고 있다.

GigE 카메라의 경우 Ethernet Cable을 통해서 PC로 이미지 데이터를 받을 수 있는 카메라이다. USB 장비와 마찬가지로 별도의 Frame Grabber가 필요하지 않으며, 1Gb/s의 속도로 데이터 수집이 가능하다. Trigger 포트를 받을 수 있는 포트가 있으며, 외부 전원이 필요하다.

제품에 따라서는 POE(Power over Ethernet) 기능이 지원되는 카메라가 있으니 이런 제품은 따로 외부 전원이 필요하지 않다. 하지만 POE가 지원되는 보드가 반드시 필요하게 된다.
IEEE 1394 카메라의 초기 속도는 USB 1.1에 비해서 상당히 **빠른** 3가지 속도(100Mbps, 200Mbps, 400Mbps 등)를 낼 수 있기 때문에 많이 사용되는 타입이다. SCSI를 대체하고자 하는 목적으로 애플이 중심이 되어서 1980년대 후반에 개발이 시작되었으며, 1995년에 TI에서 발표했다.

● Frame Rate

Frame Rate는 초 당 카메라가 획득하는 이미지의 숫자를 의미한다. 쉽게 말해서 얼마나 **빨**리 하나의 완성된 화면을 만들어 낼 수 있는지를 나타내는 척도이다. Frame Rate의 단위로는 Frame Rate seconds를 사용한다. 산업용에서 사용되는 카메라의 Frame 수는 30~120 Frame까지 다양하게 존재한다. 일반적으로 가정에서 사용하는 카메라의 Frame Rate의 경우 30Frame 미만이다.

● Frame Rate와 Bus의 상관 관계

$$V_{TC} : \text{초당 전송 용량(bit/sec)}$$
$$n_W : \text{이미지 가로 픽셀 수}$$
$$n_H : \text{이미지 세로 픽셀 수}$$
$$V_{frame} : \text{초당 전송 프레임 수(frame/sec)}$$
$$n_C : \text{각 픽셀의 색상 정보 비트 수(bit)}$$
$$V_{TC} = n_W \times n_H \times V_{frame} \times n_C$$

예를 들어 640*480의 해상도, 초 당 15프레임의 32비트 컬러 이미지를 카메라로 얻는다면 초 당 전송되는 데이터의 양은 다음과 같다. 이미지의 가로 픽셀 수와 이미지의 세로 픽셀 수 그리고 초 당 전송 프레임 수와 각 픽셀의 색상 정보 비트 수의 곱으로 나타나게 된다.

예 640*480*15*4Byte=18.4Mbyte/s

32비트는 바이트로 나타내면 4바이트이기 때문에 32 대신에 4를 곱해준다.
이처럼 이론적으로는 약 60MB/s이지만 실제 속도는 절반 정도인 30MB/s가 나오게 된다. 카메라 이미지뿐만 아니라 다른 USB 장비들도 Bandwidth를 할당해서 나누어 쓰기 때문이다.

● **Trigger**

카메라의 이미지와 다른 주변기기와의 동기화를 시킬 때 사용하는 부분을 Trigger라고 한다.
카메라의 종류에 따라서 Trigger Port가 지원되는 부분이 있으며, 일반적인 USB 카메라는
지원되지 않는다.

● **렌즈**

렌즈에 따라서 물체를 식별할 수 있는 거리가 달라지게 된다. 이런 부분을 FOV(Field Of
View)라고 한다. 이 부분에 있어서 센서의 사이즈에 따라서 작업 거리 및 식별 가능한 최소
Feature의 크기가 달라지게 된다.
렌즈를 고려할 때 가장 중요한 것은 Mount를 고려해야 한다. 그 다음으로 찾으려고 하는
Defect Size를 고려하여 배율을 결정해야 한다. 그 다음으로 작업 거리를 확인한다. 50CM의
작업 거리라고 가정을 하고 렌즈를 구매했는데, 렌즈의 최소 작업 거리를 확인해 보면 1M인
경우 이 렌즈는 사용할 수 없게 된다. 물론 Extension Tube를 사용하면 가능은 할 수 있으나
추천하지 않는다.

1. 센서 화상도 : 카메라 센서의 행과 열의 픽셀 수

2. 센서 크기 : 센서의 물리적 넓이

3. 작업 거리 : 렌즈 앞 부분과 Inspect되고 있는 사
물과의 거리

4. Feature 화상도 : 식별 가능한 최소 feature 크기

5. Field of view : 카메라가 inspect하여 수집할 수
있는 최대 넓이

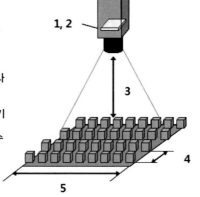

그림 3-4 ● 카메라 선정과 작업 거리

● **조명**

조명을 구매하기 전에 Test하고자 하는 시료에 어떠한 조명이 맞는지 여러 차례 시험해 본 후
구매해야 한다. 조명을 사용하는 목적은 측정하고자 하는 부분을 이미지 왜곡이 없이 정확하
게 구별하기 위함이다. 측정하고자 하는 부분과 주변의 환경에 영향을 많이 받기 때문에 조명
을 컨트롤할 수 있는 암실에서부터 시작하는 것이 기본이다. 암실을 구성하고 조명을 컨트롤
할 수 있는 컨트롤러 혹은 장비가 있어야 명확한 조명 조절이 된다.

부적절한 조명   적절한 조명

그림 3-5 ● 조명 선정의 중요성

RING 조명	Strobe 조명	Line 조명	Back light 조명	동축 조명
장점 : 렌즈 Axis에 그림자 없이 고른 조명을 제공한다.	장점 : 움직임으로 인해 생기는 떨림 현상을 줄여준다.	장점 : 원하는 부위에 Diffused된 조명을 제공한다.	장점 : 강한 대비를 만들고 에지찾기 거리 측정이 쉬워진다.	장점 : 빛을 시료에 조사해 정반사된 화상을 얻을 수 있다.
단점 : 동그란 눈부심 현상을 만들 수 있다.	단점 : 어두운 이미지 방지를 위해 인공적인 Gain을 줘야한다.	단점 : 여러 개의 조명을 써야 좋은 환경을 만들 수 있다.	단점 : 동그란 물체는 조명을 굴절시킬 수 있다.	단점 : 휘도가 떨어지는 단점이 있다.

표 3-2 ● 조명의 종류 및 역할

CHECK · POINT ☑

① 카메라의 구성 요소로 맞지 않는 것은?

    A. 카메라   B. 조명   C. 이미지 수집 보드   D. 렌즈   E. 물체

② 카메라가 영상을 수집하는 속도를 무엇이라 하는가?

    A. Frame Rate   B. Bus Rate   C. Bandwidth   D. Frequency

③ 강한 에지(Edge)를 찾을 때 필요한 조명은?

    A. 동축 조명   B. Back Light   C. Line 조명   D. Strobe 조명

④ USB 카메라를 사용할 때 이론 최대 Bandwidth는?

    A. 10MB/s   B. 20MB/s   C. 30MB/s   D. 60MB/s

이 절에서는 처음으로 LabVIEW에서 이미지 처리를 하는 데 있어서 어떻게 프로그래밍 설정을 하고, 어떤 요구사항들이 존재하는지 설명하겠다. LabVIEW의 VISION Module이 설치되어 있는 독자 여러분은 이 부분을 생략하고 다음 절부터 보면 된다. LabVIEW를 평가판으로 다운을 받거나, 직접 구매하는 방법이 있으니 참고하면 된다.

이미지 수집 흐름은 카메라를 통해 들어온 이미지가 이미지 수집 보드 혹은 USB 포트를 통해서 PC의 메모리 영역으로 전송이 된 뒤에 PC의 화면에 보이게 되는 방식으로 진행된다. 이미지 수집 보드 혹은 USB 포트의 데이터 전송 능력의 차이가 있기 때문에 각각의 타입에 따라서 전송 속도가 달라짐을 개론에서 설명했으니 참고하면 된다. 사용하고자 하는 카메라에 따라서 지원되는 Type이 달라지게 되니 이를 항상 염두에 두어야 한다.

NI에서 제공하는 VISION Software의 경우 Vision Acquisition Software(VAS)가 기본이 되며, 이 Software를 바탕으로 Vision Development Module(VDM) 및 Vision Builder For Automated Inspection(VBAI)이 구성된다. 실제 구성은 그림 3-6과 같다.

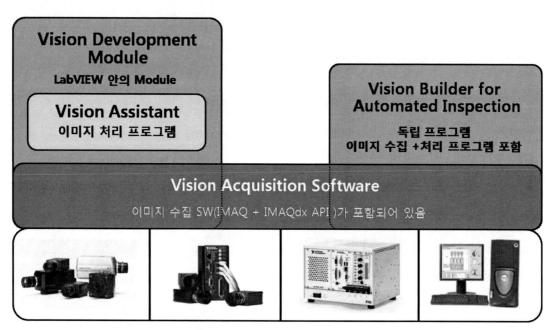

그림 3-6 ● Vision 수집 및 Software의 구성

VDM의 경우에는 디지털 카메라를 통해 데이터를 수집할 경우에 사용하는 API의 모음이며, 별도의 라이선스가 필요하게 된다. VBAI의 경우 LabVIEW 없이 디지털 카메라를 사용할 경우에 프로그램을 작성하고 배포할 수 있는 프로그램이다.

평가판의 경우 NI 공식 홈페이지(http://www.ni.com/gate/gb/GB_EVALLV/KR)에서 계정을 만들고 다운을 받거나, 평가판을 신청하면 된다. 라이선스가 없어도 기능 제한은 없으니 평가판을 통해서 학습할 수 있다. LabVIEW 설치에 앞서 VISION Software의 구성에 대해 살펴 보도록 하자.

NI의 VISION Software를 통해서 사용자 제작 로봇(User Created Robot)에서 센서부의 역할을 하는 아주 중요한 내용이니 반드시 학습하고 넘어가야 한다.

그림 3-7 ● LabVIEW 실행 화면

LabVIEW 절에서도 설치를 해보았겠지만, VISION Software가 설치되어 있지 않으면 LabVIEW 실행 화면에서 그림 3-7과 같이 LabVIEW 실행창에 카메라 관련 아이콘이 뜨지 않게 된다. 이 부분이 없으면 아래와 같은 부분을 다시 진행해야 하므로 반드시 확인을 해야 한다. Software가 설치되어 있지 않으면 앞으로 진행될 부분에 있어서 카메라 인식 및 테스트 이후에 진행이 되지 않으므로 반드시 확인해야 할 사항이다.

만약 VISION Software가 설치되어 있지 않다면 평가판 CD를 다시 CD-ROM에 넣어준다. LabVIEW 2013 평가판 CD는 플랫폼 DVD1, 플랫폼 DVD2, 플랫폼 DVD3 디바이스 드라이버 총 3장으로 구성되어 있으며 1번 DVD를 컴퓨터에 넣게 되면 그림 3-8과 같은 화면이 나타나게 된다. 이미지 수집 및 이미지 처리 부분을 설치로 체크를 한 뒤에 NEXT를 누르게 되면 진행이 된다. LabVIEW를 다시 설치하는 것이 아니니 당황하지 않아도 된다.

LabVIEW가 설치되어 있지 않다면 초기 화면에서 LabVIEW, 모듈 및 툴킷 설치를 누르게 되면 평가판으로 설치할 것인지, 시리얼 넘버가 있는 경우 시리얼 번호를 치고 설치를 진행하면 된다. 이후에 LabVIEW와 그에 필요한 툴킷들을 선택할 수 있는 창이 뜨게 되며, 그림 3-8과 같이 이미지 수집 및 이미지 처리 부분을 누르고 설치를 진행하면 된다.

LabVIEW 한글판 및 장비를 사용하기 위한 드라이버를 반드시 설치해야 하며, LabVIEW 2013 버전 이후부터는 VI Package Manager라고 하는 부분이 설치 DVD에 추가되었다. VI Package Manager의 경우는 사용자들이 제작한 어플리케이션 Store의 역할을 하는 프로그램이다.

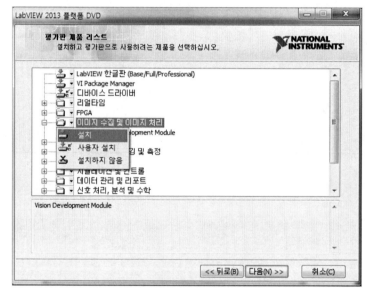

그림 3-8 ● LabVIEW 설치 화면

설치하고자 하는 모든 프로그램과 모듈 및 디바이스 드라이버를 설치하게 되면 중간에 DVD 2번 및 DVD 3번을 번갈아 교체해주어야 하는 작업이 있다. (디바이스 드라이버를 설치하지 않게 되면 3번 DVD는 필요하지 않게 된다.)

● **MAX를 이용한 사용 환경 확인**

LabVIEW에서 카메라(산업용/개인용)를 사용하기 위해서는 VISION Module과 Vision

Acquisition software가 설치되어 있어야 한다. Vision acquisition software의 경우 디지털 카메라와 아날로그 카메라의 이미지를 수집 및 처리하는 데 필요한 소프트웨어이다. 이 소프트웨어의 설치 여부는 MAX에서 확인할 수 있다.

그림 3-9 ● MAX ICON

MAX를 더블 클릭하게 될 경우 다음과 같은 화면이 나타나게 된다. MAX라는 프로그램은 NI 에서 제공하는 Hardware를 간단히 TEST하거나, 사용자 PC에 설치되어 있는 Software 목 록을 확인할 수 있는 프로그램이다. 간단히 자신의 장비 및 Software 부분을 체크할 수 있는 부분이라는 것을 명시하면 된다.

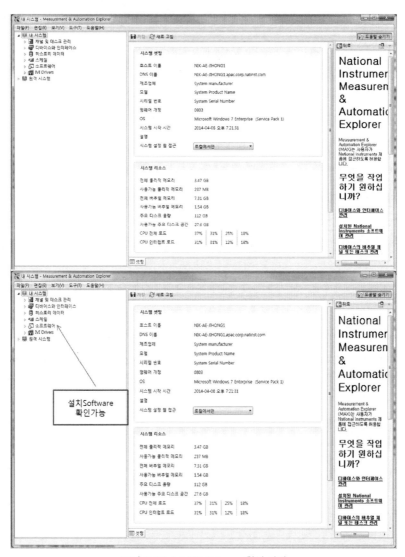

그림 3-10 ● MAX Software 확인 과정

그림 3-10을 보면 MAX 좌측 상단에 내 시스템 하단의 소프트웨어 탭이라는 항목이 있다. 이 항목을 누르게 되면 내 PC에 설치되어 있는 모든 장비 Driver 및 Library 항목이 나타나게 된다. LabVIEW에서 카메라를 사용하기 위해서는 NI IMAQ, NI IMAQdx 함수가 설치되어 있어야 한다.

- NI-IMAQ 함수 : 아날로그 카메라를 사용하는 데 필요한 API(라이센스 필요)
- NI-IMAQdx 함수 : 디지털 수집 방식의 카메라를 사용하는 데 필요한 API(라이센스 필요)

● MAX를 이용한 이미지 확인

USB Type의 카메라나 IEEE 혹은 GigE 타입(산업용)의 다른 회사에서 생산된 제품을 LabVIEW에서 사용하기 위해서는 먼저 MAX를 실행하여 IMAQdx device 아래에 카메라가 표시되는지 살펴보면 된다. 설정 창은 Save 및 Snap 및 Grab 부분으로 나뉘어진다. Save의 경우는 카메라의 설정 부분을 저장할 때 쓰이는 부분이다. Snap의 경우 한 장의 사진을 수집할 때 사용하는 부분이다. Histogram의 탭의 역할은 실시간으로 수집된 이미지를 0에서 255 사이의 값으로 나타낸 뒤 어느 정도의 값을 가지고 있는지 확인할 수 있다. 그림 3-11을 보면 실시간 이미지가 나오고 있으며, Histogram Tab을 누르면 새로운 창이 하나 뜨면서 실시간 이미지의 Value 값의 분포도를 나타내는 그래프 창을 하나 띄우게 된다. 이 부분을 보면서 컬러 이미지를 Grey scale 이미지로 변환했을 때 값 분포도를 확인할 수 있게 된다. 이처럼 MAX에서는 간단한 이미지 확인 및 카메라에 대한 설정을 저장할 수 있는 기능이 있으니 실제적인 개발에 앞서 간단한 Test 정도는 해 볼 수 있는 부분이니 명심하도록 한다.

그림 3-11 ● MAX 카메라 설정 화면

╔═══╗

⌐CHECK · POINT ☑

① LabVIEW의 VISION Acquisition Software의 구성 요소가 아닌 것은?

    A. IMAQ   B. IMAQdx   C. DAQmx

② VISION Acquisition Software의 역할이 아닌 것은?

    A. 아날로그 카메라 데이터 수집 API
    B. 디지털 카메라 데이터 수집 API
    C. 이미지 수집 및 영상 처리 API
    D. 온도 측정 및 컨트롤

③ MAX의 역할이 아닌 것은?

    A. 내 PC에 설치된 SW 확인   B. 장비의 간단한 TEST   C. 코드 작성

╚═══╝

LABVIEW
3.3   LabVIEW를 이용한 이미지 수집

로봇을 개발하고자 하는 데 있어서 여러 가지 센서가 필요하게 된다. 압전 센서, 초음파 센서 등의 여러 가지 센서를 통해서 알고리즘을 개발하는데, 이처럼 센서부는 필수적인 부분이다. 하지만 이 책에서는 VISION이 로봇의 감각 기관의 역할을 담당하고 있으며 이 장을 통해서 이미지 수집 및 처리의 기본을 알 수 있게 될 것이다.

LABVIEW
3.4   LabVIEW의 VISION 시스템 구조

로봇의 센서부인 VISION Software의 구조는 그림 3-12와 같다. 이미지를 수집하는 SW와 수집된 이미지를 처리하는 SW로 나뉘게 된다. 먼저 이미지 수집의 부분은 Express VI와 Low level VI로 나뉘어진다. Express VI의 경우는 설정 기반의 함수로서 초급 사용자가 빠르고 쉽게 이미지를 수집할 수 있도록 도와 주는 함수이다. 하지만 상세한 설정 및 사용자가 원하는 특정한 기능들을 구현하기 위해서는 Low Level VI를 통해서 코드를 작성해야 한다.

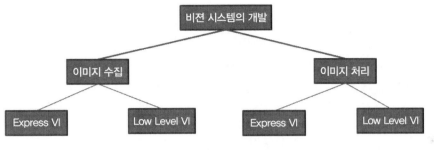

그림 3-12 ● VISION 시스템 SW 구조

로봇의 센서부인 VISION Software의 구조는 위의 그림과 같다. 이미지를 수집하는 SW의 부분은 Express VI와 Low level VI로 나뉘어진다. Express VI의 경우는 초급 사용자가 코드를 작성하기 어려울 때 빠르고 쉽게 이미지를 수집할 수 있도록 도와 주는 함수이다. 이 부분은 매우 간단하지만 많은 부분을 설정하고자 할 때에는 Low Level VI를 통해서 코드를 작성해야 한다. 이미지 수집 코드 작성의 순서는 Express VI의 사용법부터 Low Level VI를 통한 이미지 수집 순서로 나갈 것이다.

3.4.1 이미지 수집 함수의 활용

이미지 수집 함수는 아래의 그림과 같이 Vision Acquisition Express VI와 여러 가지의 Low Level VI로 나뉠 수 있다. 그럼 하나씩 살펴 보기로 한다.

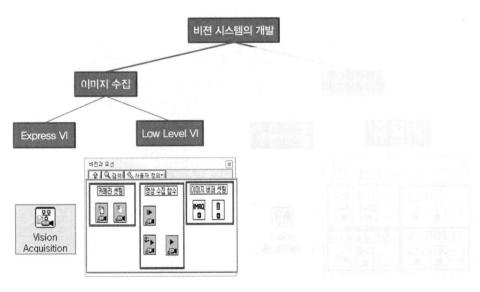

그림 3-13 ● VISION Acquisition SW 구조

● 이미지 수집을 위한 Express VI의 활용

LabVIEW를 시작한 지 얼마 되지 않는 초급자들이 이미지를 수집하기 위해 우선적으로 해야 할 부분에 대해서 Express 함수를 바탕으로 진행하도록 하겠다. 이미지를 수집한 이후에 이미지를 처리하는 부분에 대해서 예제를 통해 배울 것이다.

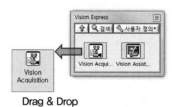

Drag & Drop

그림 3-14 ● VISION Acquisition Setting

그림 3-14처럼 디바이스 또는 폴더를 선택할 수 있는 창이 뜨며, 사용자가 원하는 부분을 선택하고 이미지 수집을 미리 볼 수 있는 Tab에서 시작 버튼을 눌러 보면 실시간 이미지가 나오는 것을 볼 수 있다. 그림 3-15와 같이 USB 2.0 Camera를 선택한 다음에 Next를 누르면 이미지를 유한 개 수집할 것인지, 연속된 이미지를 수집할 것인지 선택할 수 있는 부분이 나오는데 해당 내용을 선택한 다음에 Next를 누른다

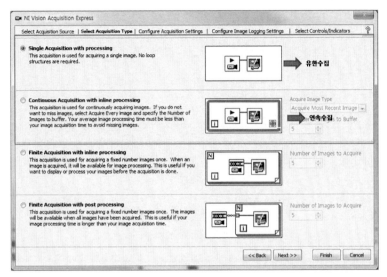

그림 3-15 ● Vision Acquisition Setting

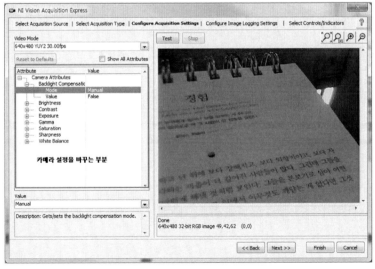

그림 3-16 ● Vision Acquisition Setting

그림 3-16처럼 Next를 누르면 카메라의 설정 부분을 변경할 수 있는 Tab 부분이 나오며 변경한 뒤에는 Test를 눌러보면 카메라 설정이 변경된 상태로 이미지가 수집되는 것을 미리 볼수 있을 것이다.

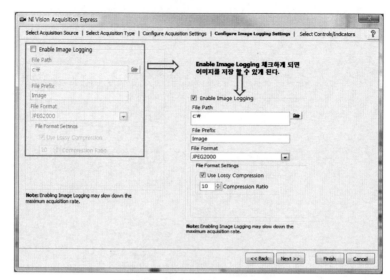

그림 3-17 ● Vision Acquisition Setting

그림 3-17처럼 Next를 누르면 수집된 이미지를 Logging할 수 있는 옵션 창이 나타나며, 사용하려고 할 때는 체크를 하고 폴더를 지정해 주면 된다. 파일을 저장할 때 File Format 형식부분을 바꾸게 되면 여러 가지 타입의 그림 파일 형식으로 저장이 가능하다. 또한 AVI 파일로도 저장이 가능하니 사용자가 원하는 형식대로 저장할 수 있다.

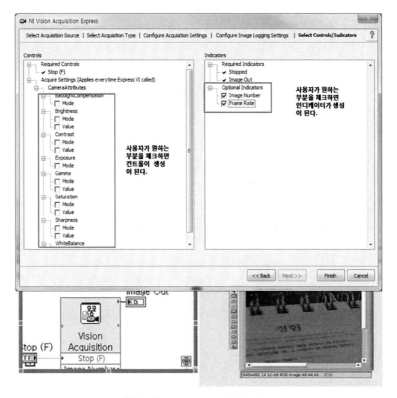

그림 3-18 ● Vision Acquisition Setting

그림 3-18처럼 모든 설정이 끝난 후에 Finish 버튼을 누르면 LabVIEW에서 코드가 자동적으로 생성된다. 지금까지 이 부분이 Express VI를 통한 이미지 수집 부분이니, 간단한 이미지 수집만을 할 때에는 이 Express VI를 사용하는 것도 좋은 방법이다. 하지만 큰 프로젝트를 하거나 다른 기능이 추가될 때에는 Low Level로 하는 것이 좋다.

● 이미지 수집을 위한 Low Level VI의 활용

LabVIEW에서 카메라를 통한 이미지 수집을 하기 위한 Low Level VI들은 그림 3-19와 같이 블록다이어그램의 함수 팔레트의 **함수 → 비젼과 모션 → NI-IMAQdx**을 보면 함수가 존재한다.

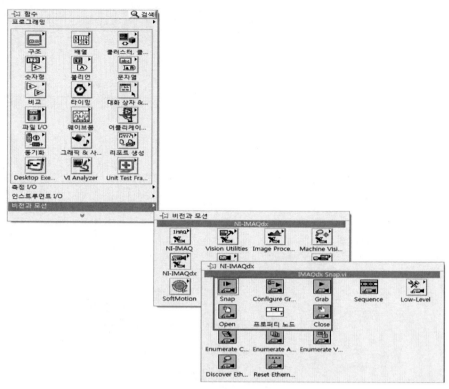

그림 3-19 ● 함수 설명

3.4.2 이미지 수집 함수들

그러면 이미지 수집 함수에 대해서 알아보도록 하자. 위치는 **함수 → 비젼과 모션 → NI-IMAQdx , 함수 → 비젼과 모션 → Vision Utilities**에 위치하니 참고하면 된다.
이미지 수집을 위한 Low Level 함수는 다양하지만, 주로 함수는 아래 함수들을 사용한다.

● **IMAQdx Open Camera 함수**

어떤 카메라를 사용하고 그 카메라의 세션을 열 때 사용하는 함수이다. 사용하는 카메라의 이름을 Session In에 연결하면 된다.

● **IMAQdx Configure Grab 함수**

IMAQdx Open Camera 바로 뒤에 연결되는 함수로서, Open Camera에서 출력되서 나오는 Session out 부분을 IMAQdx Configure Grab 함수의 Session In에 연결하면 된다. 이 함수는 지정한 카메라에서 연속 수집(Grab)을 설정하며, 연속 수집을 할 수 있게 시작하는 부분이다.

● **IMAQdx Grab 함수**

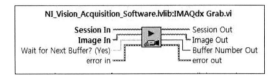

IMAQdx Configure Grab의 바로 뒤에 쓰이는 연속 수집 함수이다. Image In에는 설정한 이미지 버퍼를 연결해 줘야 한다. IMAQdx Grab의 경우 연속적인 이미지 수집에 쓰이는 함수이며, IMAQdx Configure Grab 함수를 항상 짝처럼 같이 사용해야 한다.

● **IMAQdx Snap 함수**

IMAQdx Snap 함수의 경우 IMAQdx Camera Open.vi 뒤에 바로 연결될 수 있다. IMAQdx Snap의 경우 한 개 혹은 유한 개의 이미지를 수집할 때 쓰이는 함수이다. Grab 함수와는 다르게 Configure Grab을 사용하지 않아야 한다.

● **IMAQdx Close Camera 함수**

IMAQdx Grab 혹은 IMAQdx Snap 뒤에 쓰이는 함수이다. IMAQdx Close 함수의 경우 카메라의 세션을 닫을 때 사용하는 함수이다. IMAQdx Open과 항상 짝으로 쓰이는 함수임을 명심하자.

● **IMAQ Create 함수**

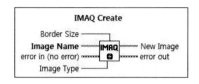

IMAQ Create의 경우 이미지 버퍼를 할당을 해주는 부분이다. 이 부분을 설정하지 않으면 이미지를 수집할 수 있는 공간을 할당하지 않게 되기 때문에 반드시 설정해주어야 한다.

● **IMAQ Dispose 함수**

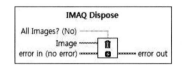

IMAQ Dispose의 경우 할당된 이미지 버퍼를 해제해 주는 부분이다. 이 부분을 설정하지 않으면 할당된 버퍼에 이미지가 계속 남아 있게 된다. 해제를 하지 않으면 프로그램이 종료되어도 indicator에 이미지가 남게 된다.

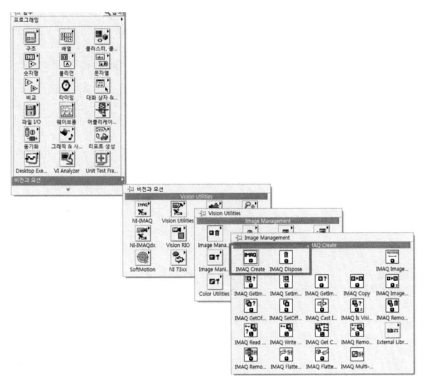

그림 3-20 ● 함수 설명

Vision Utilities 함수의 경우 가장 많이 쓰이는 부분은 색깔로 표시된 부분으로써 이미지 수집을 할 때 반드시 포함되어 있어야 하는 부분이다. 기본 Low Level VI의 위치는 그림 3-19와 그림 3-20의 경우 위치를 확인할 수 있다.

위에 언급했던 기본적인 함수들을 가지고 Low Level 코딩의 흐름에 대해서 알아보도록 하겠다. 설명한 VI들을 프런트패널에 배치하고 그림 3-21처럼 배치해보자.

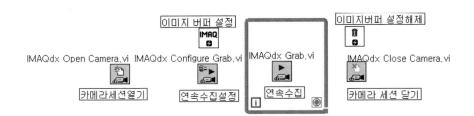

그림 3-21 ● 이미지 수집 Flow

IMAQdx Grab 혹은 IMAQdx Snap의 경우 이미지를 수집하는 부분이기 때문에 indicator를 생성해서 이미지를 봐야 한다. indicator를 생성할 때 블록다이어그램에서 마우스 우 클릭을 하는 경우 이미지 프런트패널이 나타나지 않을 수 있다. 따라서 프런트패널에서 Image Display 창을 선택하면 올바른 사용의 예처럼 디스플레이 창이 나타난다. 이런 부분을 Low Level로 코드를 작성할 때에 신경을 써주어야 한다.

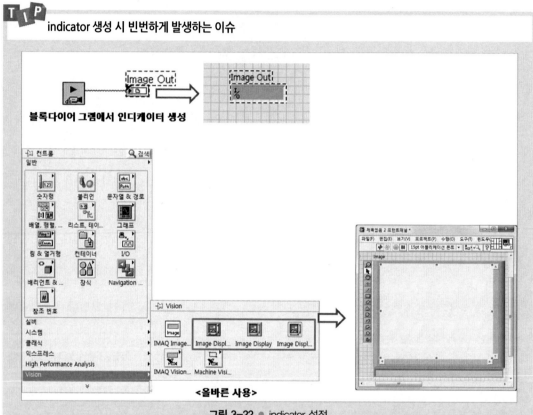

그림 3-22 ● indicator 설정

그림 3-22처럼 IMAQ Create라고 하는 이미지 버퍼를 설정해 주는 함수의 경우 Image 버퍼를 저장하는 영역의 이름을 할당해 주지 않고 코드 작성을 하면 VI 자체가 실행되지 않게 된다. 단순히 이미지를 받을 때에는 하나의 이미지 버퍼만 필요하나, 실제 이미지와 처리된 이미지를 동시에 화면에서 보기 위해서는 두 개의 이미지 버퍼를 설정해 줘야 한다. 쉽게 생각하면 Image Display 창의 개수만큼 이미지 버퍼를 생성해야 한다.

① LabVIEW의 VISION Acquisition Software의 구성요소가 아닌 것은?

    A. Express VI   B. Low Level VI   C. HIGH Level VI

② 연속 이미지 수집 시에 필요한 IMAQdx 함수가 아닌 것은?

    A. IMAQdx Open

    B. IMAQdx Close

    C. IMAQdx Configure Grab

    D. IMAQdx Grab

    E. IMAQ Create

③ Vision Utilities 함수에 포함되지 않는 것은?

    A. IMAQ Open   B. IMAQ Create   C. IMAQ Dispose

④ Vision indicator가 2개가 있을 때 필요한 Buffer의 개수는?

    A. 1개   B. 2개

예제 3.4.1 현재 가지고 있는 카메라와 LabVIEW Vision 모듈을 이용하여 이미지를 수집해 보도록 하자.

1. 새 VI를 연다.

2. 블록다이어그램에서 마우스 오른쪽 버튼을 클릭하여 함수 팔레트를 열고, Vision Pallete 에서 IMAQdx 부분의 IMAQdx Camera Open, IMAQdx 2Configure Grab, IMAQdx Grab, IMAQdx Close Camera 함수를 블록다이어그램에 배치하고, 다음 그림과 같이 연결한다.

3. VISION Utilities Pallete에서 Image Management 안의 IMAQ Create, IMAQ Dispose를 배치한다.

4. 와이어를 연결하고 예제 그림과 같이 IMAQ Create 부분에 버퍼의 이름을 설정한다. 프 런트패널에서 그림 3-20과 같이 indicator를 생성한다.

5. IMAQdx 함수 주위를 While Loop를 블록다이어그램에 배치한다.

도전과제 1. IMAQ Dispose 함수를 없애보고, 이 함수의 역할에 대해서 생각을 해보자.

도전과제 2. While 문 안에 타이밍 함수(기다림 함수)의 값을 500ms로 넣어 보고 어떤 상황이

발생하는지 생각을 해보자.(심화)

도전과제 3. 기다림 함수를 제거하고 카메라가 작동하는 Frame rate를 계산해 보자.(심화)

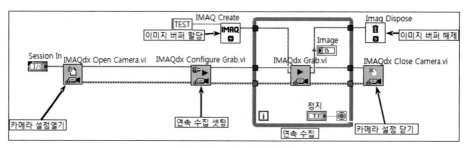

예제 3.4.1 ● 블록다이어그램

예제 3.4.2 Express VI를 통해서 이미지 수집을 해본 뒤 수집된 이미지를 그림파일로 저장해보자.
(기본) 이후에 Low Level VI를 통해서 이미지를 수집하고 그림파일로 저장해보자.(심화)

1. 새 VI를 연다.

2. 함수 → 비견과 모션 → Vision Utilities → IMAQ Write File2.vi를 블록다이어그램에
가져다 놓는다.

3. 파일을 저장할 경로를 만들어야 하기 때문에 블록다이어그램에서 **함수 → File I/O
Pallete → 경로 만들기**를 블록다이어그램에 가져다 놓는다.

4. While Loop의 반복 횟수 i를 그림파일의 이름으로 저장을 하기 위해서 블록다이어그램
의 **함수 → 문자열 Pallete → 숫자/문자열 변환 Pallete → 숫자를 10진수 문자열로 함수**
를 블록다이어그램에 가져다 놓는다.

5. **함수 → 문자열 Pallete → 문자열 연결 함수**를 블록다이어그램에 가져다 놓는다. 문자열
로 변환된 반복횟수 i와 jpg 파일을 연결하기 위해서이다.

6. 연결된 문자열을 경로만들기 함수의 이름 또는 상대경로에 연결한다. 경로만들기 함수의
베이스 경로 부분에는 PC 안의 절대 경로가 있어야 한다.

7. 마우스 우 클릭을 하면 빈 경로 상수가 나타나며, 이 경로 상수 안에 C:\TEST라고 적
는다. 이 경우 자동으로 폴더를 생성하는 것이 아니기 때문에 직접 TEST라는 새 폴더를
C 드라이브에 생성해주면 된다.

8. 위와 같은 작업을 마친 상태에서 VI를 실행하게 되면 C:\TEST\반복횟수.JPG 파일이
계속 생성 및 저장됨을 확인할 수 있다.

9. 만약 스크립트를 보고도 이해가 되지 않으면 예제 파일을 열어서 보자.

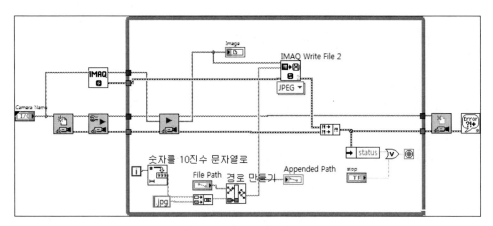

예제 3.4.2 ● 블록다이어그램

3.5 LabVIEW를 이용한 이미지 처리

앞 절에서는 VISION 수집과 관련된 내용을 다루었으며, 이번 절부터는 앞에서 수집한 SW로 수집된 이미지를 VISION Software를 이용하여 처리하는 방법에 대해서 다루도록 하겠다. 이 미지 처리를 하는 부분의 함수는 그림 3-23과 같다.

이미지 처리 함수도 이미지 수집 함수와 같이 Vision Assitant Express VI와 여러 가지의 Low Level VI로 나뉠 수 있다. 하지만 Low Level VI의 경우는 이 책에서 다루지 않는다.

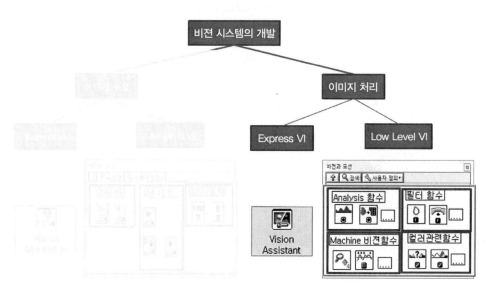

그림 3-23 ● VISION IMAGE Process 함수

VISION ASSISTANT를 사용하기에 앞서 이미지 처리에 있어서 간단히 알아두면 좋을 내용에 대해 기술한 뒤에 본론으로 들어가도록 하겠다. 이미지를 처리하는 과정에 있어서 기본적으로 이미지 처리 개론 및 관련 내용을 학습한 뒤에 하면 좋겠지만 본서에 나오는 내용을 바탕으로 해도 원하는 솔루션을 만드는 데 큰 문제는 없다.

디지털 이미지 프로세싱은 인류가 사진을 컴퓨터로 가져오면서부터 시작되었다. 디지털 이미지 처리는 노이즈가 섞인 이미지를 필터를 이용하여 깨끗한 이미지로 변환하는 것처럼 그 기법은 달라도 모두 디지털화된 이미지를 이용하여 원본 이미지를 변환하는 것을 의미한다.

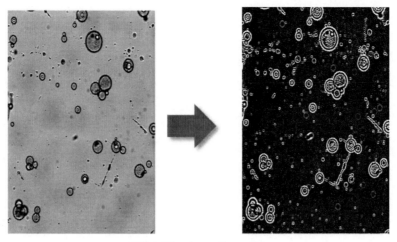

그림 3-24 ● Image Processing

그림 3-25와 그림 3-26처럼 디지털 이미지는 보통 디지털화된 숫자들의 집합인 Array로 이루어져 있으며 이 Array들은 이미지의 최소 단위인 점을 의미하는 Pixel들의 집합을 의미하며 Pixel은 밝기 값 즉, Intensity 정보를 포함하고 있다. 따라서 이러한 디지털 이미지를 핸들링하는 것은 숫자들의 집합인 Array를 다루는 것이며 대부분의 텍스트 언어에서는 다음과 같은 형식을 이용하여 배열을 다루게 된다.

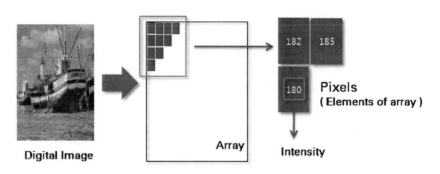

그림 3-25 ● Image to Array

LabVIEW에서는 그림 3-26의 오른쪽 아래와 같이 New image라는 인디케이터가 나타내는 이미지 영역의 메모리를 참조하는 데이터 타입으로 핸들링하는 구조로 되어 있다.

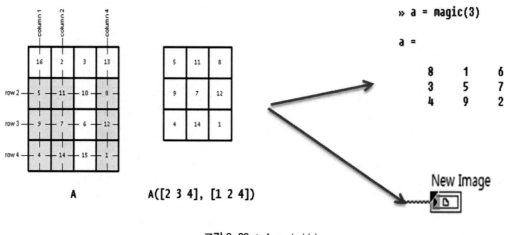

그림 3-26 ● Array to Value

3.5.1 VISION ASSISTANT를 이용한 이미지 처리

3.4절에서 LabVIEW를 시작한 지 얼마 되지 않는 초급자들이 이미지를 수집하기 위해 우선 적으로 해야 할 부분에 대해서 예제를 바탕으로 수집해 보았다. 이번 절에서는 수집된 이미 지 이후에 이미지 처리를 하는 부분에 대해서 예제를 통해 배울 것이다. 이미지 처리를 하는 VISION Image Process 함수들은 Express VI 및 Low Level VI로 이루어져 있다. 하지만 Low Level VI의 경우에는 이 책에서는 다루지 않도록 한다. LabVIEW의 예제 탐색기에서 Low Level 관련 함수 이름으로 검색을 하면 나오니 필요하다면 검색해서 사용하면 된다. 하 지만 VISION ASSISTANT만으로도 충분하니 걱정할 필요는 없다.

WEBCAM 및 USB CAMERA를 사용하여 수집한 이미지를 LabVIEW와 NI VISION ASSISTANT를 통해서 손쉽게 구현할 수 있다. 이미지 필터, 색 반전 등 다양한 이미지 처리 과정을 진행할 수 있다. LabVIEW를 통해서 이미지 수집까지 진행한 후 수집된 이미지를 프 로세싱할 수 있다.

이미지 프로세싱은 주로 NI VISION ASSISTANT를 이용해서 진행할 수 있다. Vision Acquisition Software가 설치되어 있으면, LabVIEW에서 Assistant Express 함수를 사용할 수 있다. 또한 독립적으로 윈도우 시작에서 National Instruments 폴더에서 VISION ASSISTANT를 실행할 수 있다.

Vision Assistant를 실행하면 그림 3-27과 같은 새로운 창이 뜨게 된다. 이 프로그램은 이미지 처리 독립 프로그램이기도 하면서 LabVIEW 안에서 함수로도 제공되는 점을 알아 두면 된다. LabVIEW에서 VISION ASSISTANT Express 함수를 사용하거나 독립적으로 실행하여 간단한 이미지 프로세싱 과정을 확인할 수 있다.

NI의 소프트웨어답게 VISION ASSISTANT도 Solution Wizard라는 기능을 통해 다양한 예제를 제공하고 있다. 상단의 Help에서 Solution Wizard를 선택하여 실행할 수 있다. VISION ASSISTANT의 경우 LabVIEW 안의 Express VI 및 독립 프로그램으로 실행할 수 있다. 제일 먼저 학습하기 위해서는 Solution Wizard의 예제를 통해 학습하는 것이 효과적이다.

3.5.2 VISION ASSISTANT EXPRESS VI의 구성

VISION ASISATANT와 같은 함수를 가져다 놓으면 다음과 같은 화면을 볼 수 있다. 좌측 상단에는 IMAGE를 미리 볼 수 있는 창이 있으며, Function Library 관련 함수들이 그 밑에 위치하고 있다. 이 Function Library 함수를 통해서 영상 처리 알고리즘을 만드는 스크립트 부분이 있다. VISION ASSISTANT 안의 FUNCTION Library의 역할은 LabVIEW의 VISION Pallete 안에 제공되어 있는 함수들을 사용자가 쉽게 사용할 수 있게 모듈화해 놓은 것이라고 생각하면 된다. VISION ASSISTANT의 Library는 LabVIEW에서 제공되는 함수들로 만든 것이며 이것을 VISION ASSISTANT라는 것에서 사용할 수 있게 해주는 것이다. 이 부분은 그림 3-27에 보면 간단히 나와 있으니 참고하면 된다.

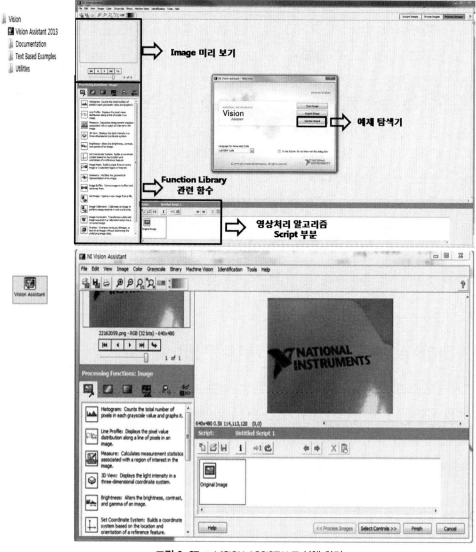

그림 3-27 ● VISION ASSISTANT 실행 화면

VISION ASSISTANT에 제공하는 함수는 아래 그림과 같이 Processing Function, Color, Grayscale, Binary, Machine Vision, Identification(좌측부터) 6개의 카테고리의 함수를 제공한다. 순차적으로 간단히 설명하면서 넘어가도록 하겠다.

그림 3-28 ● VISION ASSISTANT의 Function Library

그림 3-28처럼 각각의 카테고리에서 사용자가 원하는 이미지 처리 함수들을 선택하여 사용할 수 있다. 각 항목을 간단히 살펴보면 다음과 같다. 이 절에서는 모든 내용을 다루지 않고 사용자 제작 로봇(User Created Robot)에 핵심적으로 쓰인 라이브러리에 대해서 설명하도록 하겠다.

- Processing Functions의 Image 탭의 경우 이미지의 히스토그램 값, 강도 정보, 밝기 측정 등 이미지를 통해서 얻을 수 있는 부분에 대한 함수가 나타나 있는 라이브러리의 모음이다.

  예 Histogram, Line Profile, Measure, 3D View, Brightness, Set Coordinate System, Image Mask, Geometry, Image Buffer, Get Image, Image Calibration, Overlay 등의 Function이 있다.

- Histogram을 사용하여 현재 수집된 이미지의 ROI 영역 안의 픽셀 값들의 분포 정보를 확인할 수 있다.

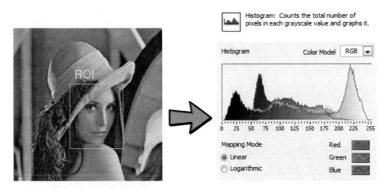

그림 3-29 ● VISION ASSISTANT Histogram

- Geometry를 사용하여 현재 수집된 이미지의 회전

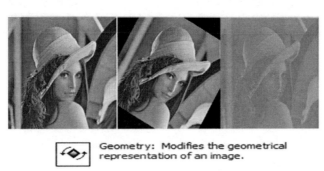

그림 3-30 ● VISION ASSISTANT Geometry

- Color 탭의 경우 이미지의 색상 정보에 대한 변경 및 컬러 학습, 컬러 패턴 매칭과 같은 Color에 관련된 라이브러리의 모음이다.

  함수 Color Operator, Color Plane Extraction, Color Threshold, Color Classification, color segmentation, Color Matching, Color Location, Color Pattern Matching

- Grayscale 탭의 경우 Gray 이미지를 필터와 이미지가 가지고 있는 픽셀 정보를 변경할 수 있는 Morphology, Gray 이미지를 이진 이미지로 변경할 수 있는 Threshold 등 Grayscale에 관련된 라이브러리의 모음이다.

  함수 Lookup Table, Filters, Gray Morphology, FFT Filter, Threshold, Watershed Segmentation, Operator, Detect Text Defect

- Binary 탭의 경우 2진화된 이미지의 형태를 바꾸는 Morphology 및 Particle 필터 및 Particle 분석, Shape Matching, Circle Detection, Binary로 변형된 이미지에 변형을 가할 수 있는 라이브러리의 모음이다.

  함수 Basic Morphology, ADV. Morphology, Binary Morphology Reconstruction, Particle Filter, Binary Image Inversion, Circle Detection, Shape Matching

- Salt and pepper noise를 제거하기 위한 Median Filter

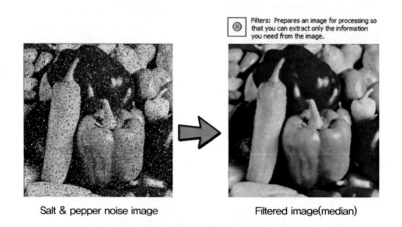

Salt & pepper noise image   Filtered image(median)

그림 3-31 ● VISION ASSISTANT Filter

- Machine Vision의 경우 이진화된 이미지의 Edge를 찾는 Edge Detecting, 치수를 잴 수 있는 Clamping, Pattern matching, geometric matching 등 많은 산업현장에서 쓰이는 라이브러리의 모음이다.

함수 Edge Detection, Find Straight Edge, Find Circular Edge, Clamp, Caliper, Pattern Matching, Geometry Matching

- Grayscale의 이미지에 대하여 Edge를 검출하기 위해 대표적으로 사용되는 Sovel Operator

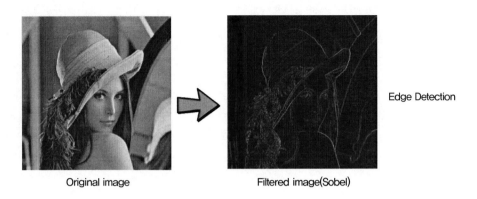

Edge Detection

Original image   Filtered image(Sobel)

그림 3-32 ● VISION ASSISTANT Edge

- Identification의 경우 문자를 인식할 수 있는 OCR, OCV와 Barcode를 읽을 수 있는 1D 및 2D Barcode 관련 라이브러리의 모음이다.

함수 OCR/OCV, Barcode Reader, 2D Barcode Reader

Barcode 인식 기능 및 문자를 학습시킨 패턴을 기준으로 문자를 인식

Reference Character Set File Edit

그림 3-33 ● VISION ASSISTANT OCR, Barcode

3.5.3 VISION ASSISTANT의 활용-이미지 이진화

● **이미지 이진화란?**

이미지 이진화는 정보를 얻어내기 위해서 이미지가 담고 있는 개체들을 분리하는 작업 중의 하나이다. 그레이 값에 따라서 픽셀을 0 또는 1로 바꾸는 작업을 반복하는 것이다. 이런 작업을 거치면 이미지가 담고 있는 객체를 배경과 분리시킬 수 있게 된다. 이미지 이진화는 영상 인식, 영상분석 등 다양한 영상 처리 분야에서 전처리 과정으로 많이 사용되고 있다. 임계치의 설정에 따라 전혀 다른 성능을 나타낼 수 있으므로 영상처리에서 매우 중요한 요소임에 틀림이 없다.

매우 많은 이진화 방법이 있으나, 어떤 임계치를 적용했느냐에 따라서 좋은 성능과 그렇지 않은 성능을 나타내기도 하며, 이를 주제로 한 논문들도 많이 나오고 있는 실정이다.

● **이미지 이진화 사용법**

32비트의 컬러 이미지를 2비트의 바이너리 이미지로 변환하는 과정에 대해 설명하겠다. 32비트 이미지 자체를 한 번에 2비트 이미지로 바꿀 수는 없으며, 32비트에서 8비트 그리고 2비트로 차례로 변환해야 한다. 그 이유는 대부분의 라이브러리 함수가 8비트 혹은 2비트의 이미지로 변환되어야 이미지 처리 함수를 사용할 수 있게 된다. 물론 32비트 자체로 사용할 수 있는 함수도 있으나 그 부분은 컬러에 관련된 컬러 패턴 매칭 혹은 컬러 분류 등 아주 작은 부분만 지원하게 된다. 이미지 처리의 기본이 8비트 혹은 2비트의 데이터로 변환한 상태에서 처리를 하는 부분이기 때문에 더 자세한 내용은 이미지 처리 과정을 학습한 후에 이해하면 된다.

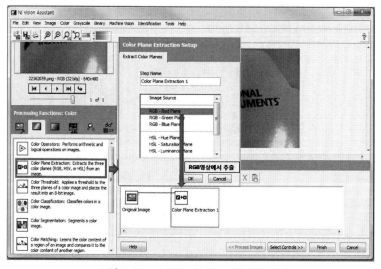

그림 3-34 ● VISION ASSISTANT 실행 화면

LabVIEW의 프런트패널에서 VISION ASSISTANT를 드래그 앤 드롭을 하게 되면 그림 3-34처럼 새로운 창이 뜨게 된다. 이 창에서 Image, Color, Grayscale, Binary, Machine Vision, Identification 등 원하는 부분을 선택한 뒤 이미지를 처리하게 된다. 그림 3-35의 경우에는 32bit 이미지를 Color 탭에 있는 Color Plane Extraction이라는 함수를 통해서 Red Plane(8비트) 영역만 추출해 낸 부분이다. 32비트 이미지가 8비트의 그레이 스케일 이미지로 변환됨을 알 수 있다. 간단한 아이콘 하나로 32비트 이미지를 8비트의 Grayscale 이미지로 변환하는 과정을 거치게 된다.

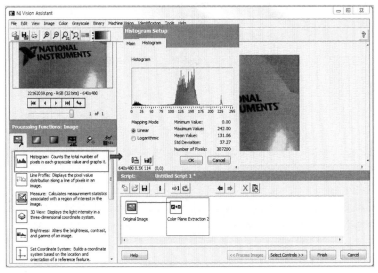

그림 3-35 ● VISION ASSISTANT 이미지 처리 과정

그림 3-36의 경우 8Bit Gray의 이미지로 변환된 값을 Histogram이라고 하는 함수를 통해서 0에서 255 사이의 값으로 변환시킨다. 이 작업을 하는 이유는 binary 이미지로 변환될 때 Threshold를 통해 특정 값(0~255) 사이의 값 이상은 0, 나머지 부분은 1로 바꿔주는 이진화를 시켜주는 데 필요한 함수이기 때문이다.

다시 한 번 정리하면 Histogram의 경우 8비트의 이미지의 값을 0에서 255 사이의 값으로 변환시키는 역할을 한다. Threshold의 경우는 그림 3-34에서 보는 것처럼 Histogram에서 문턱 값을 설정한 이후에 그 값 이상은 1, 그 값 이하는 0으로 나타내는 이진화 과정을 하는 역할을 한다.

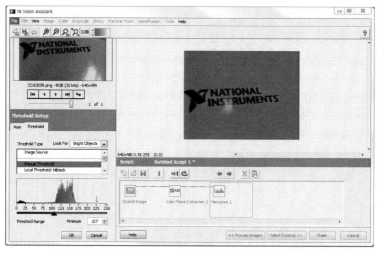

그림 3-36 ● VISION ASSISTANT 이미지 처리 과정

이진화 작업을 할 때 8bit 이미지를 histogram을 통한 다음 threshold를 하면 VISION ASSISTANT는 주로 다음과 같은 이미지 처리를 수행한다. 이미지 처리 과정은 다음과 같다.

표 3-3 ● 이미지 변환 Flow Chart

예제 3.5.3   USB Camera를 통해 들어오는 이미지를 32비트 이미지와 2진 이미지로 변환된 이미지 처리를 해보자. 이미지를 저장하는 버퍼를 2개와 1개로 설정했을 때의 차이점에 대해서 생각해 보고 예제로 확인해 보자.

1. 새 VI를 만든다.

2. 함수 → 비젼과 모션 → Vision Express → Vision Acquisition 익스프레스 함수를 블록다이어그램에 놓는다. 예제 3.5.1에서 했던 것과 마찬가지로 설정을 진행한다.

3. 함수 → 비젼과 모션 → Vision Express → Vision Assistant 익스프레스 함수를 블록다이어그램에 놓는다.

4. Vision Assistant를 블록다이어그램에 드래그 앤 드롭을 한 뒤에 우선 Finish를 누르고 블록다이어그램에 놓는다. 이후에 Image Source 부분과 Image Dst 부분에 이미

지 버퍼와 카메라를 통해 이미지가 수집되는 부분을 연결한다. 여기서 새롭게 이미지 indicator를 생성하면 총 2개의 이미지 indicator가 생성된다. VISION 어시스턴트의 스크립트는 다음과 같다. 32비트의 이미지를 8비트의 이미지로 추출(Color Extraction)하고, 8비트의 이미지의 강도를 표시하는 함수인 Histogram 함수를 쓴 뒤에 바로 2비트의 이미지로 변환하는 Threshold 함수를 쓰면 이미지가 변하는 것을 확인할 수 있을 것이다.

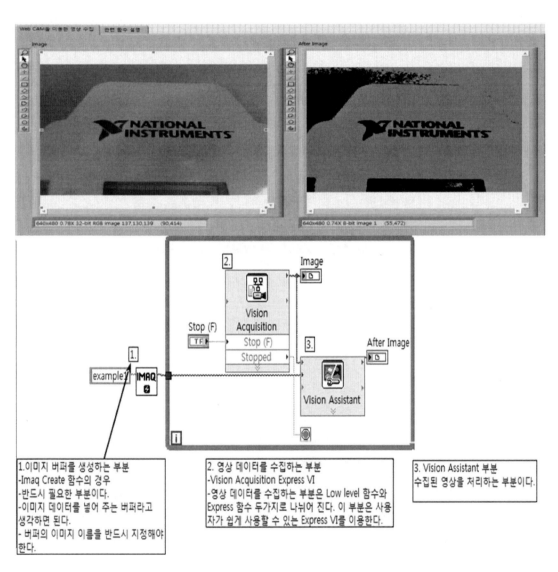

예제 3.5.3 ● 실행 파일

3.5.4 VISION ASSISTANT-PARTICLE ANALYSIS & FILTER PART

● **Filter란 무엇인가?**

사용자가 원하는 부분을 강조하거나 또는 그렇게 하고 싶지 않을 때 사용하는 것을 필터라고 한다. 간단히 살펴보면 필터의 종류는 선을 강조하는 데 쓰이는 필터, 흐리게 보이고 싶을 때 사용하는 필터, 이 두 가지를 적절하게 사용하려는 필터가 있다. 수식적으로 필터의 값이 바뀜에 따라 현저하게 효과가 좋아진 것이 입증되면 입증자의 이름을 딴 필터라고 불려지는 부분이 발생하게 된다. LowPass, HighPass, smooth, edge filter 등이 위에 설명한 필터의 분류이며, 세부적으로 그 종류는 무수히 많다. 사용자가 원하는 필터가 어떤 필터이며, 어느 위치에서 사용할 수 있는지가 이미지 프로세싱의 핵심이다. 이런 필터들은 8비트의 이미지로 변환된 데이터 값에 특정한 값을 가지는 행렬을 곱해서 새로운 데이터를 만들어 낸다. 이것이 필터이며, 이 부분을 항상 명심하자.

표 3-3 ● 이미지 변환 Flow Chart

● **필터의 사용법**

그림 3-37을 보면 Script에 대한 개념 및 이미지 처리 Flow에 대해 이해할 수 있으며 사용자마다 Script가 달라질 수 있음을 미리 말해 두겠다. 사용자가 원하는 이미지를 얻기 위해 8비트의 Gray의 이미지에 Lookup Table이라는 Library를 적용해서 원본 이미지보다 Edge 부분을 강조하는 것이 우선이며, 그 다음에는 바로 2진화 데이터 작업을 처리 했다.

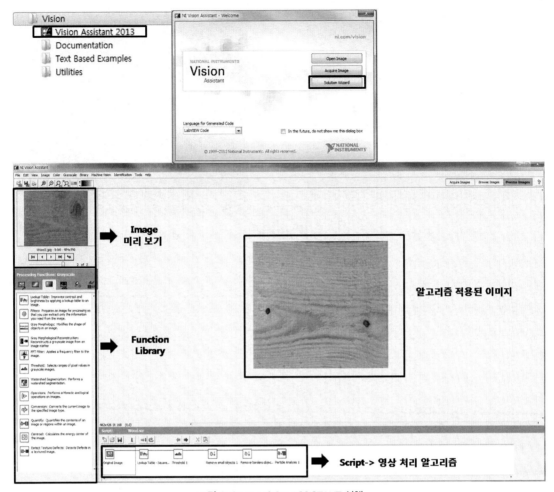

그림 3-37 ● VISION ASSISTANT 실행

8비트의 Range는 0에서 255까지이며 예를 들어 107이라는 Threshold 값을 지정했다고 하자. 107보다 높은 값을 갖는 데이터와 그렇지 않은 데이터 두 가지 타입으로 나뉘고 이 타입 때문에 이진화 데이터로 변환된다. 2진화 데이터 혹은 8비트의 이미지에서 필터를 사용할 수 있다는 점도 반드시 기억하도록 한다. 표 3-3의 경우 이미지 프로세스 과정의 Flow chart이므로 반드시 이 흐름에 따라서 이미지 처리를 해야 함을 기억하자.

Solution Wizard의 Wood Inspection을 열어 보자.

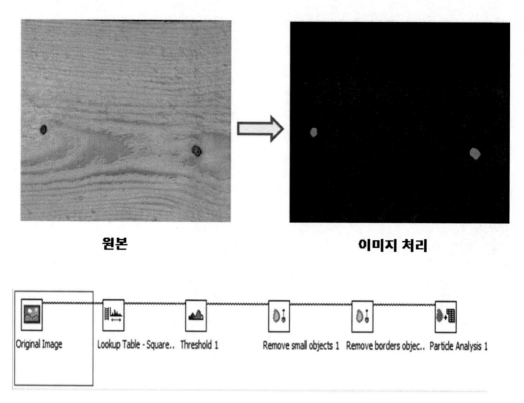

원본

이미지 처리

그림 3-38 ● VISION ASSISTANT example

그림 3-38을 보게 되면 원본 이미지에서 이미지 프로세싱을 걸쳐서 오른편의 이미지가 나오게 된다. 이 부분에서 살펴 볼 것은 Script 부분이다. 원본 이미지에서 Lookup Table 라이브러리를 사용해서 이미지를 변형한다. Equalized 혹은 Reverse, Power X 등 이미지에 Lookup Table을 적용해서 이미지 처리가 쉽게 될 수 있도록 작업한다. 그 다음에 Threshold 라이브러리를 이용해서 8비트 이미지를 2비트의 바이너리 이미지로 변환하게 된다. 그 이후에 Remove small object 함수를 쓰게 되면 2진화된 이미지에서 사용자가 원치 않는 부분에 대한 것을 보정할 수 있게 된다. 이후에 Particle Analysis를 통해서 원하고자 하는 Particle 을 나타나게 할 수 있다.

VISION ASSISTANT를 실행한 뒤 Wood Inspection을 열고 Particle 사이에 셀 거리를 구해 보자. (힌트 : Edge detector, Caliper Script에 추가)

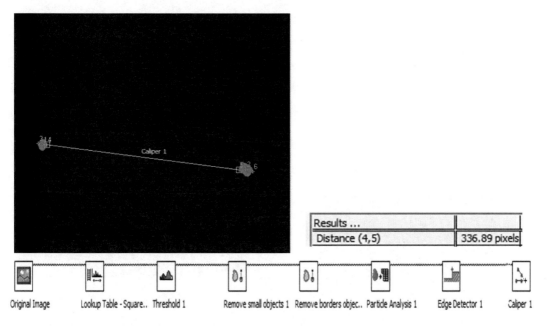

예제 3.5.4 ● VISION ASSISTANT Script

그림 3-39를 보면 스크립트에 대한 Flow Chart를 볼 수 있다. Solution Wizard에 포함되어 있는 예제를 통해서 script를 어떻게 적용하는지 배우는 부분이 가장 중요하다. 이러한 예제를 통해서 단계별로 다양한 함수들을 사용하여 어플리케이션이 어떻게 구성되어 있는지를 확인할 수 있고, 또한 직접 함수를 추가하거나 제거할 수 있는 구조로 되어 있으므로 다양한 방법으로 접근이 가능하다.

3.5.5 VISION ASSISTANT-COLOR PATTERN MATCHING PART

● 컬러 패턴 매칭이란?

컬러 패턴 매칭의 의미는 사용자가 원하는 부분의 색깔을 식별하는 것을 말한다. NI에서 제공하는 컬러 패턴 매칭은 사용자가 지정한 Reference를 대비로 어느 정도의 일치도를 갖는지 확인하는 순으로 진행된다. Reference 대비로 하나 하나의 픽셀 값을 비교하는 방식이다. VISION ASSISTANT 안의 패턴 매칭 함수도 있으나, 색깔을 식별해야 할 때에 유용하게 쓰이는 함수이니 알아두도록 하자.

패턴 매칭 함수와 컬러 패턴 매칭 함수의 경우 컬러를 식별한다는 차이점 이외에는 없으니, 이후에 패턴 매칭 함수를 사용해 보도록 한다.

● Color Pattern Matching 사용법

VISION ASSISTANT를 실행한 뒤 Fuse box Inspection을 열어 보자. Fuse box Inspection의 경우에 Script는 그림 3-38처럼 동일한 Script의 반복으로 구성되어 있다. Color Matching이라는 Library를 통해서 사용자가 원하는 부분에 Template를 지정해 둔 뒤 그와 유사한 정도를 설정해서 어떤 색깔과 가장 가까운지 판단하는 Library이다.

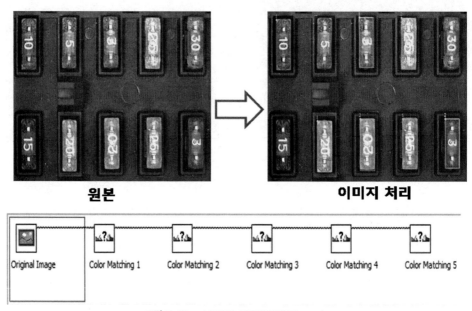

그림 3-39 ● VISION ASSISTANT Example

그림 3-40 ● Pattern Matching

Color Pattern Matching의 경우 획득된 이미지에서 그림 3-40처럼 Create Template를 누르면 사용자가 원하는 Template을 만들 수 있다. 만들어진 Template와 유사한 정도 Color Matching Setup의 setting 창의 Minimum Match Score 점수를 조절해서 설정을 조절할 수 있다.

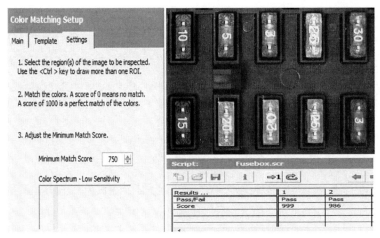

그림 3-41 ● Pattern Matching Setting

그림 3-41을 보게 되면 Minimum Match Score가 750으로 설정되어 있으며 Pattern을 찾은 값이 999가 2개를 찾은 것을 확인할 수 있다. Matching Score의 경우 999만점이며 750이상으로 설정한 부분은 75% 이상의 유사도를 가질 경우 똑같은 컬러 패턴이라고 판단하는 근거가 될 것이다. Fuse box Inspection의 경우 서로 다른 색의 컬러 패턴 매칭을 한 Script로 구성되어 있음을 쉽게 알 수 있을 것이다.

3.5.6 VISION ASSISTANT-COLOR Classification

● Color Classification이란?

Color Classification의 의미는 여러 색상을 구별해야 할 경우 각 색상을 정의하는 Class를 생성하여 구별하는 방법을 말한다. NI에서 제공하는 Color Classification 함수는 사용자가 생성한 Color Class의 Samples를 기준으로 얼마만큼의 유사성을 갖는지 확인하는 방식이다. 유사성을 나타내는 속성에는 Classification Score와 Identification Score가 있다. Classification Score라 함은 수집된 이미지가 생성된 여러 Class에 대비하여 해당 색상 Class에 얼마만큼 일치하는지를 Score로 표시하는 것이며, Identification Score라 함은 해당 색상 Class 내의 Samples과 얼마만큼 일치하는지를 Score로 표시하는 것을 뜻한다. 예를 들어 Red Color가 Red Color Class에서 생성한 Samples과 Blue Color Class에서 생성한 Samples 중 어느 Class와 더 유사한지를 확인하는 Score를 Color Classification이라 하며, Red Color Class 내의 Samples과 어느 정도의 유사성을 나타내는지를 나타내는 Score를 Identification Score라고 한다. 두 속성 모두 1000 Score가 최대이다. 다양하고 유사한 색상을 구별해야 할 때 사용하면 유용한 함수이니 사용법을 잘 알아두도록 하자.

● **Color Classification 사용법**

Color Classification 함수의 위치는 블록다이어그램의 **비전과 모션** → **Vision Express** → **Vision Assistant**에서 확인할 수 있다. 그림 3-42와 같이 **Vision Assistant의 File** → **Open Image**에서 Color Classification Image를 선택한다.

해당 예제 이미지는 Program Files\National Instruments\Vision\Utility\Color Classification Training Interface\Color Classification Tutorial에서 확인할 수 있다.

그림 3-42 ● Color Classification Image

New Classifier Files 버튼을 눌러 색상 Class를 생성하도록 한다.

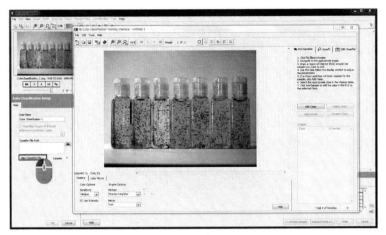

그림 3-43 ● New Classifier File

그림 3-44와 같이 Add Class 기능을 통해 정의하고자 하는 색상의 Class를 생성한다. Light Yellow 명칭으로 New Class를 생성한다.

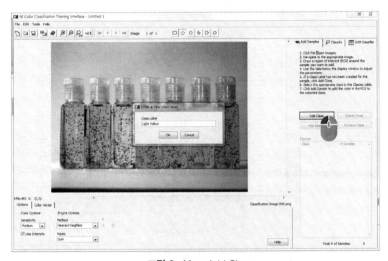

그림 3-44 ● Add Class

Light Yellow 색상으로 정의하고자 하는 이미지 부분에서 ROI를 설정한 뒤, Add Samples 버튼을 이용하여 Sample을 추가한다. 여러 Samples을 등록함에 따라 인식률이 높아진다. 이번 Tutorial에서는 5번의 ROI를 설정하여 Samples을 등록하도록 한다. Light Pink Class

와 Sample을 그림 3-44, 그림 3-45와 동일한 방법으로 생성한다.

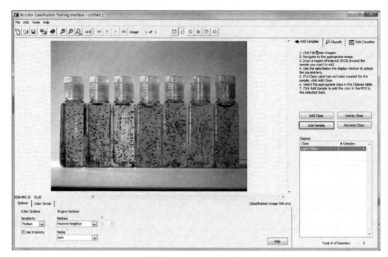

그림 3-45 ● Add Samples

Classify Tab으로 이동하여 Train Classifier 버튼을 통해 앞서 생성한 Color Class의 Test를 진행한다. 이미지에서 ROI를 설정하게 되면 생성한 Class 대비 측정된 결과를 확인할 수 있다. Clssify 결과는 Classification Score와 Identification Score로 도출된다. Light Yellow 영역을 선택했을 경우 두 Score가 모두 956.7, 957.6으로 아주 유사한 수치로 확인되는 것을 볼 수 있다. Distances의 경우 생성한 Class의 Sample과 ROI Sample 사이의 거리를 나타낸다. Distance가 짧을수록 해당 색상 Class와 유사하다고 할 수 있다.

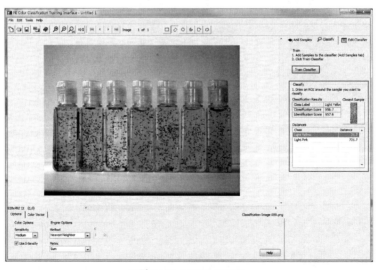

그림 3-46 ● Train Classifier

화면 하단의 Option Tab에는 Color Option과 Engine Option이 있다. Color Option에 Sensitivity는 각 Class Image Vector의 Sample Rate를 의미한다. Low, Medium, High 로 분류되며, Low의 경우 64Elements, Medium의 경우 128Elements, High의 경우 512Elements로 설정된다. Engine Option의 Method는 Class에 Sample이 등록되는 방법을 의미한다. Nearest Neighbor, K-Nearest Neighbor, Minimum Mean Distance로 분류되 며, Nearest Neighbor의 경우 정의되지 않은 Color의 Distance의 경우 이웃 Class에서 가장 가까운 Sample과의 거리로 나타내고, K-Nearest Neighbor의 경우 이웃 Class에 비해 노이 즈가 많이 포함된 Class에 사용하도록 한다. 마지막으로 Minimum Mean Distance는 동일 한 Class 내에서 Sample 간의 편차가 존재할 경우 사용 가능하다.

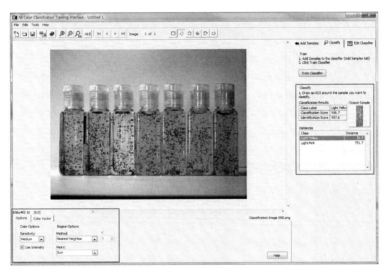

그림 3-47 ● Options

Train Class가 완료되면 상단 메뉴의 Save 버튼을 통해 생성한 Classifier를 Classification. clf로 저장하도록 한다.

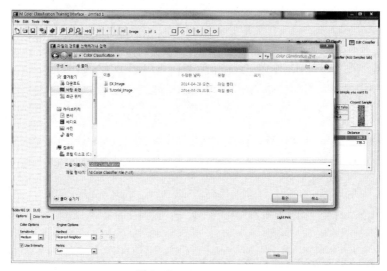

그림 3-48 ● Save Classification

Vision Assistant 화면 하단의 Select Control을 사용하여 인식된 Class를 확인할 수 있도록 Classe Indicator를 추가한다.

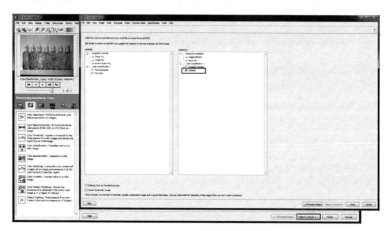

그림 3-49 ● Select Control

완성된 Vision Assistant에 수집된 영상을 적용하면 그림 3-50과 같이 Class Indicator에 Light Pink로 인식됨을 확인할 수 있다.

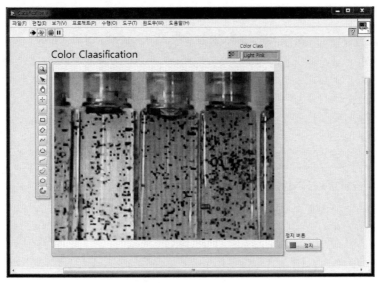

그림 3-50 ● Image Result

3.5.7 VISION ASSISTANT-OCR(문자인식) PART

이번 절에서는 OCR(Optical Character Recognition)이라고 하는 Library를 사용하는 법에 대해 학습하도록 한다.

● OCR(Optical Character Recognition)이란?

OCR은 광학 문자 판독이라 불리는 기술로서, 시중에 많은 솔루션이 있으나 모든 언어의 문자를 100% 인식하는 프로그램은 존재하지 않는다고 감히 밀힐 수 있다. OCR 기술에서 가장 많이 쓰이는 언어는 영문자이다. 영문자의 경우 알파벳이 모여서 단어를 이루기 때문에 문자를 인식하는 인식률이 매우 높다. 하지만 아시아권의 언어인 한자, 한글, 일어의 경우에는 자음과 모음의 조합으로 단어를 이루기 때문에 인식률 자체가 영어에 비해서 매우 떨어지게 된다. 인식률을 높이기 위해서는 자음과 모음을 인식하기 위한 이미지 프로세스 기술이 핵심이라고 말할 수 있다. 동아시아 문자의 경우 자음과 모음 사이의 거리가 매우 가까워서 영문자와 다르게 하나의 문자로 인식하는 경우가 매우 많다. 이런 부분에 있어서 자음과 모음 사이의 거리를 필터를 이용해서 변경하는 등의 이미지 프로세스 기술이 들어가게 된다.

이미지 사이의 사이즈가 충분히 클 경우에는 한글도 알고리즘을 적용하면 인식률을 높일 수 있으나, 이미지 사이즈가 작은 경우에는 OCR 기술 자체를 적용하는 것이 매우 어렵게 된다. 이런 경우에는 전문 OCR 업체에 의뢰하여 적용이 가능한지 상담을 받아 봐야 한다. 이 예제를 통해서 적어도 현재 있는 주차관리 시스템이 어떤 방식으로 자동차 번호판을 인식하는지 이해할 수 있을 것이다. 자동차 번호판을 인식하는 알고리즘은 여러 가지가 있으며 본 예제에서는 단순한 이미지 프로세스를 통해 진행한 것이니, 심도 있는 부분을 공부하려면 관련 논문을 찾아보도록 한다.

● OCR의 사용법

이번 절에서는 OCR Tool을 사용하는 방법에 대해 알아 보도록 한다.

VISION ASSISTANT를 실행한 뒤 OPEN Image라는 부분을 눌러서 제공된 그림파일이 있는 jpg 폴더를 누르면 그림 3-51과 같은 6개의 그림파일이 나오게 되며 Select All Files를 체크한다.

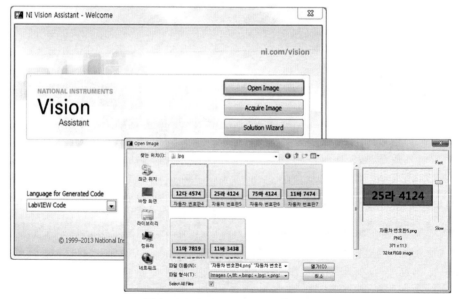

그림 3-51 ● Optical Character Recognition 1

제일 먼저 32비트의 Image를 Color Plane Extraction 함수를 사용해서 R, G, B의 8비트 이미지로 추출한다. Red, Green, Blue Plane 중 가장 식별이 잘 되는 부분을 선택하고 OK를 누르면 된다. 그림 3-52에서는 Red Plane을 선택한 뒤에 OK를 누르면 된다. 32비트의 이미지를 8비트의 이미지로 추출했으면, 표 3-3에서 봤던 것과 마찬가지로 이미지 프로세스 과정이 추가되어야 한다. 본 예제에서는 바로 이진화 과정으로 넘어가도록 하겠다. 이진화 과정을 하는 함수는 Threshold 함수이니 그림 3-53을 참고하도록 한다. 앞서 말했듯이 한글의 경우 자음과 모음의 거리가 가까워서 하나의 Character로 인식할 수 있기 때문에 이미지를 변형해야 한다. 그런 방식으로 이미지의 형태를 변형시킬 수 있는 Morphology 함수를 이용한다.

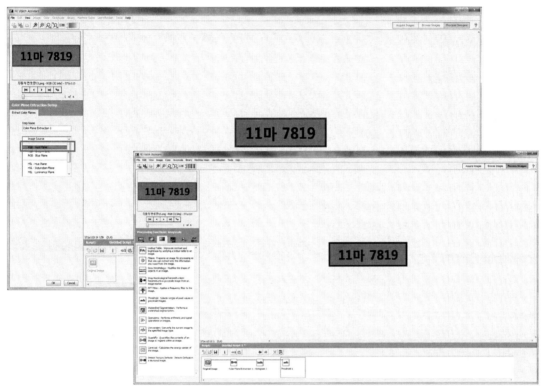

그림 3-52 ● Optical Character Recognition 2

앞서 말했듯이 한글의 경우 자음과 모음의 거리가 가까워서 하나의 Character로 인식할 수 있기 때문에 이미지를 변형해야 한다. 그런 방식으로 이미지의 형태를 변형시킬 수 있는 Morphology 함수를 이용한다. Morphology 함수의 경우 기본적으로 Erode Objects, Dilate Objects 함수만 알면 이해가 쉽다. Erode의 경우 Character의 테두리를 두껍게 하는 역할을 하는 함수이며, Dilate 함수의 의미는 Character의 테두리를 얇게 하는 역할을 한다. 따라서 Morphology 함수 안에 Dilate 함수를 쓰도록 한다.

유의해야 할 점이 있다. 8비트 혹은 2비트에서 사용할 수 있는 함수가 정해져 있다. OCR 함수의 경우 8비트에서 사용할 수 있는 함수이다. 따라서 이진화를 진행한 이미지 처리 과정에서는 사용할 수 없다. 2비트의 이미지를 8비트의 이미지로 변환하는 과정이 필요하다. 8비트로 이미지를 변환하는 과정은 여러 가지가 있다. OPERATOR를 통해 2비트 이미지를 8비트로 변환하거나 Lookup Table 함수를 사용해서 8비트의 이미지로 변환하면 된다. 이 절에서는 Lookup Table의 Equalize 함수를 이용해서 그림 3-54처럼 8비트 이미지로 재구성하겠다.

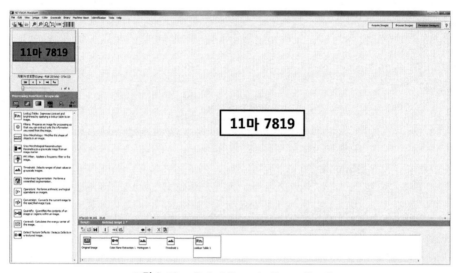

그림 3-53 ● Optical Character Recognition 3

이제 OCR 함수를 쓰기 위한 모든 작업이 완료되었다. OCR 함수의 경우 VISION ASSISTANT의 Function의 맨 마지막의 Identification 탭에 속해 있다. OCR/OCV를 누르게 되면 그림 3-52와 같은 창이 뜨게 된다. OCR 함수를 선택한 뒤에 New Character Set File 버튼을 누르게 되면 하나의 새로운 창이 뜨게 된다. NI OCR Training Interface라는 창이 하나 뜨게 된다. 이 부분은 NI VISION ASSISTANT에서 제공하는 OCR Tool이므로 이를 이용해서 OCR 작업을 하게 된다. 이 상태에서 그림파일에 OCR을 하고자 하는 영역을 드래그 앤 드롭을 하게 되면 그림 3-55처럼 숫자와 한글에 "?"가 나타나는 것을 알 수 있다. OCR 함수에서 Training 이라는 부분을 거치면 이 글자들을 인식할 수 있게 된다.

그림 3-54 ● Optical Character Recognition 4

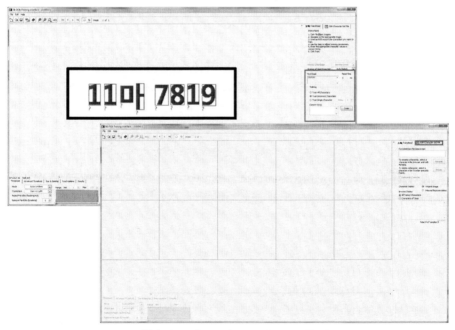

그림 3-55 ● Optical Character Recognition 5

이제 OCR의 Training에 대해 알아보도록 하겠다. Training이라는 용어는 OCR에서 모르는 Character에 대해서 사용자가 직접 등록하는 것을 말한다. 그림 3-56에 Edit Character Set File을 누르면 Training되어 있는 파일이 하나도 없는 것을 알 수 있다. 이 내용은 Training 이 하나도 되지 않았음을 의미한다.

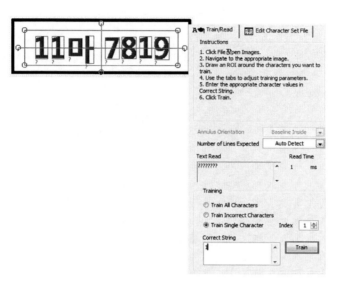

그림 3-56 ● Optical Character Recognition 6

Train Single Character를 선택하고, 1이라는 숫자를 넣은 뒤에 Train 버튼을 눌러 보자. Edit Character Set File에 1이라는 Character 파일이 그림 3-57과 같이 저장되어 있음을 알 수 있다.

그림 3-57 ● Optical Character Recognition 7

이런 방식으로 Index를 1부터 8까지 변경하면서 Training을 진행해 보면 그림 3-58과 같이 Character File이 많아짐을 알 수 있다.

그림 3-58 ● Optical Character Recognition 8

이와 같은 방식으로 Training을 반복하게 된다면 주어진 폴더에 있는 그림 파일의 번호판을 읽을 수 있을 것이다. 예제 3.5.8을 통해서 심도 있게 공부할 수 있을 것이다.

CHECK · POINT ☑

① LabVIEW의 VISION Assistant의 구성요소가 아닌 것은?

A. Script   B. 미리 보기 창   C. Function Library   D. 블록다이어그램

② LabVIEW의 VISION Assistant Function Library의 목록이 아닌 것은?

A. Color Tap   B. Machine Vision Tap   C. Grayscale Tap   D. Binary Tap
E. Identification Tap   F. Automation Tap

③ LabVIEW Vission Assistant로 Image 처리를 하려고 한다. Image 처리된 이미지의 Buffer를 담는 곳의 이름은?

A. Image In   B. Image Dst

3.5.8 VISION EXAMPLES

예제 3.5.5 USB 이미지를 통해 들어오는 이미지를 VISION ASSISTANT를 통해서 Image processing 을 거쳐서 이미지를 밝게 만들고, 이미지를 회전시키는 예제를 작성해 보자.

- Brightness 함수 사용(Value=255), Geometry Setup의 Rotation 설정(120Degree)

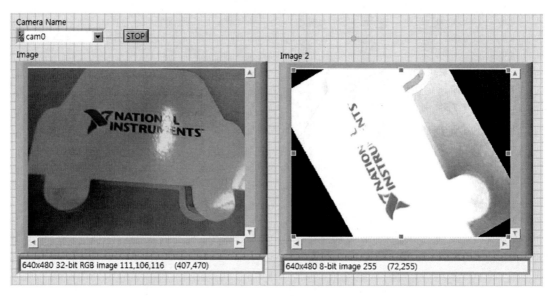

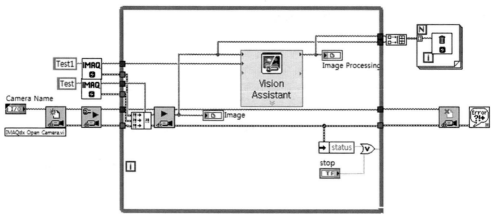

예제 3.5.5 ● 실행 파일

1. 새 VI를 연다.

2. 함수 → 비젼과 모션 → IMAQdx → IMAQdx Open Camera 함수를 VI에 가져다 놓는 다. 연속 실행을 하기 때문에 Grab 함수를 써야 함을 알 수 있다.

3. 함수 → 비젼과 모션 → IMAQdx → IMAQdx Configure Grab, Grab 함수를 VI에 가져다 놓는다.

4. 프런트패널에서 VISION Image Display indicator를 생성한다.

5. VISION Assistant를 블록다이어그램에 드래그 앤 드롭을 한다. 컬러 이미지를 8비트로 만들기 위해서 VISION Assistant의 Color 탭의 Color Extraction을 통해서 32비트의 이미지를 8비트로 변환한다.

6. VISION Assistant의 Image 탭 안의 Brightness 함수를 선택한 뒤 Brightness의 값을 255로 만든 뒤에 저장한다. 이 스크립트 뒤에 Geometry 함수를 사용한 뒤에 Angle의 값을 120으로 설정한 뒤 저장한다. 이렇게 하면 VISION Assistant 설정은 완료되게 된다.

7. 함수 → 비젼과 모션 → IMAQdx → IMAQdx Close Camera를 가져다 놓는다.

8. 함수 → 비젼과 모션 → Vision Utilities → IMAQ Dispose를 블록다이어그램에 놓은 뒤 While Loop와 For Loop를 예제 3.5.5와 같이 배치한다.

예제 3.5.6 USB Camera 2대를 이미지 수집을 해보도록 하자. 앞의 예제에서 진행했었던 부분의 연장이라고 생각하면 된다. USB Camera의 개수가 늘어날수록 PC가 가지고 있는 USB 전송대역을 나눠 쓴다는 부분을 명심하고 이 때문에 프레임 레이트는 느려질 수 있다는 점을 기억하자.

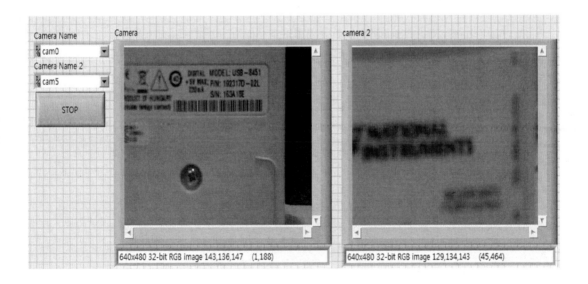

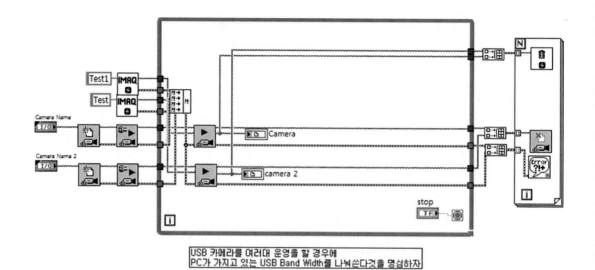

USB 카메라를 여러대 운영을 할 경우에
PC가 가지고 있는 USB Band Width를 나눠쓴다것을 명심하자

예제 3.5.6 ● 실행 파일

1. 새 VI를 연다.

2. 함수 → 비전과 모션 → IMAQdx → IMAQdx Open → IMAQdx Configure Grab →
Grab → IMAQdx Close의 순서대로 블록다이어그램에 배치한다.

3. 함수 → 비전과 모션 → Vision Utilities → IMAQ Create → IMAQ Dispose를 배치한
다. 두 개의 이미지를 받기 위한 indicator를 두 개 만들었기 때문에 IMAQ Create 부분
을 2개 만들어서 Image가 저장되는 버퍼를 2개 설정한다.

4. While Loop와 For Loop를 예제와 같이 배치한다.

5. 뒤에 쓰인 배열 만들기 함수의 경우 와이어가 복잡해지는 것을 방지하기 위해 만든 부분
이니 코드를 작성할 때에 참고하도록 한다.

예제 3.5.7 USB-Camera를 통해 이미지를 수집하고, 빨간색과 파란색을 구분할 수 있는 예제를 만들어 보자. (Express VI, Vision Acquisition & Assistant를 사용)

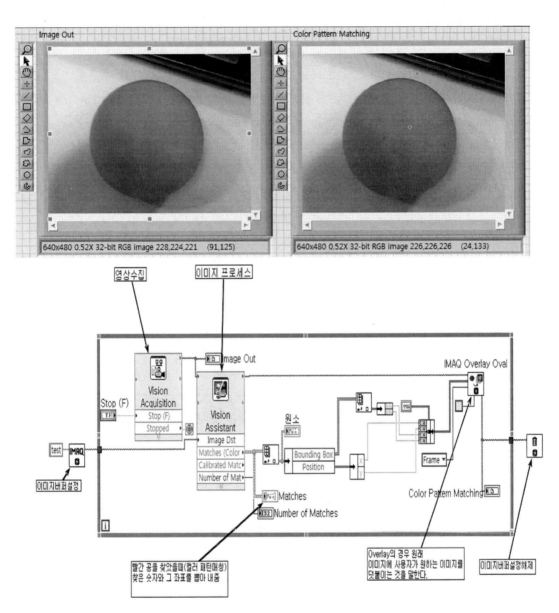

예제 3.5.7 ● 실행 파일

3. 센서부 Vision을 통한 이미지 센싱　**175**

1. 새 VI를 만든다.

2. 함수 → 비젼과 모션 → VISION Express → Vision Acquisition, Vision Assistant를 블록다이어그램에 배치한다.

3. VISION Assistant를 1과 같이 드래그 앤 드롭을 한다. VISION Assistant의 창이 뜨면 일단 Finish를 누르고 닫는다. 이후에 VISION Acquisition에서 나온 이미지 indicator 를 VISION Assistant의 Image In에 넣는다. indicator가 2개이기 때문에 이미지 버퍼를 하나 더 만들어야 한다. VISION Acquisition 함수 안에는 IMAQ Create 하나가 자동으로 들어가 있으므로, 하나만 더 생성한 뒤에 VISION Assistant의 Image Dst 에 연결한다. VI를 한 번 실행한다. 그 이유는 이미지 처리가 되어 있지 않는 VISION ASSISTANT에 이미지를 삽입하기 위해서이다.

4. 다시 정지한 뒤에 VISION ASSISTANT 안의 Color에 있는 함수인 Color Pattern Matching을 함수를 선택한 뒤 빨간색 또는 색깔이 있는 물체의 Pattern Matching을 진행한 뒤 아래 그림처럼 진행하면 된다.

5. 함수 → 비젼과 모션 → Vision Utilities → IMAQ Create, IMAQ Dispose를 배치한다.

6. 실행하게 되면 찾은 좌표와 개수가 나오게 된다. 이후에는 데이터가 클러스터로 나오기 때문에 **이름으로 풀기 함수 → 1D 배열 검색 → IMAQ OVERLAY**라는 함수를 사용해서 찾은 곳의 위치를 표시해주는 VI를 실행할 수 있게 된다.

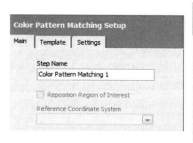

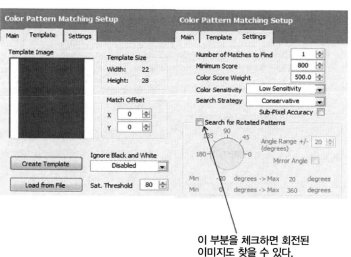

이 부분을 체크하면 회전된 이미지도 찾을 수 있다.

앞에서 배운 OCR을 진행해 보도록 하자. Ex-8 폴더의 jpg 폴더 파일에 그림파일이 있다. Vision Acquisition Express 함수와 VISION ASSISTANT 함수를 통해서 아래와 같은 OCR 을 진행해 보도록 하자.

예제를 바로 실행할 경우 에러가 발생한다. 그 이유는 Vision Acquisition 함수의 그림파일을 불러오는 폴더 위치를 변경해 줘야 하기 때문이다. 또한 Vision Acquisition Express vi 속에 OCR 함수 안의 Character File의 위치를 자기 컴퓨터의 위치에 맞게 변경한 뒤 저장하고 다시 실행하면 된다.

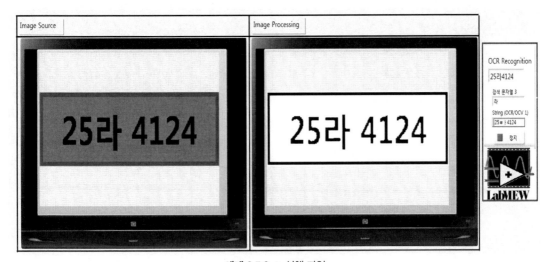

예제 3.5.8 ● 실행 파일

1. 이 예제는 VISION Assistant의 OCR PART 부분을 충분히 공부한 다음에 진행하도록 한다. 한글 문자열 검색이라는 부분에 대해서 저자가 창의적으로 개발한 배열 알고리즘 이므로 독자분들께서도 창의적으로 학습하신 뒤에 만드시기를 추천한나.

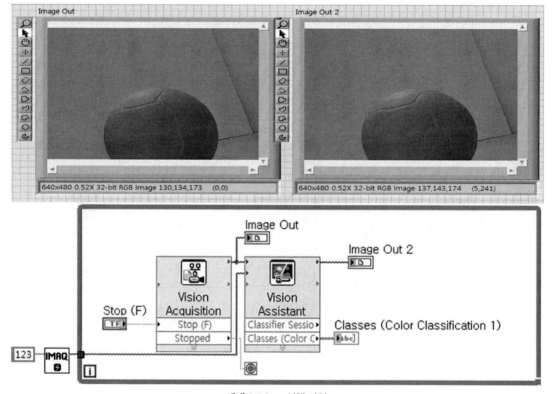

예제 3.5.9 ● 실행 파일

1. 새 VI를 만든다.

2. 함수 → 비젼과 모션 → VISION Express → Vision Acquisition, Vision Assistant를 블록다이어그램에 배치한다.

3. VISION Assistant를 1과 같이 드래그 앤 드롭을 한다. VISION Assistant의 창이 뜨면 일단 Finish를 누르고 닫는다. 이후에 VISION Acquisition에서 나온 이미지 indicator를 VISION Assistant의 Image In에 넣는다. indicator가 2개이기 때문에 이미지 버퍼를 하나 더 만들어야 한다. VISION Acquisition 함수 안에는 IMAQ Create 하나가 자동으로 들어가 있으므로, 하나만 더 생성한 뒤에 VISION Assistant의 Image Dst에

연결을 한다. VI를 한 번 실행한다. 그 이유는 이미지 처리가 되어 있지 않는 VISION ASSISTANT에 이미지를 삽입하기 위해서이다.

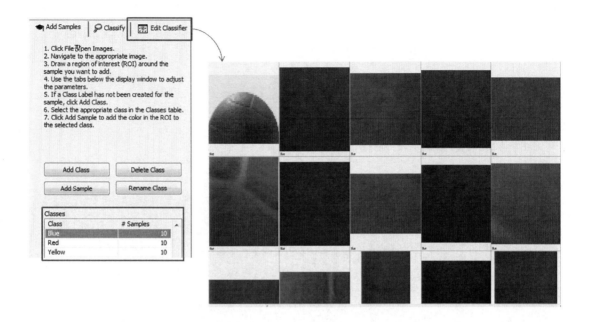

4. 다시 정지한 뒤에 VISION ASSISTANT 안의 Color에 있는 함수인 Color Classfication 함수를 선택한 뒤 Edit Classfier File을 누르면 새로운 창이 나타나게 된다. Add Class 를 선택한 뒤에 분류하고자 하는 부분의 Class를 정의한 뒤에 Add Sample을 누르면 Edit Classifier에 추가된 샘플이 들어가게 된다. Class를 나눈 뒤에 Add Sample을 하면 Edit Classifier에 추가되게 된다. 이 작업을 마친 뒤에 Class file을 저장한 뒤에 Vision Assistant indicator에 Class를 추가한 뒤 종료한다.

5. 함수 → 비젼과 모션 → Vision Utilities → IMAQ Create, IMAQ Dispose를 배치한다.

6. 실행하게 되면 Classes에 Red, Blue, Yellow의 문자열이 나오게 된다.

도전 PROJECT

도전 Project는 실제 현장에서 VISION 시스템을 통해서 문제를 해결할 수 있는 솔루션을 제공할 수 있는 능력을 키우고자 실제 사례를 통해 VISION을 적용한 심화 예제이니 참고하길 바란다.

도전 Project 1

● **Exercise 1. 인공 눈물 외관 검사 Defects Test**

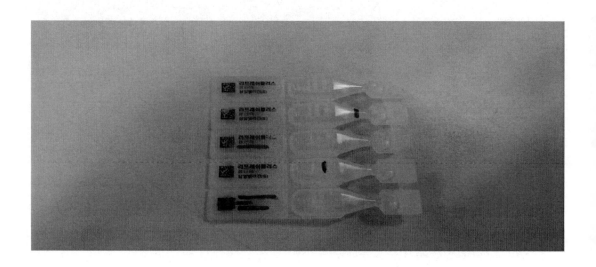

Purpose

실제 고객들이 요구하는 비전 시스템 프로젝트 실습을 통해 NI 비전 이미지 프로세싱 능력을 배양한다.

Scenario

현재 인공 눈물 생산 라인에서 작업자들이 눈으로 양품과 불량품을 판정하고 있다. 그러나 들어가는 인력에 비해 생산 속도 및 검출률이 낮기 때문에 업체에서는 비전 시스템을 도입하고자 한다. 작업자를 대체하고 불량 검출률을 높일 수 있는 비전 자동화 시스템을 NI 비전 시스템으로 구현한다.

Requirements

- VISION ASSISTANT 사용
- 외관 불량의 유무 확인
- 인공 눈물의 양 검사
- 인공 눈물에 제품명이 인쇄가 잘 되었는지 확인
- 총 4부분 ROI에 대한 Part 검사

도전 Project 2

● Exercise 2. 염증 부위 면적 계산

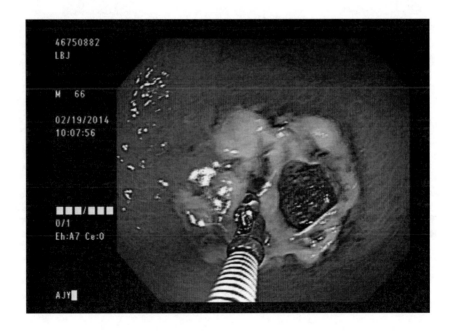

Purpose

염증 부위 면적을 알아낸다.

Scenario

의사가 환자의 상처 부위를 치료하면서 확대경을 통해 본다.

특정 상처 국부를 찾은 뒤 대략적인 상처 면적을 측정하기 위해 버튼을 누른다.

Requirements

VISION ASSISTANT 사용하여 LabVIEW Code로 변환한다.

변환한 코드에서 버튼을 누르면 해당 상처의 국부 면적을 계산하여 알려준다.

첨부한 위의 그림 파일을 사용한다.

프런트패널

계산한 상처 부위만의 사진을 프런트패널에 표시한다.

면적 계산 버튼과 그에 대한 결과 값을 알려주는 인디게이터는 꼭 필요하다.

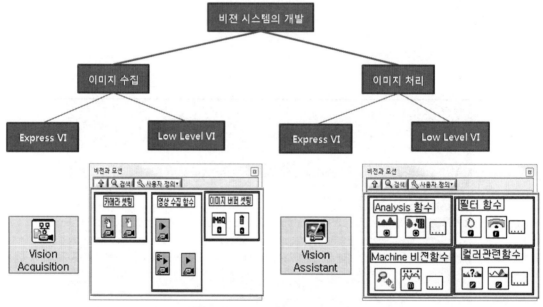

그림 3-59 ● VISION SYSTEM SW 구조

NI VISION Software를 사용하여 UCR에서 가장 많이 사용하는 USB, WebCAM을 이용한 설정, 이미지 수집, 이미지 처리를 확인하였다. Vision System을 통해서 로봇에도 쉽게 적용할 수 있지만, 그 외의 다양한 산업 분야에서 Vision 시스템을 적용하고 있다. LabVIEW의 VISION을 통해서 로봇뿐만 아니라 다른 산업용 어플리케이션에 적용할 수 있는 가능성이 무한히 열려 있다.

이 장에서는 VISION Image 수집과 이미지 처리 부분에 대해서 학습해 보았으며, Express VI 및 Low Level VI의 사용법에 대해서 공부해 보았다. 이를 통해서 사용자가 LabVIEW에서 기본적으로 제공하는 예제를 쉽게 이해할 수 있으며, 비전공자라고 하더라도 이미지 처리를 할 수 있는 능력을 키울 수 있을 것이다.

LabVIEW에서 이미지를 수집하는 함수는 쉽게 접근할 수 있는 Express VI 함수와 Low Level VI 함수로 나누어지며, 이미지를 처리하는 함수도 같은 구조를 가지고 있다는 것을 알면 된다. 이 부분을 토대로 3장에서 이미지 수집 및 처리 과정에 대한 설명이 되어 있으니, 추후에 필요하다면 더 공부를 해보면 된다. VISION의 이미지 처리 알고리즘을 개발하는 것은 기본만 있으면 독창적인 알고리즘을 개발할 수 있다. 이 장을 통해서 이런 기본을 만들 수 있으며, 더 나아가 고급 알고리즘을 개발할 수 있다고 본다.

다른 언어로 이미지를 수집하는 프로그램을 만드는 데 적어도 몇 시간이 걸린다고 한다면, LabVIEW를 이용하면 1분 안에 이미지를 수집하는 프로그램을 만들 수 있는 강력한 Tool임에 확실하다. LabVIEW의 이미지 수집 기술은 무인 자동차의 이미지 수집 기술에도 널리 쓰이고 있으며, 이미지 처리 기술도 또한 널리 쓰이고 있다.

4

구동부
Dynamixel 제어를 통한 로봇 구동

4 Dynamixel 제어를 통한 로봇 구동 구동부

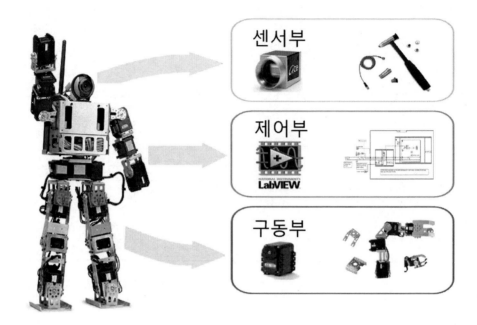

Motion이라 하면 일반적으로 연구, 산업 현장 등에서 Motor를 제어해서 로봇을 만들고, 그 것을 컨트롤하는 것을 생각할 것이다. 이 교재에서 Motion이란, NI LabVIEW와 LabVIEW Robotics Module, 그리고 ROBOTIS의 Actuator 중의 하나인 Dynamixel을 제어하는 것을 말한다. 이 장에서는 ROBOTIS의 교육용 모터를 사용해서 누구나 쉽게 Motion이라는 것에 접근할 수 있게 하는 것에 중점을 두었다.

예를 들어 두 발로 걸을 수 있는 로봇을 만든다고 가정하면, 제어해야 하는 부분은 크게 다리 와 팔, 그리고 몸통 부분이 있을 것이다. 팔을 구성한다고 가정했을 때, 최소한 어깨와 팔꿈 치, 손목 등 세 개의 관절이 사용되는데 이 관절 부분에 Motor를 사용하여 구성할 것이다. 이 때, 이 관절 부분에 사용되는 Motor를 컨트롤하는 것이 바로 Motion이다. 이렇게 팔과 다리 부분을 각각 컨트롤하는 것을 시작으로 몸통 부분과 머리 부분 등으로 점차적으로 구현하게 되면 바로 로봇을 컨트롤하는 Motion 시스템이 구성되는 것이다.

이 장에서는 LabVIEW를 통해서 ROBOTIS Dynamixel을 디지털 통신을 이용해 제어하고, 그것을 이용해 여러 가지 로봇으로 확장할 수 있는 발판을 마련하고자 할 것이다. 다양한 예제를 통해서 응용할 수 있도록 하였다.

ROBOTIS에서 비교적으로 저렴하게 구입할 수 있는 Dynamixel을 사용하여 접근성을 높였으며, 제공되는 예제만을 통해서도 스스로 학습을 진행할 수 있고, 응용할 수 있도록 구성하였다.

Dynamixel과 LabVIEW를 통해서 Motion 제어를 하기 위해서 LabVIEW와 LabVIEW Robotics Module을 사용해야 한다. LabVIEW Robotics Module은 Dynamixel과 같은 Actuator를 이용하여 로봇을 만들고, 그것을 제어하기 위한 여러 가지의 API를 제공한다. NI LabVIEW Robotics 플랫폼은 로봇 컨트롤 시스템을 제작하기 위한 표준 하드웨어 및 소프트웨어 개발 솔루션을 제공하며, 로봇 센서 및 액추에이터에 연결되는 광대한 Robotics Library, 지능적인 작동과 인지를 위한 기본 알고리즘 및 로봇/차량을 움직이게 하는 Motion 함수를 제공한다.

이 장에서는 Dynamixel 연동을 위해 사용하는 ROBOTIS의 Roboplus 소프트웨어의 경우 1.0(DXL 1.0) 버전을 사용한다. 현재 2.0 버전의 경우는 테스트 중이기 때문에, 안정적으로 연동, 동작할 수 있는 1.0 버전을 사용하는 것이다.

- 이 책은 Dynamixel 버전 1.0(DXL 1.0) 기반으로 작성되었으므로, Roboplus 소프트웨어 설정 시, 반드시 "DXL 1.0"으로 설정해야 한다.
- PC의 운영체제는 Windows를 기반으로 한다.
- LabVIEW와 LabVIEW Robotics Module은 2013 버전을 사용한다.

4.1 모션 시스템의 구성요소

기본적으로 모션 시스템을 구성하기 전에 Motor에 대해서 알아보자. Motor는 크게 두 유형으로 나눌 수 있다. 모터는 통신 기반 모터와 펄스 기반 모터로 크게 나눌 수 있다. 통신 기반 모터의 경우는 EtherCAT, CANopen, Mechatrolink, Digital 통신 등으로 나누어지는데 이 책에서 로봇을 만들기 위해 사용하는 Motor는 TTL 레벨의 Digital 통신을 사용하는 ROBOTIS의 Dynamixel Motor를 사용한다. 그리고 그 외 펄스 기반 모터는 아날로그 신호를 이용하는 Servo Motor와 디지털 신호를 이용하는 Stepper Motor가 있다. 모터를 종류에 따라 분류하여 아래 표 4-1에 나타내었고, 이 장에서 모션 시스템을 구성하기 위해서 사용한 모터는 TTL 레벨의 디지털 통신 기반의 Dynamixel Motor를 사용할 것이다.

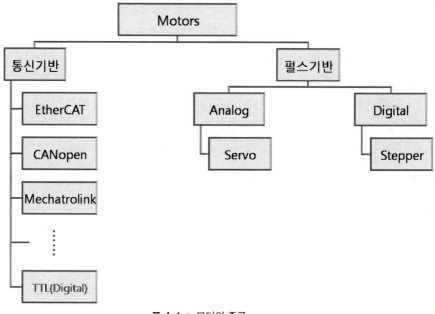

표 4-1 ● 모터의 종류

기본적으로 모션 시스템을 구성하기 위한 구성요소는 다음과 같다. Acturator인 Motor, Motor와 연결되는 Drive, 컨트롤을 위한 Motor Controller 및 Software가 바로 그것이다. 모션 시스템의 전반적인 구성을 살펴보면 그림 4-1과 같다.

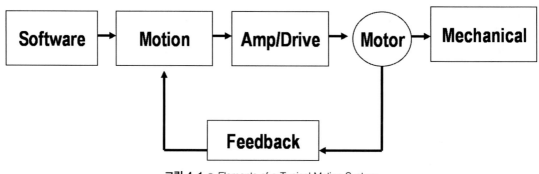

그림 4-1 ● Elements of a Typical Motion System

기본적인 모션 시스템을 숙지하고 있는 상태에서 시스템을 구성해야 하기 때문에 그림 4-1을 잘 봐두어야 한다. 각각의 구성요소에 대해서 간략하게 알아보자.

● **Motor**

모터란, 전기적인 에너지를 사용해서 기계적인 에너지로 변환시켜서 회전 동력, 또는 직선 동력을 얻는 기계라 할 수 있다. 다양한 기종이 존재하기 때문에 작용하는 부하에 따라서 적합한 모터를 선정하여 사용한다. 모터는 사용하기에 편리하며, 전기적인 에너지만을 사용하기 때문에 공해를 거의 발생시키지 않는다.

모터의 종류가 매우 다양하지만 크게 분류해 본다면 Stepper Motor, AC Servo Motor, DC Servo Motor로 분류할 수 있다. 그리고 DC Motor는 또다시 Brurshed Motor와 Brushless Motor로 구분할 수 있다.

● **Stepper Motor**

펄스에 의해서 일정 각도를 회전하는 방식의 모터이다. 이때, 회전하는 각도는 입력되는 펄스 신호의 수에 비례하며, 회전 속도는 입력되는 펄스 신호의 주파수에 비례하는 것이 가장 큰 특징이다.

● **Brushed Motor**

Brush와 Motor의 회전자에 있는 정류자가 서로 접촉하여 회전을 발생하게 되는 모터이다. 회전자가 Brush와 접촉하여 회전을 발생시키기 때문에 전기적인 소음과 기계적인 소음이 발생하는 문제점이 있다. 이러한 DC Motor의 경우 Brush가 수명을 다하면 Motor의 수명도 다한 것이라 말할 수 있다. 이러한 점을 보완하기 위해 나온 모터가 바로 Brushless 모터이다. Brushless Motor는 영구 자석 회전체를 이용한 모터이다. 소모되는 Brush가 존재하지 않기 때문에 오랜 기간 사용이 가능한 장점이 있다.

	Stepper Motor	AC Servo	DC Servo
장점	· 저렴한 가격 · Open Loop Control · 구간 반복 용이	· 고속에서 높은 토크 · 유지보수 불필요 · 토크제어 가능	· 고속에서 높은 토크 · 단순한 드라이브 · 토크제어 가능
단점	· 고속에서 낮은 토크 · 탈조의 우려	· 높은 가격 · 복잡한 드라이브 · Feedback 필요	· 유지보수 필요 · Feedback 필요

표 4-2 ● Stepper, AC Servo, DC Servo Motor 모터의 장단점 비교

위에서 언급한 모터는 실생활에서도 많이 사용되고, 또한 산업현장에서도 많이 사용되는 모터이다. 이 책에서는 초보자가 쉽게 사용할 수 있고 상대적으로 저렴한 가격의 Dynamixel 모터를 사용할 것이다. Dynamixel에 대해서는 뒤에서 자세하게 알아보도록 하자.

● **Motor Drive/Motor Controller**

모터 드라이브란 모터의 컨트롤러에서 보낸 컨트롤 신호를 받아서 다시 모터로 출력 신호를 내보내 주는 중계 역할을 하는 것이다. 위에서 언급되었던 Stepper, Brushed, Brushless 모터에 따라 모터 드라이브의 타입도 각기 다르게 적용되기 때문에 사용할 모터의 종류가 어떤 것인지 숙지한 후, 적절한 드라이브를 사용해야 한다.

모터 컨트롤러는 말 그대로 모터를 컨트롤하기 위한 제어 신호를 발생하는 장치이다. 드라이브의 종류와 기능에 따라서 모션 컨트롤러의 제어 신호가 결정된다는 것이 가장 큰 특징이다. 제어 신호로는 펄스 제어와 아날로그 제어가 있다.

● **Software**

모션 시스템을 구성하기 위한 구성요소 중에서 사용자가 직접적으로 컨트롤하는 부분이라 할 수 있는 Software에 대해서 알아보자. Software의 경우는 매우 다양하다. C, C++, C# 등 다양한 Text Based 언어도 있고, 모터를 전문적으로 하는 회사에서는 모터와 드라이브, 그리고 Software를 모두 제공하기도 한다.

지금까지 모션 시스템을 구성하기 위한 구성요소에 대해서 간략하게 알아보았다. 그리고 이 과정을 통해서 모션 시스템이 어떻게 구성되는지 머릿속에 그림을 그릴 수 있을 것이다.

● **Dynamixel : 초급 로봇 제어를 위한 모터 선택**

로봇을 제어하기 위한 모션 시스템을 어떻게 구성하고 어떠한 구성요소들이 필요한지 알아보자. 먼저 모터를 선정하겠다. 모터는 초급 사용자가 접근하기 쉽게 교육용으로 사용되고 있는 ROBOTIS의 Dynamixel이라는 모터를 사용할 것이다. 이 Dynamixel은 드라이브가 별도로 필요 없고, CM-530이라는 컨트롤러를 PC와 연결하여 간단하게 Dynamixel을 제어할 수 있다. 그럼 Dynamixel이란 어떤 모터이며 어떻게 제어할 수 있는지, 제어하기 위해서 필요한 것은 어떤 것이 있는지 자세하게 알아보도록 하겠다.

● Dynamixel의 정의

Dynamixel은 디지털 통신으로 제어되는 로봇 전용 Actuator이다. 감속기와 제어기, 구동부, 그리고 통신부까지 모두 하나로 통합된 일체형 구조로 되어 있다는 것이 가장 큰 특징이다.

그림 4-2 ● Dynamixel – High Performance Networked Actuators for Robots

그리고 Dynamixel은 저가형부터 고성능 제품군으로 선택의 폭이 넓으며, 만능 결합 구조로 이루어져 있어, 사용자가 만들고자 하는 부분을 구현하는 데 있어 상당히 편리하다. 그리고 여러 개의 Dynamixel을 Daisy Chain으로 연결하기 때문에 배선이 간단하고, 확장성이 높다.

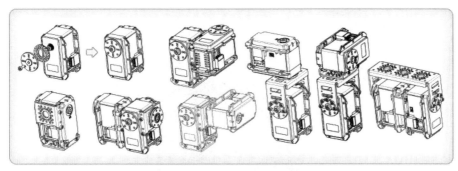

그림 4-3 ● 만능구조 결합으로 이루어진 Dynamixel

Dynamixel은 상태를 실시간으로 알려주는 상태 표시 LED 기능이 있어서, 고온, 과부하, 과전압, 저전압에 대해서 LED로 상태를 알려준다.

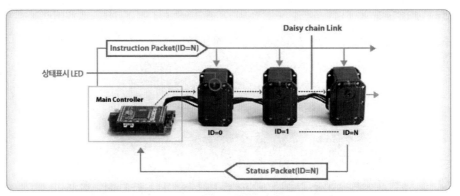

그림 4-4 ● Dynamixel의 Daisy Chain 연결과 상태 표시 LED

더욱 자세한 내용에 대해서는 ROBOTIS 홈페이지(http://www.robotis.com)에서 확인 가능하며, Dynamixel을 이용한 여러 가지 사례와 로봇에 대한 다양한 소식을 접할 수 있다.

● **Dynamixel AX-12A**

Dynamixel AX-12A는 저가형으로 초보자인 사용자가 사용하기에 적합한 모델이라 할 수 있다. 이와 같은 저가형 모터는 AX-12A 이 외에도, AX-12W, AX-18A 등으로 다양하다. 각각의 모터는 Torque, Speed 등의 성능에 따라 분류된다. ROBOTOS의 Dynamixel AX-12A를 아래 그림 4-5에 나타내었다.

그림 4-5 ● ROBOTIS Dynamixel AX-12A

Dynamixel AX-12A는 기본적으로 GND, VDD, 그리고 DATA를 전송할 수 있는 포트까지 세 개의 PIN으로 하나의 포트를 한다. 그리고 Daisy Chain으로 여러 개의 Dynamixel을 함께 사용할 수 있게 하기 위해서 Dynamixel 하나 당 두 개의 포트를 지원한다. 기본적으로 VDD와 GND에는 9~12V의 전압을 인가한다. 그리고 정상적으로 전원이 인가되었을 경우, Status LED에 붉은색 불이 한 번 깜박이게 되어 있다. Dynamixel AX-12A의 PIN 구성을 아래 그림 4-6에 나타내었다.

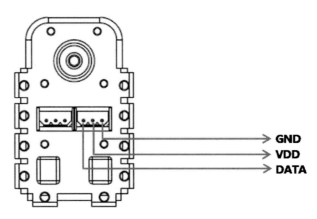

그림 4-6 ● ROBOTIS Dynamixel AX-12A PIN 구성도

최대 통신 속도 1Mbps를 지원하며, CM-5, CM-510, CM-530, CM-2+, C-700 Controller 와 호환 가능하다. 그리고 전용 소프트웨어인 Roboplus를 통해 Setting이 가능하다. 간략한 H/W 사양을 언급하자면, 54.6g의 무게, 32mm×50mm×40mm의 크기를 가지며, 254:1의 기어비를 가진다. 동작으로는 바퀴 모드와 관절 모드를 지원하며, 바퀴 모드와 관절 모드일 때 주로 제어하는 부분은 크게 Speed와 Position이 있다. 속도를 컨트롤하는 경우는 동작 모드에 따라 조금씩 다른데, 그 부분에 대해서는 아래 표 4-3에 나타내었다.

	특징
관절 모드	· 0~1023(0X3FF)까지 사용되며, 단위는 약 0.111RPM이다. · 0으로 설정하면 속도제어를 하지 않고, 모터의 최대 RPM을 사용. · 1023의 경우 약 114RPM이 된다.(300으로 설정 시 약 33.3RPM)
바퀴 모드	· 0으로 설정하면 속도제어를 하지 않고 모터의 최대 RPM을 사용. · 1023의 경우 약 114RPM이 된다. · 1024~2047 범위의 값을 사용하면 CW 회전, 1024로 설정하면 정지. · 바퀴 모드는 속도제어를 하지 않고 출력 제어만 가능하다.

표 4-3 ● Dynamixel의 관절 모드와 바퀴 모드

Position은 모터를 이동시키고자 하는 목적지 값이라고 할 수 있다. 0~1023(0x3FF)까지 사용 가능하며, 단위는 0.29도이다. Vaild Angle은 0도에서 300도 사이이며, 중앙값은 150도로 기본적으로 설정되어 있다. 제어하는 과정에 있어서 CW/CCW Angle Limit의 벗어난 값을 사용하게 되면 Status Packet 중 Error의 Angle Limit Error Bit(Bit1)가 1로 설정되어 반환하게 된다. 아래 그림 4-7에 Dynamixel AX-12A의 Position에 대하여 나타내었다.

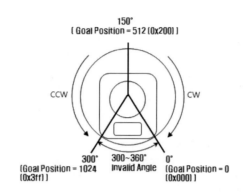

그림 4-7 ● ROBOTIS Dynamixel AX-12A Goal Position

● **Dynamixel 통신**

기본적으로 Dynamixel은 Packet 데이터를 주고받으며 통신을 한다. Packet에는 두 가지 종류가 있다. 컨트롤러인 PC가 다이나믹셀을 제어하기 위해 전송하는 Instruction Packet과 컨트롤러로 답변하는 Status Packet이다.

• Instruction Packet : Instruction Packet은 컨트롤러가 다이나믹셀에게 보내는 명령 데이터이다. Instruction Packet의 구조는 다음과 같다. 제일 처음 보내는 Packet 0xFF는 시작을 알리는 신호이다.

• ID : Instruction Packet을 받을 다이나믹셀의 ID이다. ID는 0~253(0X00~0XFD)까지 254개를 사용할 수 있다. ID가 254이면 Broadcast ID이다. 이것을 사용하면 연결된 모든 다이나믹셀이 Instruction Packet의 명령을 수행한다.

• Length : Packet의 길이로서, 그 값은 "Parameter 개수(N)+2"이다.

• Status Packet : 시작을 알리는 신호인 0xFF, 그리고 Length, Instruction 동일하다.

• Instruction : 다이나믹셀에 지시하는 명령으로 다음과 같은 종류가 있다.

값	명칭	기능	파라미터 개수
0x01	PING	제어기가 Status Packet을 받고자 할 때	0
0x02	READ_DATA	다이나믹셀의 데이터를 읽는 명령	2
0x03	WRITE_DATA	다이나믹셀의 데이터를 쓰는 명령	2 이상
0x04	REG WRITE	대기상태에서 ACTION이 있는 경우 수행함.	2 이상
0x05	ACTION	REG WRITE로 등록된 동작을 시작하라는 명령	0
0x06	RESET	다이나믹셀의 상태를 공장 출하 상태로 복귀	0
0x83	SYNC WRITE	여러 개의 다이나믹셀을 동시에 제어할 때	4 이상

표 4-4 ● Instruction Packet

● **Dynamixel Control Table**

Dynamixel Control Table은 Dynamixel 내부에 존재하는 Dynamixel의 현재 상태와 구동에 대한 Data로 구성되어 있다. 사용자는 Instruction Packet을 통해서 Control Table의 Data를 변경하는 방식으로 Dynamixel을 제어할 수 있다.

• EEPROM and RAM : RAM Area의 Data는 전원이 인가될 때마다 다시 초기값으로 설정된다. 그러나 EEPROM Area Data의 경우는 값을 설정하면 전원이 Off되어도 그 값이 보존된다.

• Address : Address는 Data의 위치를 나타낸다. Dynamixel에 Data를 쓰거나 읽기 위해서는 Packet에 상응하는 Data가 위치해 있는 Address를 지정해 주어야 한다.

• 접근 : Dynamixel Data에는 읽기 전용(R)과 읽고 쓰기가 가능한(RW) 두 가지가 있다. 읽기 전용의 경우는 주로 센싱용으로 사용되는 Data이고, 읽고 쓰기가 가능한 경우는 구동을 위한 Data이다.

• 초기값 : Control Table에서 우측에 표시된 초기값들은 EEPROM 영역 Data인 경우 공장 출하 시 입력되어 있는 값이고, RAM Area Data의 경우는 전원이 인가되었을 때 갖는 초기값이다.

• 상위 바이트/하위 바이트 : Control Table에는 명칭이 같지만 (L)과 (H)가 뒤에 붙어서 Address가 구분되어 있는 것들이 있다. 이것은 16bit가 요구되는 Data를 8bit씩 각각의 Address(Low, High)에 나누어 표현한 것이다. 이 두 개의 Address는 하나의 Instruction Packet으로 동시에 Write되어야 한다.

● Dynamixel의 Baud Rate

제어기 CM-530과 통신하기 위한 통신 속도를 나타낸다. 0~253(0xFD)까지 사용이 가능하며, 254(0xFE)는 브로드캐스트(Broadcast) ID로 특수하게 사용된다. Instruction Packet을 보낼 때, 브로드캐스트 ID를 사용하면 모든 다이나믹셀에 명령을 내릴 수 있다.

Baud Rate 산출 공식은 다음과 같다.(UART는 Baudrate의 오차가 3% 이내이면 통신에 지장이 없다)

- Baud Rate (BPS) = 2000000 / (Value + 1)

Value	설정 BPS	목표 BPS	오차
1	1000000	1000000	0%
3	500000	500000	0%
4	400000	400000	0%
7	250000	250000	0%
9	200000	200000	0%
16	117647.1	115200	-2.124%
34	57142.9	57600	0.794%
103	19230.8	19200	-0.16%
207	9615.4	9600	-0.16%

표 4-5 ● Baud Rate 도표

- Error : Dynamixel 동작 중에 발생된 오류 상태를 나타낸다.

값	명칭	기능
Bit 7	0	-
Bit 6	Instruction Error	정의되지 않은 Instruction이 전송된 경우. 또는 reg_write 명령 없이 action 명령이 전달된 경우 1로 설정됨
Bit 5	Overload Error	설정된 Torque로 현재의 하중을 제어할 수 없을 때 1로 설정됨
Bit 4	Checksum Error	전송된 Instruction Packet의 Checksum이 맞지 않을 때 1로 설정
Bit 3	Range Error	사용범위를 벗어난 명령일 경우 1로 설정됨

Bit 2	Overheating Error	Dynamixel 내부 온도가 Control Table에 설정된 동작 온도 범위를 벗어났을 때 1로 설정됨
Bit 1	Angle Limit Error	Goal Position이 CW Angle Limit~CCW Angle Limit 범위 밖의 값으로 Writing되었을 때 1로 설정됨
Bit 0	Input Voltage Error	Error 인가된 전압이 Control Table에 설정된 동작 전압 범위를 벗어났을 경우 1로 설정됨

표 4-6 ● Error 설명

마지막으로 Dynamixel AX-12A의 주요 사양에 대해서 아래 표 4-7을 통해 간략하게 알아보고 넘어가도록 하겠다.

무게	54.6g
크기	32mm * 50mm * 40mm
최소 제어각	0.29도
기어비	254 : 1
동작 모드	관절 모드(0 ~ 300도), 바퀴 모드(무한회전)
동작 온도	-5~70도
사용 전압	9~12V
Command Signal	Digital Packet
Protocol Type	Half Duplex Asynchronous Serial Communication
Link(Physical)	TTL Level Multi Drop(Daisy Chain Type Connector)
통신 속도	7843bps~1Mbps

표 4-7 ● Dynamixel의 주요 사양

● CM-530 Controller

CM-530 Controller는 CPU, TTL 통신회로, 상태표시 LED, 입력버튼, GP I/O 포트 등이 포함되어 있는 제어기이다. TTL 통신을 지원하는 AX Series와 MX Series Dynamixel을 제어할 수 있으며, 블루투스와 지그비 통신을 지원한다. 그리고 PC와의 연동은 USB 통신으로 이루어진다.

CM-530 Controller에 장착 가능한 제품으로는 AX 또는 MX Series Dynamixel을 제외하고 자이로 센서, DMS 센서, 접촉 센서, 적외선 센서를 장착할 수 있고, 적외선 수신기와 ZIG-110A Set와 BT-110A Set 또한 장착이 가능하다.

CM-530 우측 상단에 전원입력 단자가 있다. 그리고 상하, 좌우에 DXL이라 표시된 3PIN 커넥터가 있다. 이 부분이 바로 Dynamixel AX-12A와 연결하는 단자이다. 전원을 인가하고, PC와 연동이 되면 Play라고 표시된 LED 부분이 깜박이게 된다.

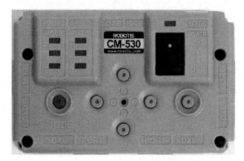

그림 4-8 ● CM-530 Controller

- 전원 LED : 전원이 ON 상태일 때 켜지고, OFF 상태일 때 꺼진다.
- MODE 버튼 : CM-530의 동작 모드를 변경하기 위한 버튼이다.
- AX/MX Series Bus Port : AX/DX Series Dynamixel을 Daisy Chain으로 연결하기 위한 포트

● **USB2Dynamixel**

USB2Dynamixel은 PC의 USB 포트에 연결되어 사용되며, 각종 Dynamixel이 연결될 수 있는 3핀 커넥터 및 4핀 커넥터가 내장되어 있다. 시리얼 포트가 없는 PC에서 USB 포트를 통해서 통신이 가능하다. 기본적으로 USB2Dynamixel과 CM-530, 그리고 Dynamixel을 서로 연동하여 사용한다. Dynamixel을 연결할 수 있는 3핀 커넥터와 4핀 커넥터 이 외에 RS-232 Serial, RS-485, TTL 통신 포트를 제공하고 있다. USB2Dynamixel을 아래 그림 4-9에 나타내었다.

그림 4-9 ● USB2Dynamixel

명 칭	설 명
상태표시 LED	전원공급, TXD, RXD 상태를 표시
기능 선택 스위치	TTL, RS-232, RS-485 통신 방법을 선택
3P 커넥터	TTL 통신으로 AX Series Dynamixel과 연결
4P 커넥터	RS-485 통신으로 DX, RX Series Dynamixel과 연결
시리얼 커넥터	RS-232 통신으로 USB 포트를 시리얼 포트로 변환

표 4-8 ● Dynamixel의 주요 사양

PC와 연동하여 사용할 때, USB2Dynamixel에서 통신 모드를 선택할 수 있다. USB2 Dynamixel 측면에 TTL, RS-485, RS-232 통신으로 선택이 가능하다. AX-12A Dynamixel, CM-530 Controller, USB2Dynamixel은 마찬가지로 ROBOTIS 홈페이지와 ROBOTIS SHOP(www.robotis-shop-kr.com)에서 자세하게 확인할 수 있다.

Dynamixel AX-12A를 통해서 로봇을 구현하고 제어하기 위해서 필요한 준비에 대해서 정리한 후, 다음 장으로 넘어가도록 하자.

- Hardware : PC, Dynamixel AX-12A, CM-530 Controller, USB2Dynamixel
- Software : LabVIEW, LabVIEW Robotics Module, Roboplus

위에서 언급한 Hardware와 Software가 준비되었으면, 기본적인 설치와 셋팅에 관해서 알아보도록 하자.

╭─CHECK · POINT ☑─
│
│ ① Dynamixel Motor를 PC와 연동하기 위해서 사용하는 소프트웨어는?
│
│   A. LabVIEW   B. Roboplus   C. LabVIEW Robotics Module   D. A, B, C 모두
│
│ ② Dynamixel Motor를 3Pin 커넥터에 연결할 때, 사용하는 통신 방법은?
│
│   A. TTL   B. RS-422   C. Analog 통신   D. USB 통신
│
│ ③ Dynamixel Motor에서 설정할 수 있는 동작 모드 두 가지를 적으시오.
│
│ ④ Dynamixel Motor의 연결 방식은 무엇인가(여러 개를 연결할 때..)?
│
│ ⑤ Dynamixel을 연동할 때 사용하는 DXL 버전은?
│
│   A. DXL 1.0   B. DXL 2.0   C. DXL 1.1   D. DXL 2.2

4.2 NI LABVIEW ROBOTICS MODULE 설치하기

사용자가 LabVIEW와 LabVIEW Robotics Module을 사용하여 Dynamixel을 제어하기 위해서 필요한 프로그램의 셋팅 및 중요 요구사항에 대해서 알아보자.

기존의 LabVIEW를 사용하고 있는 사용자의 경우는 추가적으로 LabVIEW Robotics Module만을 설치하면 되고, 기존에 LabVIEW를 사용하지 않았던 사용자의 경우는 LabVIEW 평가판을 다운받거나, 구매하여 사용하면 된다.

LabVIEW 2013 평가판 CD는 한국 NI 홈페이지(www.ni.com/korea)에서 신청할 수 있다. LabVIEW 평가판 CD는 플랫폼 DVD1, 플랫폼 DVD2, 그리고 디바이스 드라이버 CD플랫폼 DVD3으로 구성되어 있고, DVD1을 통해서 NI LabVIEW Robotics Module을 설치할 수 있다. 모든 구성을 모두 설치하기 위해서는 설치 옵션 선택에서 "제품을 평가판으로 사용하려고 합니다"를 클릭한 후 설치해야 한다.

그리고 LabVIEW Robotics Module을 설치하기 위해서는 기본적으로 LabVIEW가 설치되어 있어야 하며, 장비를 사용한다면 장비를 사용하기 위한 디바이스 드라이버가 설치되어 있어야 한다. LabVIEW가 설치되어 있는 상태에서, LabVIEW Robotics Module을 설치하면, LabVIEW의 Front Panel과 Block Diagram에서 사용할 수 있는 API가 추가된다.

혹시, LabVIEW 2013 평가판 DVD가 없을 경우에는 한국 NI 홈페이지에서 LabVIEW2013과 디바이스 드라이버, 그리고 LabVIEW Robotics Module을 개별적으로 다운로드할 수 있다.

참고적으로 LabVIEW와 LabVIEW Toolkit, Module은 동일한 버전을 사용하여야 하기 때문에 설치 전에 버전을 확인하는 것이 중요하다. 예를 들자면, LabVIEW 2013 버전을 설치하였으면 LabVIEW Robotics Module 2013을 설치해야 한다는 것이다.

그림 4-10 ● NI LabVIEW Robotics Module 설치 화면

그림 4-10에서처럼 LabVIEW Robotics Module을 선택한 후, 설치를 진행하여야 한다. 앞
장에서 모두 설치했을 것이다. 혹시 설치하지 않았다면 위의 그림을 참고하여 다시 설치해주
어야 한다.

4.3 NI SOFTWARE 설치 확인

NI 관련 소프트웨어는 설치 후, 평가판 기간이 지나면 사용할 수 없고, 정품 인증을 받아야 사
용이 가능하다. 정품 인증을 받을 수 있는 프로그램인 NI License Manager를 통해서 가능하
고, License Manager를 통해서 현재 사용자의 PC에 어떠한 프로그램이 설치되어 있고, 인증
이 되어 있는지 확인이 가능하다.
"윈도우의 시작프로그램 → 모든 프로그램 → National Instruments" 경로를 탐색하면 NI
License Manager를 찾을 수 있다.

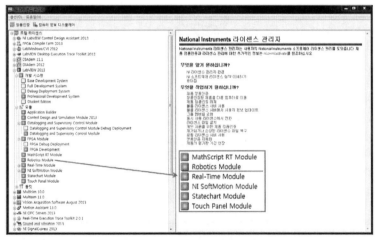

그림 4-11 ● NI License Manager

위의 그림 4-11에서처럼 LabVIEW 2013 하위 트리에서 Module 안에 Robotics Module이
설치되어 있어야 한다.

ROBOTIS의 ROBOPLUS 소프트웨어 설치하기

지금까지 NI 소프트웨어 설치에 대해서 알아보았고, 지금부터는 ROBOTIS의 Dynamixel을 사용하고, Setting하기 위한 소프트웨어인 Roboplus 설치에 관하여 알아보자.

Roboplus 소프트웨어는 ROBOTIS 홈페이지(www.robotis.com)에서 다운로드할 수 있다. Roboplus 소프트웨어는 이 책에서 사용하는 저가형 Dynamixel AX Series를 컨트롤할 수 있는 제어기인 CM-530과 연동이 가능한 소프트웨어이다.

준비해야 하는 하드웨어로는 앞서 언급한 것처럼 Dynamixel을 제어하기 위한 CM-530 Controller와 USB2Dynamixel, 그리고 필요한 개수의 AX Series Dynamixel을 준비해야 한다.

ROBOPLUS 소프트웨어 설정과 DYNAMIXEL 연동하기

이제 본론으로 들어가서, 본격적으로 Roboplus를 사용한 Dynamixel의 연동과 Setting, 그리고 디지털 통신을 통한 LabVIEW와의 연동에 관하여 알아보자. 이 절에서는 Dynamixel을 연동하고 예제를 통해서 어떻게 LabVIEW에서 사용하고 활용하는지를 알아 볼 것이다.

가장 먼저 할 것은 Dynamixel을 PC와 연동하기 위해서 USB2Dynamixel과 PC를 연동하고, USB2Dynamixel과 CM-530, 그리고 Dynamixel을 연동하는 것이다. 그리고 다운로드하여 설치했던 ROBOTIS의 Roboplus 소프트웨어를 실행해야 한다.

그럼 Roboplus와 Dynamixel을 연동하기 Hardware 구성에 대해서 먼저 알아보자. 앞에서 언급했듯이, 컨트롤하기 위한 PC와 USB2Dynamixel, 그리고 제어기인 CM-530, 그리고 Dynamixel이 필요하다. 이 Hardware가 어떻게 연동하는지 그림 4-12에 나타내었다. 그림 4-12를 보고 Hardware를 모두 구성해야 Roboplus에서 Dynamixel을 연동하여 설정할 수 있다.

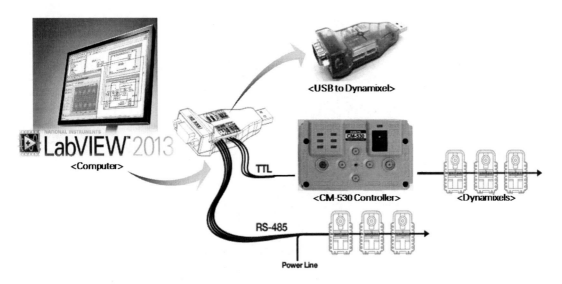

그림 4-12 ● Dynamixel을 연동하기 위한 Hardware 구성도

그림 4-13 ● Roboplus 소프트웨어

Roboplus 소프트웨어를 실행하면 위의 그림 4-13에서처럼 Roboplus 소프트웨어가 실행된다. 실행 후, 전문가 Tap을 클릭한 후, Dynamixel Wizard를 실행한다.

Dynamixel Wizard를 실행하면 아래 그림 4-14 창을 볼 수 있다.

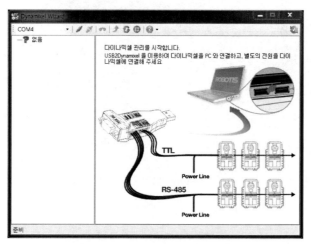

그림 4-14 ● Roboplus Dynamixel Wizard

Dynamixel Wizard를 실행한 후, USB2Dynamixel이 인식된 COM Port를 선택한 후, Port 연결 후, Dynamixel 검색을 통해서 연결되어 있는 Dynamixel을 찾을 수 있고, 또 Port 끊기를 통해서 연결을 끊을 수도 있다. 그리고 Dynamixel의 펌웨어를 업데이트할 수 있고, 펌웨어에 오류가 발생하였을 때, 복구할 수 있는 기능도 포함되어 있다. 이러한 기능은 아래 그림 4-15에 나타내었다.

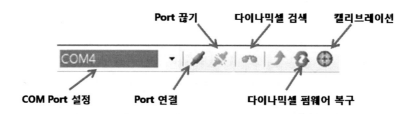

그림 4-15 ● Roboplus Dynamixel Wizard의 기능

대략적인 기능을 알고 넘어가면 된다. 본격적으로 Dynamixel을 연동해 볼 것이다. 가장 먼저 PC와 USB2Dynamixel을 연결한 후, USB2Dynamixel과 CM-530 Controller를 연결한다. 그리고 CM-530의 Dynamixel Port를 통해서 제어할 Dynamixel을 연결한다. 이때 유의할 점은 USB2Dynamixel의 스위치 셋팅이다. 옆 부분에 나와있는 스위치를 TTL로 설정하고

TTL Port와 CM-530을 연결해야 한다.

연결이 완료되면 CM-530에 외부전원을 연결해서 전원을 인가한 후, 스위치를 ON시킨다. 스위치를 ON시킬 때, 연결된 Dynamixel의 외부 LED 부분이 한 번 깜박일 것이다. 만약 전원을 인가하고 나서도 Dynamixel의 외부 LED가 붉은색으로 켜져 있는 경우는 Dynamixel이 물리적으로 고장이 났거나, 내부 펌웨어가 깨진 것이기 때문에 정상적인 사용이 불가능하다. 이러한 경우에는 위에서 언급했던 펌웨어 복구를 사용해야 한다.

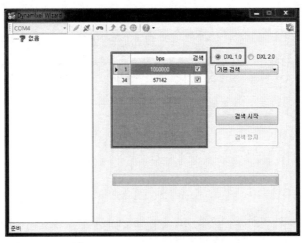

그림 4-16 ● Roboplus Dynamixel Wizard

먼저 연결을 완료하고 나서 Dynamixel Wizard를 실행한 후, Port 연결을 클릭한다. 클릭하고 난 후, 검색 시작 버튼을 클릭해서 연결되어 있는 Dynamixel을 검색할 수 있다. 연결했던 Dynamixel의 경우는 설정했던 bps를 선택해서 검색하면 된다. 기본적으로 연결하지 않았던 Dynamixel을 검색할 경우는 "모두 검색"을 통해서 검색한다.

"검색 시작" 버튼을 클릭하면 연결되어 있는 Dynamixel이 검색되고, 아래의 그림 4-17처럼 좌측 부분에 나타나게 된다. 여러 개의 Dynamixel을 사용해야 할 경우에도 먼저 한 개의 Dynamixel을 연결해서 확인하는 것이 좋다.

Dynamixel은 각각의 고유 ID가 존재하는데 이 ID가 서로 중복될 경우 검색이 되지 않기 때문이다. 그렇기 때문에 여러 개의 Dynamixel을 사용할 때에는 우선 개별적으로 연결해서 각각의 Dynamixel에 고유의 ID를 부여해야 한다.

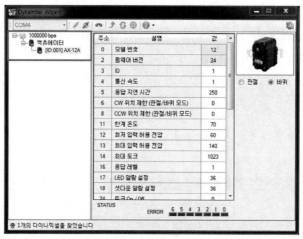

그림 4-17 ● Roboplus Dynamixel Wizard – Dynamixel 검색 & 설정

검색된 Dynamixel을 클릭하면 위의 그림 4-17처럼 Dynamixel을 셋팅할 수 있는 화면을 볼
수 있다. 위의 Dynamixel은 AX-12A Dynamixel이며, 고유 ID는 "1"로 설정되어 있다. 좌측
의 주소 3의 ID를 클릭하면 Dynamixel의 고유 ID를 변경할 수 있다. 그리고 관절 모드로 설
정되어 있기 때문에 목표 위치를 지정해서 Dynamixel을 컨트롤할 수 있다. 관절 모드를 컨트
롤하는 부분은 아래 그림 4-18에 나타내었다.

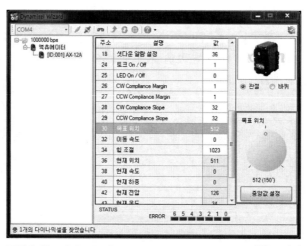

그림 4-18 ● Roboplus Dynamixel Wizard – Dynamixel 검색 & 설정

주소 30번이 목표위치를 설정할 수 있는 부분이다. 주소 30을 클릭한 후, 우측에 있는 목표위치 다이얼을 마우스로 클릭하여 구동을 확인할 수 있다. 그리고 중앙값 설정 버튼을 클릭하면 자동적으로 중앙값으로 되돌아간다. 이렇게 Dynamixel을 연결한 후, 셋팅을 완료하면 Roboplus를 종료한다. Roboplus가 종료되지 않으면 LabVIEW에서 연동할 수 없다. Roboplus에서 COM Port의 Resource를 점유하고 있기 때문이다. 셋팅을 완료한 후, Roboplus를 종료하면 셋팅값이 자동적으로 저장되고 난 후, 종료된다.

CHECK · POINT ☑

① ID가 정해지지 않은 Dynamixel 여러 개를 Roboplus와 연결할 때, 주의할 점은?

② Dynamixel이 잘 검색되지 않거나, LED에 붉은색이 계속 들어올 경우, 사용자가 Roboplus 소프트웨어에서 할 수 있는 해결 방안은?

LABVIEW
4.6 ＼ NI LABVIEW와 DYNAMIXEL 연동하기

앞에서 Roboplus 소프트웨어를 사용해서 Dynamixel을 연동하는 방법과 셋팅하는 방법에 대해서 알아보았다. 이번 절에서는 LabVIEW와 Dynamixel을 연동하기 위한 방법에 대해서 알아보자.

먼저 LabVIEW를 실행하고 새 VI를 만들고 블록다이어그램에서 Robotics 관련 함수를 탐색해야 한다. Robotics 관련 함수들을 자주 사용할 것이기 때문에 블록다이어그램에서 함수 탭을 고정시켜 놓는 것이 편할 것이다. 함수 팔레트의 좌측 상단에 있는 핀 모양을 클릭하면 함수 팔레트를 고정해 놓을 수 있다. 함수를 사용할 때마다 계속해서 함수 팔레트를 검색하지 않아도 되기 때문에 잘 사용하는 것이 좋다.

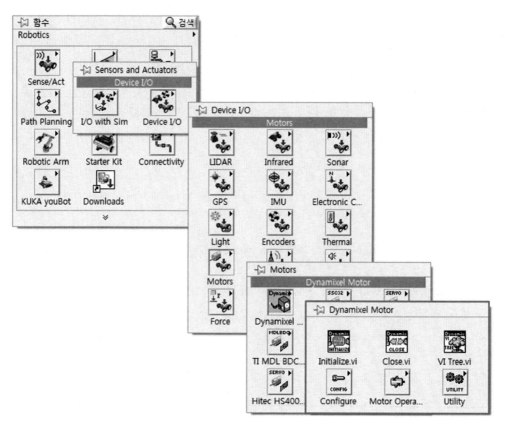

그림 4-19 ● Robotics 함수 팔레트

블록다이어그램에서 Robotics 관련 함수들을 펼쳐보면 매우 다양한 함수를 제공하고 있는 것을 볼 수 있다. 하지만 Dynamixel을 제어할 때, 사용하는 함수는 어느 정도 정해져 있기 때문에 어렵게 생각하지 않아도 된다. 그림 4-19의 붉은색 박스 내에 명시된 Dynamixel Motor VI를 주로 사용한다. 그리고 실질적으로 모터를 바퀴 모드 혹은 관절 모드로 설정해 구동하거나 하는 함수의 경우는 예제를 통해서 SubVI로 제공한다. 응용을 해서 좀 더 심화학습을 하려고 하는 사용자의 경우는 이 VI를 따로 저장해서 수정하여 사용하면 된다. 먼저 LabVIEW Robotics Module을 설치하면 기본적으로 사용할 수 있는 함수들은 그림 4-20과 같다.

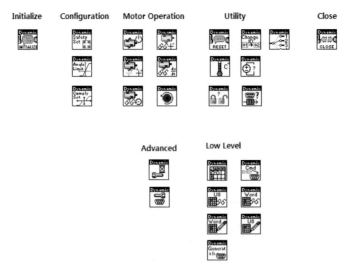

그림 4-20 ● Robotics 함수

Robotics 함수들은 위 그림 4-20에 나타내었듯이, Initialize, Configuration, Motor Operation, Utility, Advanced, Low Level, Close 부분으로 나누어져 있다. 이 함수들 중에서 주로 사용하는 함수에는 시작과 끝을 알려주는 Initialize와 Close 함수, 그리고 Motor Operation 함수가 있다. 기본적으로 위의 세 가지 함수들을 사용해도 로봇을 만들어 컨트롤할 수 있다. 그리고 처음 접하는 사용자도 쉽게 컨트롤할 수 있도록 이 책에서는 별도의 함수를 예제에서 제공한다. 자주 사용되는 함수들과 예제에서 제공하는 함수들에 대해서 자세히 알아보자.

• Initialize.vi : Dynamixel과 통신을 위한 VISA Port를 설정하고, Baud Rate을 설정할 수 있는 VI.

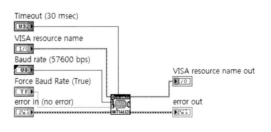

그림 4-21 ● Initialize.vi

- VISA resourece name : Dynamixel과 통신할 COM 포트를 연결한다.
- Baud Rate : Roboplus에서 설정한 전송속도를 입력한다.
- Force Baud Rate : True일 경우 권장 Baud Rate로 설정한다.
- Error in(no error) : Error Cluster 입력 부분이다.
- Close.vi : Dynamixel과의 연동을 끝내고 통신을 위해서 설정했던 VISA Port의 Resource를 해제할 수 있는 VI.

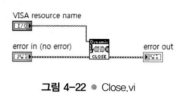

그림 4-22 ● Close.vi

- Move Motor.vi : Roboplus에서 설정한 Dynamixel의 고유 ID 값을 입력으로 받아서 해당 ID에 상응되는 Dynamixel을 구동하는 VI.

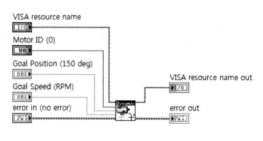

그림 4-23 ● Move Motor.vi

LabVIEW를 이용해서 Dynamixel을 제어하기 위한 기본 틀은 다음과 같다. 먼저 위에서 언급했던 Initialize, Close, Move Motor vi들을 기본적으로 사용하고, Initialize.vi와 Close.vi 중간에 구동하고 싶은 것을 코드로 구현하는 형식이다.

코드로 구현하는 부분에 대해서는 몇 가지의 예제를 통해서 알아볼 것이다. 기본적으로 Dynamixel 1개를 연동해서 동작하는 것을 시작으로 해서 N개의 Dynamixel을 연동해서 어떻게 응용할 수 있는지 알아 볼 것이다.

아래 그림 4-24에 Dynamixel을 제어하기 위한 기본 코드의 구조를 나타내었다.

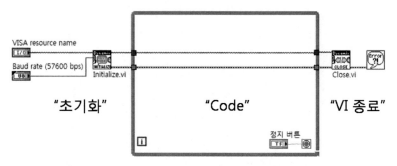

그림 4-24 ● Dynamixel을 제어하기 위한 LabVIEW 기본 코드 구조

그림 4-24에서 While Loop 안을 구성하는 Code를 작성하기 위해서 필요한 VI는 예제를 첨부한 경로에 몇 가지를 제공하고 있다. 기본적으로 Dynamixel을 사용해서 로봇을 만들기 위해서 필요한 VI로 Gripper Control, Lift Control, Move Control, Wheel Control.vi가 있다. Dynamixel을 사용하여 로봇을 만들 때, 처음 도전하는 사용자가 쉽게 사용할 수 있도록 로봇의 기본동작에 응용될 수 있게 구성해 놓은 VI이다.

• Gripper Control.vi : 로봇을 구성할 때, 손 또는 발처럼 접는 동작, 혹은 펴는 동작을 구현하고자 할 때 사용할 수 있는 VI. Roboplus에서 Dynamixel을 관절 모드로 설정해야 한다.

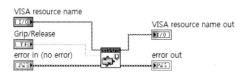

그림 4 25 ● Gripper Control.vi

• Grip/Release : 불리언 컨트롤에 참 값이 입력될 경우, 모터에 입력한 각도에 따라 모터를 움직이는 부분이다.

그림 4-26 ● Gripper Control.vi 프런트패널

위의 그림 4-26에 나타낸 Gripper Control의 프런트패널을 살펴보자. 위의 그림 4-26에 나타낸 것처럼, VISA resource name과 error in 컨트롤과 인디케이터로 구성되어 있고, 궁극적으로 Dynamixel을 구동하는 Grip/Release 불리언 컨트롤로 구성되어 있다.

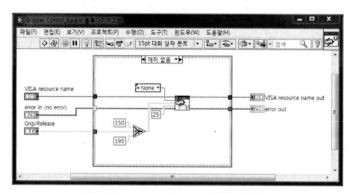

그림 4-27 ● Gripper Control.vi 블록다이어그램

그림 4-27에 나타낸 Gripper Control의 블록다이어그램을 살펴보자. 이 VI는 Grip/Release 불리언 컨트롤을 사용해서 Dynamixel을 제어하는 VI이다. Grip/Release 불리언에 참 값이 들어가면 선택자 함수를 거쳐서 설정되어 있는 Position 값이 Move Motor.vi에 전달되어 Dynamixel을 구동시키게 된다.

- Lift Control.vi : Lift Control 함수의 경우는 물체를 들어올리는 동작을 하는 부분에 사용되는 Dynamixel을 컨트롤할 때 사용할 수 있다.

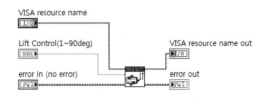

그림 4-28 ● Lift Control.vi

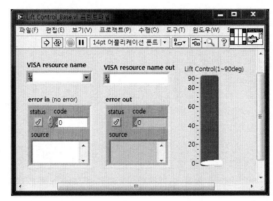

그림 4-29 ● Lift Control.vi 프런트패널

위의 그림 4-29에 나타낸 Lift Control 함수의 프런트패널도 위에서 설명한 Grip Control 함수와 동일하게 구성되고, 다만, Lift Control이라는 컨트롤만 변경된 것이다. 제어할 Dynamixel의 Position을 컨트롤하는 부분이다.

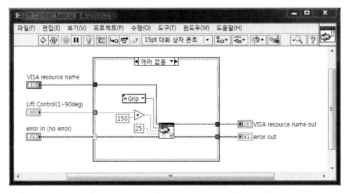

그림 4-30 ● Lift Control.vi 블록다이어그램

Grip Control 함수와 동일하게 Move Motor 함수를 사용하였고, Lift Control에 입력된 값에 기본 초기값 150값을 더한 만큼 Dynamixel Motor의 Position 값을 변경하도록 구성되어 있는 것을 볼 수 있다.

• Wheel Control.vi : 로봇을 구성할 때, 회전하는 동작을 구현하고자 할 때 사용하는 VI. 바퀴가 달린 로봇을 제어할 때 사용할 수 있다.

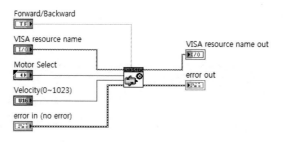

그림 4-31 ● Wheel Control.vi

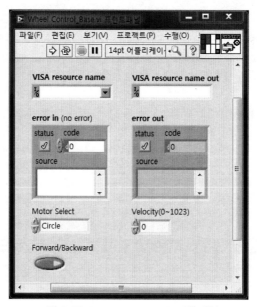

그림 4-32 ● Wheel Control.vi 프런트패널

그림 4-32에 나타낸 Wheel Control 함수의 프런트패널을 살펴보자. Wheel Control 함수의 경우는 Motor Select, Velocity, Forward/Baskward 컨트롤을 사용해서 Dynamixel Motor 를 컨트롤한다.

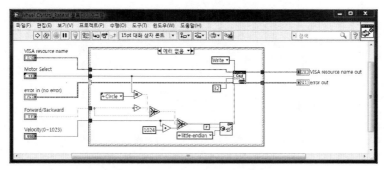

그림 4-33 ● Wheel Control.vi 블록다이어그램

위의 그림 4-33에 나타낸 Wheel Control 함수의 블록다이어그램을 살펴보자. Motor Select 열거형 컨트롤을 사용해서 제어할 Dynamixel Motor를 ID를 통해 선정하여 컨트롤한다. 그리고 Send Direct Command 함수를 사용해서 속도를 컨트롤하는 Dynamixel의 Address 32를 지정해서 Dynamixel의 동작 속도를 컨트롤한다.

- Move Control.vi : 로봇을 구성할 때, 회전하는 동작을 구현하고자 할 때 사용하는 VI. 회전방향의 변경이 가능하도록 SubVI 형태로 구성하였으며, Roboplus에서 Dynamixel을 바퀴 모드로 설정해야 한다.

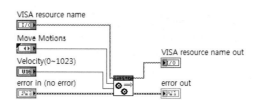

그림 4-34 ● Move Control.vi

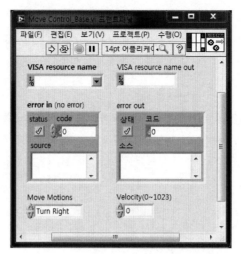

그림 4-35 ● Move Control.vi 프런트패널

위의 그림 4-35에 나타낸 Move Control.vi의 프런트패널을 살펴보자. Grip Control.vi와 마찬가지로, VISA resource name, error in 컨트롤과 인디케이터로 구성되어 있고, Motor ID를 입력하는 컨트롤인 Move Motions 컨트롤과 Motor의 Speed를 제어할 수 있는 Velocity 컨트롤로 구성되어 있다.

여기서 Motor ID를 입력하는 컨트롤은 열거형 함수를 사용하여 구성되어 있다. 여러 개의 모터를 사용할 때 유용한 방법이다. Motor가 동작하는 것을 구별하여 나타낼 수 있어서 편리하다.

- Move Motions : 열거형 함수를 사용해서 구성하는 것이 편리하다. 로봇을 구성할 때, 구현하는 부분마다 모터의 동작이 다르기 때문에, 동작을 구분해 놓아야 한다.

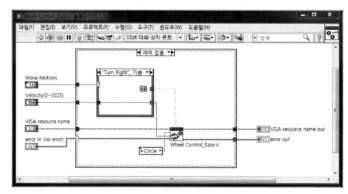

그림 4-36 ● Move Control.vi 블록다이어그램

그림 4-36의 블록다이어그램을 통해서 Move Control.vi가 어떻게 구성되어 있는지 살펴보자. 동작을 구분하기 위해서 Move Motion 컨트롤에 대한 Case 구문을 사용하였고, Wheel Control 함수를 사용하여 최종적으로 Motor를 구동시키게 구성되어 있다.

LABVIEW
4.7 EXAMPLES

그럼 지금부터는 첨부되어 있는 예제를 순차적으로 수행하면서 LabVIEW를 사용해서 Dynamixel을 제어하는 방법에 대해서 익혀보도록 하겠다. 예제 안에 함수를 찾는 방법과 코드가 어떻게 구현되었는지 상세하게 적혀져 있고, 예제 챕터마다 설명이 함께 있기 때문에 천천히 잘 따라해 보기 바란다.

예제 4.7.1 Dynamixel을 바퀴 모드로 동작하기

이 예제는 한 개의 Dynamixel을 LabVIEW에서 바퀴 모드로 구동할 수 있는 VI이다. 이 VI를 구동해 보고 직접 작성해 보기 전에 먼저 선행되어야 하는 셋팅 작업이 있다. 앞서 언급했던 것처럼 먼저 Roboplus 소프트웨어에서 사용할 Dynamixel을 바퀴 모드로 설정해 주고 Dynamixel의 고유 ID를 설정해야 한다는 것이다. 앞으로 진행되는 예제는 선행되어야 하는 셋팅에 대해서는 완료가 되어 있는 상태로 예상하고 진행될 것이다. 예제 4.7.1의 프런트패널과 블록다이어그램을 그림 4-37과 그림 4-38에 각각 나타내었다.

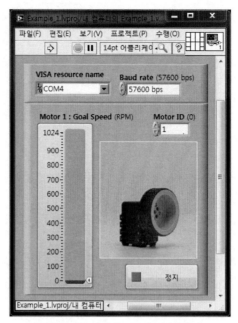

그림 4-37 ● 예제 4.7.1의 프런트패널

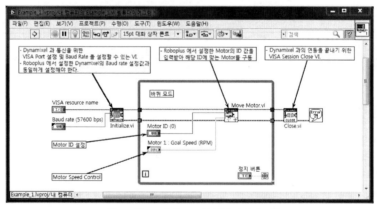

그림 4-38 ● 예제 4.7.1의 블록다이어그램

예제 4.7.1의 블록다이어그램을 보면 앞서 언급되었던, Dynamixel을 제어하기 위한 LabVIEW 기본 코드 구조와 동일한 구조로 되어 있는 것을 볼 수 있다. 기본 구조의 Code 부분에 Move Motor라는 함수를 하나 추가한 것이다. 이 VI를 실행하고 프런트패널에서 Motor 1 : Goal Speed를 증가시키면 Roboplus에서 설정된 방향(CW or CCW)으로 모터가 회전하는 것을 볼 수 있을 것이다. 블록다이어그램을 구성해 보도록 하겠다.

1. 새 VI를 생성한다.

2. 블록다이어그램에서 Robotics → Sensors and Actuator → Device I/O → Motors → Dynamixel Motor → Initialize, Move Motor, Close VI를 블록다이어그램에 추가한다.

3. Dynamixel Motor를 VI 실행 중 계속 컨트롤하기 위해서 Move Motor.vi를 While Loop 안에 위치시킨다.

4. 각 함수에 컨트롤과 인디케이터를 달아서 블록다이어그램을 구성한다.

5. Move Motor.vi의 컨트롤은 연속적인 컨트롤을 하기 위해서 While Loop 안에 생성하도록 한다.

6. 블록다이어그램을 완성한 후, 프런트패널을 알맞게 꾸민 후, VI를 실행해서 생각했던 것처럼 Dynamixel Motor가 컨트롤되는지 확인한다.

예제 4.7.2   **DYNAMIXEL을 바퀴 모드로 동작하기-심화**

예제 4.7.2는 예제 4.7.1에서 사용했던 Motor Move.vi 대신에 Wheel Control.vi라는 SubVI를 사용해서 LabVIEW의 프런트패널 상에서 Dynamixel의 회전방향을 시계 방향 또는 반시계 방향으로 구동하도록 변경할 수 있도록 구현된 예제이다.

그림 4-39 ● 예제 4.7.2의 프런트패널

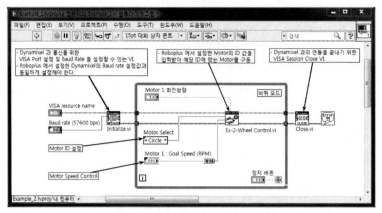

그림 4-40 ● 예제 4.7.2의 블록다이어그램

예제 4.7.2의 블록다이어그램과 예제 4.7.1의 블록다이어그램을 한번 비교해 보자. 그림 4-38과 그림 4-40에 나타낸 블록다이어그램을 보면 처음과 끝에 사용되는 Initialize.vi와 Close.vi 그리고 While Loop를 사용하는 구조는 동일하다. 다만, Dynamixel Motor를 컨트롤하기 위한 VI만 달라졌을 것이다. 예제 4.7.2에서 Dynamixel Motor를 컨트롤하기 위한 Wheel Control.vi는 Dynamixel Motor의 회전 방향을 CW 방향, 혹은 CCW 방향으로 컨트롤할 수 있는 함수이다.

Wheel Control.vi가 어떻게 구성이 되어 있는지 그림 4-41의 블록다이어그램에서 중요한 부분을 한번 살펴보도록 하겠다. Case 구문 안에 사용된 Send Direct Command.vi가 가장 중요한 역할을 하는 VI이다. Motor Select 컨트롤을 통해서 연결된 Dynamixel 중에서 컨트롤할 Motor를 선택할 수 있고, 입력되는 상수 값 "32"를 통해서 Dynamixel Motor의 속도를 컨트롤할 수 있다. 상수 값 32는 Address 값이다. 이 Address 값은 Roboplus를 실행하면 알수 있고, 이에 관하여 아래 그림 4-41에 나타내었다.

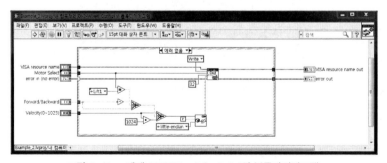

그림 4-41 ● 예제 4.7.2 Wheel Control.vi의 블록다이어그램

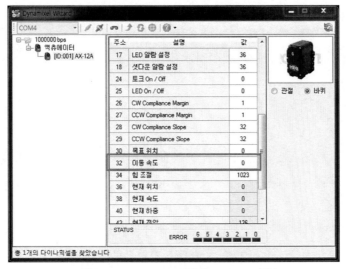

그림 4-42 ● Roboplus 설정 창 - Address 확인

Roboplus에서 사용할 Dynamixel Motor를 검색하고, 검색한 Dynamixel Motor를 클릭하면 그림 4-42와 같이 설정할 수 있는 부분을 볼 수 있다. 이 설정 부분에서 주소 부분을 볼 수 있을 것이다. 이 주소, Address에서 32번을 찾아보면 Dynamixel Motor의 '이동 속도'라고 되어 있는 것을 볼 수 있다. 바로 이 Address를 Send Direct Command.vi로 입력하여 Dynamixel Motor의 이동 속도를 제어하는 것이다. 이와 같은 방법으로 Address를 입력하면 입력되는 Address에 대해서 컨트롤이 가능한 것이다.

그림 4-39의 블록다이어그램을 보면 Wheel Control.vi에 "Motor 1 회전방향"이라는 불리언 컨트롤이 생성되어 있는 것을 볼 수 있다. 이 컨트롤이 바로 Dynamixel Motor의 회전방향을 변경할 수 있는 컨트롤인 것이다. VI를 실행한 후, 그림 4-39의 "Motor 1 회전방향" 컨트롤을 클릭하면 Dynamixel Motor의 회전방향을 왼쪽, 오른쪽으로 변경하여 컨트롤이 가능하다. 직접 예제를 구성해 보면 Dynamixel Motor가 어떻게 구동되는지 확인할 수 있을 것이다.

지금까지 보았던 예제 4.7.1과 예제 4.7.2는 모두 Dynamixel을 바퀴 모드로 설정한 후, LabVIEW에서 어떻게 컨트롤하는지를 연습하는 과정이었다. 로봇을 만들기 위해서는 Dynamixel을 바퀴 모드로만 사용할 수 없다. 로봇의 팔이나 다리를 구현한다고 하면 분명 Dynamixel을 관절 모드로도 사용해야 한다.

이 예제는 Dynamixel을 관절 모드로 설정한 후, LabVIEW에서 어떻게 컨트롤하는지에 대해서 알아볼 것이다.

Dynamixel을 관절 모드로 설정해서 컨트롤하는 경우는 앞의 예제를 정확하게 이해하였다면 상당히 쉽게 접근할 수 있다.

1. Dynamixel을 바퀴 모드로 설정하여 제어했던 예제 4.7.1과 동일한 VI를 사용

2. Motor를 컨트롤하는 부분에서 Goal Position이라는 컨트롤이 추가된 것과 Roboplus에서 Dynamixel을 관절 모드로 설정해 놓아야 한다.

3. Motor Speed를 컨트롤하는 부분과 Motor의 Position을 컨트롤하는 부분으로 구성.

4. Motor의 중심점은 150이다. 중심점 150을 기준으로 값을 증가, 또는 감소시켜서 Motor가 움직이는 각도를 조절할 수 있도록 구성

그림 4-43과 그림 4-44에 예제 4.7.3의 프런트패널과 블록다이어그램을 나타내었다.

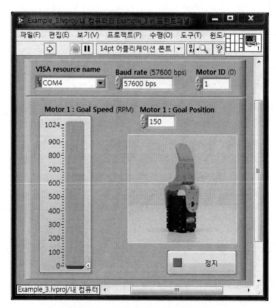

그림 4-43 ● 예제 4.7.3의 프런트패널

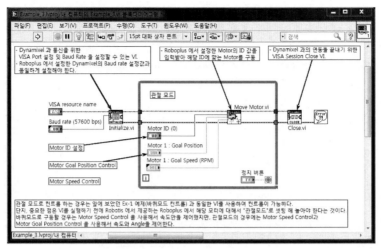

그림 4-44 ● 예제 4.7.3의 블록다이어그램

지금까지 예제 4.7.1, 예제 4.7.2, 예제 4.7.3을 통해서 하나의 Dynamixel을 LabVIEW에서 어떻게 컨트롤하는지 알아보았다. 하나의 Dynamixel을 각각 바퀴 모드와 관절 모드로 설정하여 컨트롤하였다. 지금부터는 여러 개의 Dynamixel을 LabVIEW에서 컨트롤하는 방법에 대해서 예제를 통해 알아볼 것이다.

여러 개의 Dynamxiel을 사용하여 컨트롤함으로써, 로봇을 만들어 컨트롤하기 위한 목표에 더 가까워질 수 있을 것이다.

예제 4.7.4 DYNAMIXEL을 바퀴 모드와 관절 모드로 동작하기

1. 두 개의 Dynamixel을 연동하여 각각 바퀴 모드와 관절 모드로 지정해 컨트롤할 수 있도록 구성

2. Motor ID를 컨트롤할 수 있는 "Motor ID" 컨트롤과 Motor 1, 2 Goal Speed 컨트롤, 그리고 Motor 1, 2 Goal Position 컨트롤로 구성

3. Motor 1의 경우는 바퀴 모드로 구동되고, Motor 2의 경우는 관절 모드로 구동된다. Motor ID 컨트롤 값을 1로 설정하면 Motor 1을 구동할 수 있고, 2로 설정할 경우 Motor 2를 구동할 수 있도록 코드를 구성

아래 그림 4-46의 블록다이어그램을 살펴보면 어떻게 구성되어 있는지 알 수 있을 것이다.

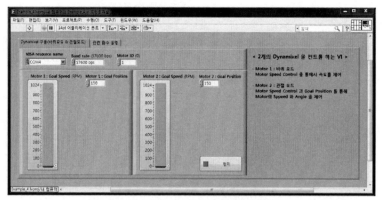

그림 4-45 ● 예제 4.7.4의 프런트패널

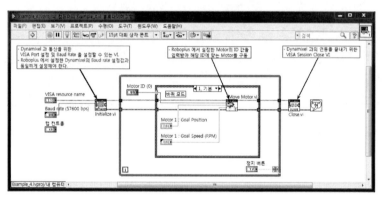

그림 4-46 ● 예제 4.7.4의 블록다이어그램

위의 그림 4-46의 블록다이어그램을 보면 While Loop 안에 Case 구문을 사용한 것을 볼 수 있다. Case 1의 경우는 바퀴 모드로 Dynamixel을 구동하고, Case 2의 경우는 관절 모드로 Dynamixel을 구동할 것이다. Case 1과 Case 2에 대해서 그림 4-47에 나타내었다. 예제 4.7.3을 응용하면 두 개의 Dynamixel을 동시에 컨트롤할 수도 있다. Case 구문을 사용하지 않고, 병렬로 Move Motor.vi를 사용한다면 VI를 실행할 때, 두 개의 Dynamixel이 동시에 동작할 것이다. 이 부분에 대해서는 예제를 참고하여 직접 작성해 보는 것이 이해하는 데 도움이 될 것이다.

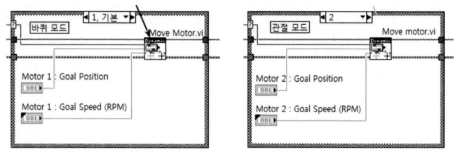

그림 4-47 ● 예제 4.7.4의 블록다이어그램-Case 구문

지금까지의 예제를 통해서 Dynamixel Motor를 Roboplus에서 설정하고, NI LabVIEW와 연동하여 컨트롤하는 것에 대해서 살펴보았다.

예제 4.7.5 여러 개의 DYNAMIXEL로 ROBOT ARM ROBOT 구성하기

예제 4.7.5는 위의 예제들을 바탕으로 간단한 Robot Arm을 구현해 본 예제이다. Robot Arm을 회전하는 동작과 관절부를 이용하여 각도를 조절하는 동작, 그리고 물체를 잡을 수 있게 조립된 집게를 조절하는 동작이 포함되어 있다.

1. 여러 개의 Dynamixel을 Daisy Chain으로 연결하여 구성하였고, 바퀴 모드와 관절 모드를 혼합하여 구성
2. 사용되는 Grip Control, Wheel Control 등의 함수는 첨부된 예제에 VI를 따로 제공하기 때문에 해당 폴더에서 드래그 앤 드롭으로 블록다이어그램에서 사용
3. 예제 4.7.5를 숙지하고 이를 응용하여 Robot Arm Robot이 아닌 2족, 또는 4족 로봇으로 확장하여 Robot을 구성할 수 있다.

예제 4.7.5의 프런트패널과 블록다이어그램을 그림 4-48과 그림 4-49에 각각 나타내었다.

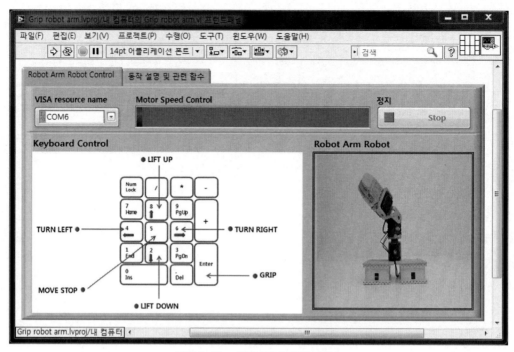

그림 4-48 ● 예제 4.7.5의 프런트패널

예제 4.7.5의 프런트패널을 살펴보자. 통신 포트를 알맞게 설정한 후, VI를 실행시키고 Keyboard Control 그림을 보고 조작하면 된다. Turn Left, Right는 가장 아래에 있는 Dynamixel Motor를 컨트롤하는 키이다. 방향을 변경하기 위해서 구성된 부분이며, 바퀴 모드로 설정된 Motor이다. 그리고 Lift Up과 Lift Down 부분은 가운데 부분의 Dynamixel Motor를 컨트롤하는 키이다. 물체가 있다고 가정을 하면 위치를 잡기 위해서 위, 아래로 움직일 수 있게 하기 위해서 사용된다. 이 부분도 역시 자유로운 움직임을 위해서 바퀴 모드로 설정해 놓았다.

마지막으로 집게가 달린 Dynamixel Motor 부분이 있다. 이 부분은 Grip 동작을 하는 부분으로 Enter 키를 사용한다. 현재 이 예제의 경우는 Enter 키를 누를 때, 90도 각도로 집게를 벌리는 동작을 하고, 한 번 더 누르면 집게를 닫는 형식으로 동작한다.

그리고 모터의 속도는 모두 동일하게 컨트롤하기 위해서 Motor Speed Control 컨트롤을 사용한다. Motor Speed의 경우도 키보드의 +, - 키로 조절이 가능하게 구현을 해 놓았고, 키보드 5를 입력하면 모든 Dynamixel Motor를 Stop하도록 구현하였다.

그럼 그림 4-49의 블록다이어그램에 대해서 좀 더 자세하게 살펴보도록 하겠다. 우선 기본적인 구조는 연속적인 동작을 위해서 While Loop를 사용하였고, 키보드가 눌렸을 때, 특정 동작을 할 수 있게 구현하기 위해서 Event 구조의 키다운을 사용했다.

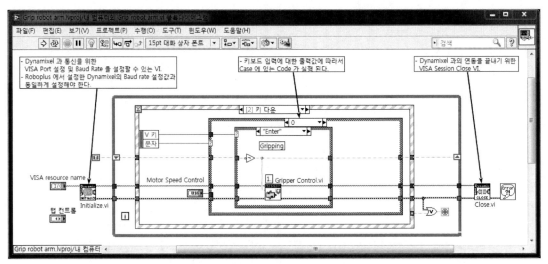

그림 4-49 ● 예제 4.7.5의 블록다이어그램

그림 4-49에서 볼 수 있듯이 Case 구조는 총 8가지의 Case로 구성된다. Grip, Motor Speed Up, Motor Speed Down, Turn Left, Turn Right, Lift Up, Lift Down, Stop의 동작이다. 각 Case 문의 선택자 라벨 값은 키보드 입력을 문자로 변경한 값을 입력 받는다. 키보드의 Enter 키를 입력했을 때는 0, 그리고 숫자 4를 입력했을 때에는 52가 입력되게 된다. 이 부분은 Event 구조의 문자 출력 부분에 인디케이터를 생성하여 바로 확인할 수 있다. 각각의 Case가 어떻게 구성되어 있는지 그림 4-50에 각각 나타내었다. 이 부분을 참고하여 예제를 실행해 보고 직접 구성해 보도록 한다.

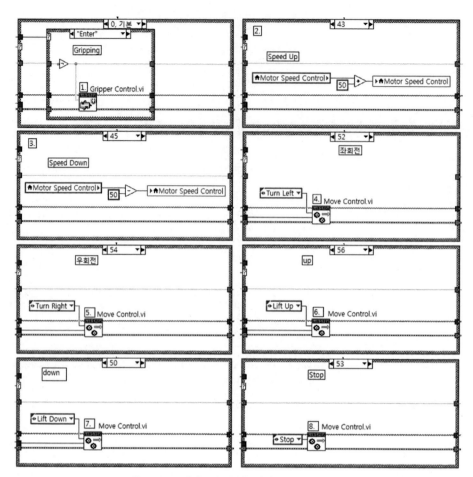

그림 4-50 ● 예제 4.7.5의 블록다이어그램 – Case 구조

예제 4.7.5에 사용된 Move Control.vi의 경우에는 Dynamixel Motor를 사용해서 어떤 것을 구현하였는지에 따라서 수정하여 사용해야 한다. Dynamixel Motor를 사용하는 개수에 따라서 VI 안에 추가를 해주어야 하는 부분이 생기게 된다.

지금까지 Dynamixel Motor를 사용하여 로봇을 만들고, 그것을 컨트롤하기 위해서 어떻게 NI LabVIEW와 연동하여 사용하는지에 대해서 예제를 통해서 알아 보았다. 하나의 Dynamixel Motor를 연동하여 컨트롤하는 방법부터, 여러 개의 Dynamixel Motor를 연동하여 사용하는 방법을 모두 숙지하였다.
현재까지의 과정을 모두 숙지하였다면, 이제 Dynamixel Motor를 사용하여, 여러 가지의 로봇을 만들어 NI LabVIEW와 연동하여 컨트롤할 수 있을 것이라 생각된다. Dynamixel Motor

몇 개를 사용하여 구현할 것인지, 로봇을 구현하고 동작을 컨트롤함에 있어서 Dynamixel Motor의 관절 모드와 바퀴 모드를 어떻게 적용할 것인지에 대해서 정확히 정하고, 구현한다면 사용자가 직접 로봇을 구현하여 컨트롤하는 것이 가능할 것이라 생각된다.

4.8 EXAMPLES(ADVANCED)

이번 절에서는 3장에서 배웠던 Vision과 이번 장에서 배운 Motion을 통합한 예제를 살펴 볼 것이다. 기본적으로 로봇을 제어한다고 하면 Vision이 필수적으로 사용되기 때문이다. 로봇에서 센서의 역할을 하는 카메라를 사용하면, 무선 통신을 통해서 로봇을 제어할 수 있기 때문이다.

근래에 이슈가 되고 있는 인명 구조 로봇 등은 대부분 여러 개의 카메라를 장착하고 있기 때문에, Motion과 Vision을 통합하여 제어하는 것은 매우 중요하다. 앞 장에서 USB CAM을 통한 이미지 수집과 처리에 관하여 배웠기 때문에 진행될 예제에 대해서 큰 어려움이 없을 것이라 생각한다.

예제 4.8.1   Vision과 Motion을 통합한 한 개의 바퀴 모드 Dynamixel 방향 제어하기

1. Vision 이미지 수집과 처리를 Motion에 통합하여 바퀴 모드로 동작하는 Dynamixel의 회전 방향을 변경할 수 있도록 구성
2. Hardware 셋팅을 해보자. 하나의 Dynamixel AX-12A를 준비한 후, Dynamixel 윗 부분에 USB CAM을 장착
3. USB CAM에 붉은색의 색싱이 인식되면, Dynamixel이 왼쪽 방향으로 회선하고, 파란색 색상이 인식되면, 오른쪽 방향으로 회전한다. 두 가지 색상이 아닌 다른 색상이나 배경이 인식되면 회전을 멈추도록 구성

그림 4-51에 예제 4.8.1의 프런트패널을 나타내었다.

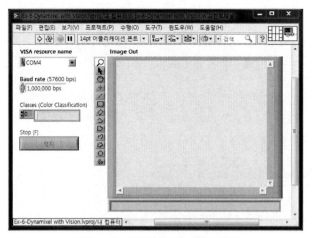

그림 4-51 ● 예제 4.8.1의 프런트패널

예제 4.8.1의 프런트패널을 살펴보자. 먼저 오른쪽 화면에는 USB CAM에서 수집되는 이미지 영상이 나타날 것이다. 앞서 배운 Vision 부분에서 많이 보았기 때문에 익숙할 것이다. 그리고 오른쪽 세 번째 부분에 보이는 인디케이터는 인식되는 색상을 표시할 것이다. 인디케이터에 "Blue"가 출력되면 Dynamixel은 오른쪽으로 회전할 것이고, "Red"라고 출력되면 왼쪽으로 회전할 것이다. 그럼 지금부터 어떻게 구성되었는지 아래 그림 4-52에 나타낸 블록다이어그램을 살펴보자.

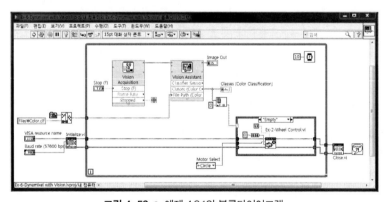

그림 4-52 ● 예제 4.8.1의 블록다이어그램

먼저 블록다이어그램의 While Loop의 안쪽을 살펴보자. 기본적으로 USB CAM을 통해서 영상 이미지를 수집하기 위해서 Vision Acquisition Express와 수집된 영상에서 붉은

색과 파란색, 그리고 배경을 인식하는 이미지 처리를 위한 Vision Assistant 함수를 사용하였다. Vision Acquisition 함수에서는 영상을 연속적으로 수집하는 것으로 설정해 놓았다. 그리고 붉은색과 파란색, 그리고 배경을 인식하기 위해 사용한 Vision Assistant에서는 Color Classification 기능을 사용하였다. Color Classification은 인식할 색상을 먼저 Vision Assistant에 인지시켜 놓고, 그 색상이 들어왔을 때, 색상을 비교함으로써, 영상에 들어오는 물체의 색상을 인식할 수 있는 기능이다. 색상 인식에 대해서 붉은색과 파란색, 그리고 배경을 포함하기 때문에 기본적으로 배열 형식의 출력을 가진다.

다음 부분은 Dynamixel을 동작하는 부분이다. 이 부분은 Case 구문 안에 구현하였다. 인식되는 색상에 따라 Case를 사용하는 것이다. "Red"라는 출력이 나오게 되면 Red Case가 실행되면서 Dynamixel을 왼쪽으로 회전시키는 것이다. 각 Case에 대한 블록다이어그램을 아래 그림 4-53에 자세하게 나타내었다.

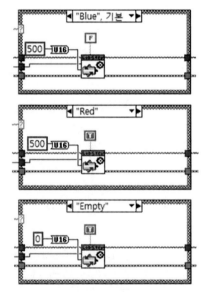

그림 4-53 ● 예제 4.8.1의 블록다이어그램-Case 구조

Red와 Blue Case가 실행되면 500의 Speed로 Dynamixel이 회전할 것이다. 그리고 True와 False로 방향이 설정되어 있기 때문에 설정된 방향으로 회전할 것이다. Empty Case가 실행되면 입력된 회전 방향에 상관없이 Speed에 0 값이 입력되기 때문에 Dynamixel이 동작하지 않을 것이다.

예제 4.8.1을 직접 구성해 보면, Vision과 Motion을 어떤 방식으로 통합하여 코드를 구성해야 하는지 기초적인 사항에 대해서는 이해할 수 있을 것이다.

예제 4.8.1을 응용하는 방법도 여러 가지가 있을 것이다. 예제 4.8.1의 경우는 인식하는 색상에 따라 단순히 Dynamixel의 회전 방향만을 변경하였지만, 더 나아가면 인식된 색상을 따라 이동하는 로봇도 구성하여 제어할 수 있을 것이다.

예제 4.8.2 Vision과 Motion을 통합한 여러 개의 Dynamixel 제어하기

1. 예제 4.8.1의 심화 예제라 할 수 있다. 예제 4.8.1과 마찬가지로 Vision과 Motion을 통합하여 구성되는 예제이기 때문에 USB CAM이 필요

2. 붉은색과 파란색, 배경을 인식하는 것은 앞의 예제 4.8.1과 동일

3. 여러 개의 Dynamixel로 간단한 로봇 팔을 구현하였고, 색상에 따라 동작을 달리할 수 있게 구성

4. 기본적으로 세 개의 Dynamixel로 로봇 팔을 구성, 앞의 예제 4.7.5에서 구성한 로봇 팔과 동일한 구성

5. USB CAM에서 붉은색이 인식되면 로봇 팔을 90도 접어서 붉은색의 공을 움켜잡은 후, 일직선으로 들어올리는 동작을 한다.

6. 두 번째로 파란색이 인식되면 팔을 90도로 접어서 파란색 공을 움켜쥔 후, 일직선으로 들어올리고, 다시 로봇 팔을 좌측으로 30도 돌리는 동작을 한다.

7. 배경이 인식되면 아무런 동작을 하지 않게 코드를 구성

먼저 아래 그림 4-54에 나타낸 예제 4.8.2의 프런트패널을 살펴보자.

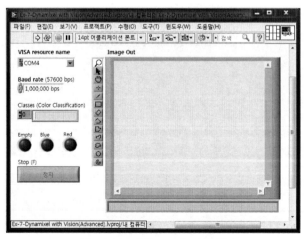

그림 4-54 ● 예제 4.8.2의 프런트패널

예제 4.8.1과 프런트패널 구성은 비슷하다. 다만 Case 동작에 대한 것을 프런트패널에 나타 내기 위해서 불리언 인디케이터를 추가하였다. 그럼 코드가 어떻게 구성되었는지 아래 그림 4-55의 블록다이어그램을 살펴보자.

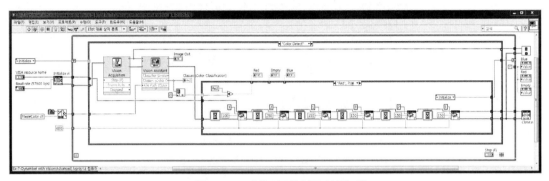

그림 4-55 ● 예제 4.8.2의 블록다이어그램

블록다이어그램의 큰 구조를 보면 예제 4.8.1과 동일해 보이지만 구조적으로는 약간 다르다. 상태에 따라 Dynamixel의 동작이 다르기 때문에 상태머신 구조를 사용하였다. 상태머신에 대해서는 앞서 LabVIEW를 배우는 장에서 살펴 보았을 것이라 생각한다. 기억이 잘 나지 않 거나, 익숙하지 않으면 앞 장의 내용을 다시 한 번 살펴보는 것을 추천한다.

로봇 팔이 세 개의 Dynamixel로 구성되기 때문에 여러 개의 Move Motor.vi를 사용한다. 그 리고 ID별로 움직일 각도에 따른 Position 값을 넣어주어 로봇팔을 굽히고 펴는 동작을 구현 하는 것이다. 이때, 유의할 점은 Dynamixel의 구동 함수인 Move Motor 함수 사이사이에 시 간지연이라는 함수를 사용해야 하는 것이다. Dynamixel이 명령을 받아 구동하는 시간을 주 기 위해서 일종의 딜레이를 주는 것이다. 사이사이에 딜레이를 주지 않으면 각각의 명령이 동 시에 들어가는 현상이 발생하여 사용자가 입력한 대로 Dynamixel이 동작하지 않을 수 있기 때문에 주의를 기울여야 한다.

각각의 Case가 어떻게 구성되었는지 그림 4-56에 자세하게 나타내었다.

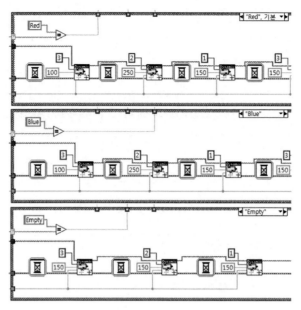

그림 4-56 ● 예제 4.8.2의 블록다이어그램 – Case 구조

각각의 Case 구조를 살펴보면 Move Motor 함수에 입력되는 ID 값에 따라 그에 맞는 Dynamixel이 구동하고, 움직이는 각도, 즉 Position 값이 다른 것을 볼 수 있다. 이 Poisition 값에 따라 Dynamixel이 다른 각으로 움직여 로봇팔이 움직이는 구동을 만들어 내는 것이다.

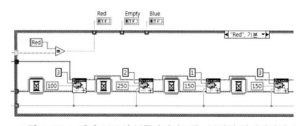

그림 4-57 ● 예제 4.8.2의 블록다이어그램 – 불리언 인디케이터

그리고 위의 그림 4-57에 구현한 것처럼 각각의 Case가 동작할 때에만 상응하는 불리언 인디케이터에 불이 들어오게 하여 현재 어떤 동작을 하는지 알기 쉽게 프런트패널에 나타내었다.

이번 절에서는 산업용 모터를 사용하여 Motion 시스템을 구성하는 방법에 대해서 알아보도록 하겠다. 앞서 사용했던 Dynamixel Motor의 경우는 TTL 레벨의 디지털 통신을 이용하였고, Motor를 제공하는 제조사에서 제공하는 Controller를 사용하여 Motor를 제어하였다. 하지만 Dynamixel Motor의 경우는 일반적인 산업 현장에서 쓰이는 용도가 아닌 교육용에 가까운 Motor이다. 지금부터는 일반적으로 산업 현장에서 사용되는 모터들을 사용하여 어떻게 Motion 시스템을 구성하고, 컨트롤하는지 알아보도록 할 것이다.

일반적으로 산업 현장에서 사용하는 산업용 모터의 경우는 크게 분류하자면 아날로그 제어 모터와 디지털 제어 모터가 있다. 이 모터들은 각각에 맞는 모터 드라이브가 필요하며, 모터 드라이브에 제어 신호를 보내줄 수 있는 Motion Board가 필요하다. 이 Motion Board를 National Instruments에서 제공하는 것이다.

모터 제조사에서 제공하는 모터 드라이브를 설정하는 부분에서 아날로그로 제어할지, 디지털 펄스를 사용해서 제어할 것인지 설정하는 부분에 대해서 정확한 이해가 필요하다. 이 부분의 이해가 없다면 다시 한 번 모터 제조사의 매뉴얼을 참고하여 숙지해야 한다.

어떠한 방식으로 제어할지를 정하고 나면, 모터와 모터 드라이브 간의 결선이 필요하다. 또한 모터 드라이브와 사용하는 Motion Board 간의 결선이 필요하다. 모터 제조사에서 결선을 하여 케이블 형태로 제공하는 경우도 있지만 그렇지 않은 경우에는 사용자가 매뉴얼을 참고하여 직접 결선을 하여 연결해주어야 한다. 이러한 부분도 모터 제조사에서 모두 제공하니, 제조사의 매뉴얼을 참고하면 된다.

통상적으로 아날로그 제어 모터와 디지털 펄스 제어 모터의 결선은 복잡한 경우가 있지만 위치 제어를 한 경우, 디지털 펄스의 CW, CCW 방향만 제어하기 때문에 모터를 움직일 수 있는 CW 및 CCW와 모터의 위치를 알 수 있는 Encoder 부분만을 결선하게 되면 모터를 제어할 수 있다.

이렇게 모터를 제어하는 방법이 다르기 때문에 National Instruments에서 제공하는 Motion Board도 지원하는 범위가 다르다. National Instruments에서 제공하는 Motion Board의 종류와 지원 범위에 대해서 갼략하게 표 4-9에 나타내었고, LabVIEW를 이용한 모션시스템 구성도를 간략하게 그림 4-58에 나타내었다.

	733x	734x	735x	7390	9512	9514	9516	9501	9502	9505
Number of Axis	2, 4	2, 4	2, 4, 6, 8	4	1	1	1	1	1	1
PCI	○	○	○	○						
PXI	○	○	○							
cRIO					○	○	○	○	○	○
Servo		○	○			○	○			
Stepper P−cmd	○	○	○	○	○			○		

표 4-9 ● National Instruments Motion Board

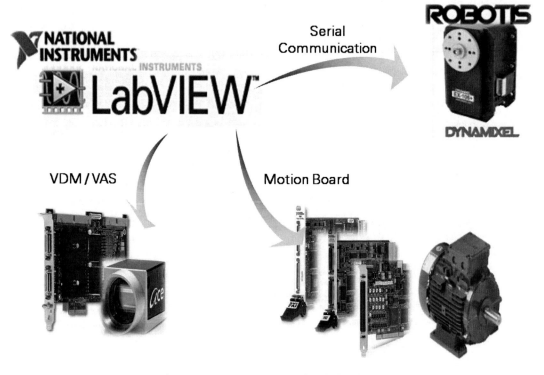

그림 4-58 ● National Instruments의 모션 시스템의 구성

NI LabVIEW와 NI LabVIEW Robotics Module, 그리고 ROBOTIS의 Dynamixel Motor를 이용하여 모션 시스템을 구성하여 로봇을 만들기 위해서 어떠한 과정이 필요한지 살펴보았다. TTL 레벨의 디지털 신호를 통해 제어되는 Dynamixel Motor를 사용하여 로봇을 구성하고, 구성한 로봇을 LabVIEW를 통해서 컨트롤하는 것에 대해서 중점적으로 살펴보았다. ROBOTIS의 Dynamixel Motor와 Roboplus 소프트웨어의 사용 방법, 그리고 LabVIEW Robotics Module 함수 사용에 대해서 예제를 통해서 이해하였다. 로봇을 처음 접하는 사용자라 하더라도 Dynamixel Motor를 이용한 기초적인 모션 시스템 구성을 잘 할 수 있을 것이다. Dynamixel Motor를 제어하는 부분에 있어 기본을 숙지하고 있으면, 추후 독창적인 로봇을 구현하여 LabVIEW로 제어할 수 있을 것이라 생각된다.

Vision Motion
통합 로봇 개발 및 사례

5

Vision Motion
통합 로봇 개발 및 사례

5장에서는 3장의 이미지 수집 및 처리 기능과 4장의 Dynamixel 구동 방법을 기반으로 Vision 과 Motion을 통합한 로봇을 제작하는 방법을 소개한다. 또한 소개된 로봇을 활용하여 제작할 수 있는 고급 로봇 사례를 소개함으로써, 로봇 제작 시 설계의 폭과 기술력을 넓힐 수 있도록 하였다. 더불어서 산업 현장 또는 생활에서 사용되는 로봇을 확인해보며, 제작된 로봇이 적용될 수 있는 분야에 대해 생각해 볼 수 있도록 하였다.

LABVIEW
5.1 GRIPPING ROBOT 제작 및 활용

5.1.1 GRIPPING ROBOT 데모

Gripping 로봇은 산업 현장의 포크레인의 모션을 기반으로 개발되었다. 집계의 중간 관절에 설치된 USB 카메라를 통해 실시간으로 수집되는 영상을 확인하며 로봇의 방향 컨트롤이 가능하다. 목표물이 나타날 경우 Robot Arm을 컨트롤하여 물건을 집어 올릴 수 있도록 제작되었다.

그림 5-1 ● Gripping Robot Demo

● REQUIREMENTS

AX-12A 모터 : 9 EA

USB Camera : 1EA

바퀴 : 4 EA

CM-530 : 1EA

5.1.2 GRIPPING ROBOT 구조도

그림 5-2 ● Gripping Robot 구조도

5.1.3 GRIPPING ROBOT 삼면도

Gripping Robot Demo는 AX-12A 9개로 구성된다. 4개는 바퀴로 사용하고, 나머지 5개를 Arm처럼 사용하여, 바닥이나 공중에 있는 가벼운 물체를 잡아 옮길 수 있는 로봇이다. 움직임은 Arm Control 및 Grip Control 전진, 후진, 우회전, 좌회전이 가능하다. Arm 부분 중 3개의 모터는 관절로 제어하고, 2개는 바퀴 모드로 제어함으로써 움직임에 대한 유연성을 높였다.

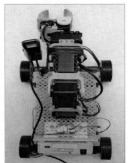

그림 5-3 ● Gripping Robot 삼면도 (순서대로 전면, 측면, 상면)

5.1.4 GRIPPING ROBOT 구동 및 로직

1) Gripping Robot Key Control

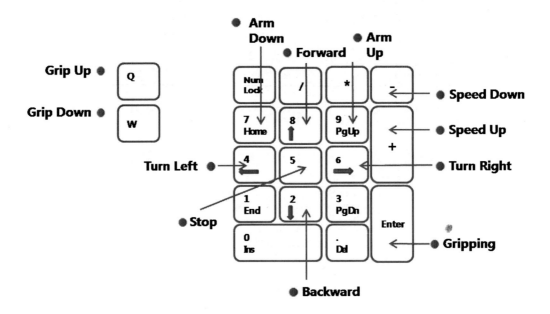

그림 5-4 ● Gripping Robot Key Control

2) Gripping Robot 구동 순서

기본적인 로직은 4개의 Wheel로 이동하며, USB 카메라를 통해 영상을 수집한다. 영상을 통해 해당 물체를 확인하고 수동으로 집어 올리는 형태로 구현되었다.

그림 5-5 ● Gripping Robot 구동 순서

3) Gripping Robot Block Diagram

상단의 While Loop가 Vision 처리 코드이며, 아래 쪽의 While Loop가 실질적으로 Dynamixel을 컨트롤하는 모션에 관련된 코드이다. NI VISION 함수를 통해 수집된 이미지는 본래의 이미지 및 이미지 처리를 거친 흑백 이미지까지 두 개의 이미지를 출력한다. 이미지 처리에 사용된 함수는 VISION DEVELOPMENT MODULE의 IMAQ Cast Image.vi를 통해 쉽고 빠르게 Grayscale 이미지로 전환하게 된다. 모션 관련 코드는 기본적으로 While Loop, Event 및 Case 구조를 사용하였다. Event 구조에서는 키 다운 Event를 사용하였고, Case 구조에서는 각각의 모션을 나누어 컨트롤할 수 있다. 해당 Case에 전진, 후진, 우회전, 좌회전, Arm Control 및 Grip Control 부분을 구현해 보기 바란다.

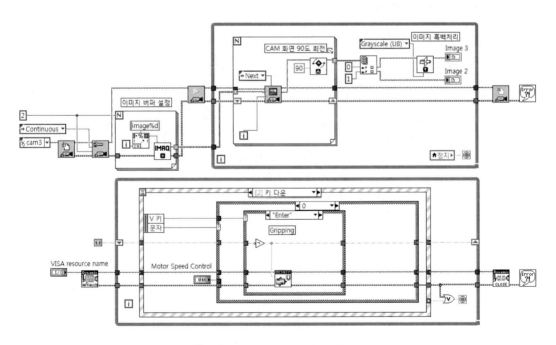

그림 5-6 ● Gripping Robot Block Diagram

5.1.5 GRIPPING ROBOT 활용

Gripping Robot을 통해 영상을 수집한 뒤, 물건을 집어 올리는 로직 구현에 대한 이해도가 있다면, 그림 5-7과 같이 2개의 Arm 로봇으로 Tic Tac Toe Play를 할 수 있는 로봇 구현 또한 가능할 것이다.

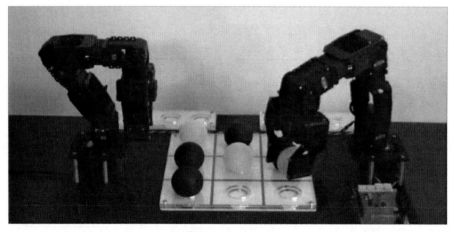

그림 5-7 ● Robot Arms

해당 로봇은 Microcontroller, AX 및 MX 액츄에이터를 사용하였다. 로직 구현은 JazzOS Explorer에 JAVA 로직으로 구현되었으나, LabVIEW를 통해서도 각각의 Arm Robot을 컨트롤하여 Play할 수 있도록 구현할 수 있겠다. Vision을 이용하여 Color Pattern Matching을 통해 Ball의 모형을 탐색한 뒤, 이전에 볼을 놓았던 위치의 반경 중 빈 좌표에 볼을 놓을 수 있도록 구현한다면 Auto Play가 가능하다.

Gripping Robot 활용 출처 : http://www.youtube.com/watch?v=VMEQlAtfQNs

2포신 TANK ROBOT 제작 및 활용

5.2.1 2포신 TANK ROBOT 데모

Tank Robot은 2포신 전차를 모티브한 Robot으로서 LabVIEW를 이용하여 Dynamixel 하드웨어를 제어하는 예제이다. Tank의 다이나믹한 동작을 재현하고자 포신의 좌우 회전을 구현하였고, 포탄 공격은 시중에서 쉽게 구할 수 있는 고무줄로 대체하였다. 또한 Tank에 USB Camera를 장착하여 NI Vision 사용법을 익히도록 하였다. 이번 로봇에서 주목할 점은 목표 대상을 자동으로 탐지한 뒤, 포탄 공격 모션 구현이 가능하다는 점이다.

그림 5-8 ● TANK Robot Demo

● **REQUIREMENTS**

AX-12A 모터 : 7 EA

USB Camera : 1EA

바퀴 : 4 EA

CM-530 : 1EA

5.2.2 2포신 TANK ROBOT 구조도

그림 5-9 ● TANK Robot Flow 구조도

5.2.3 2포신 TANK ROBOT 삼면도

포신 구현은 AX-12A로 구현하였으며, 고무줄 장전을 위해 두 개의 AX-12A 각각에 톱니형태 바퀴를 연결하였다. 또한 USB 카메라를 부착하여 목표물이 감지되면 자동으로 고무줄이 발사될 수 있도록 제작되었다. 제작 시 주의할 점은 Wheel로 사용되는 4개의 모터와 포신 회전 모터는 바퀴 모드로 설정하고, 포신 모터는 관절 모드로 설정하도록 한다.

  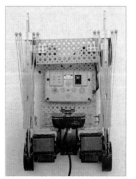

그림 5-10 ● TANK Robot 삼면도 (순서대로 전면, 측면, 상면)

5.2.4 2포신 TANK ROBOT 구동 및 로직

1) 2포신 TANK Robot Key Control

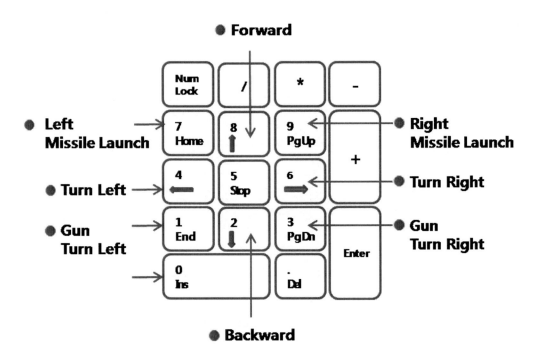

그림 5-11 ● 2포신 Tank Robot Key Control

2) 2포신 TANK Robot 구동 순서

구동 순서는 4개의 Wheel로 이동하며, USB 카메라를 통해 영상을 수집한다. 수집된 영상에서 적색 물체를 인식하면 자동으로 Missile Launch하는 구조로 되어 있다.

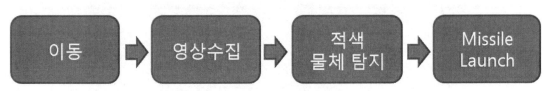

그림 5-12 ● 2포신 Tank Robot Key Control

3) 2포신 TANK Robot Block Diagram

영상 수집은 Tank Robot의 중앙부에 USB 카메라를 장착하여 NI Vision의 IMAQdx 함수와 Vision Assistant VI를 사용하여 구현할 수 있다.

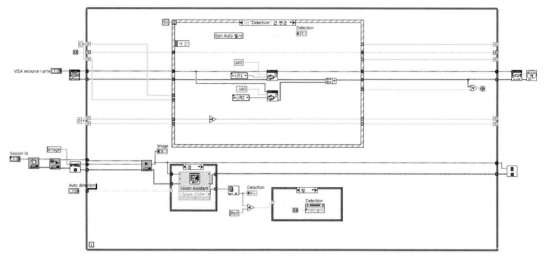

그림 5-13 ● 2포신 Tank Robot Block Diagram

Vision Assistant에서 Color Classification 함수를 이용하여 붉은색을 검출한다. 검출 여부는 값 변경 프로퍼티 노드를 통해 모션구동 로직에 반영되어, 모터의 일정 각도를 회전시켜 미사일이 발사된다. Vision Assistant의 Express VI를 사용하여 Color Classification을 구현하면 짧은 시간에 효과적인 로직 구현이 가능하다.

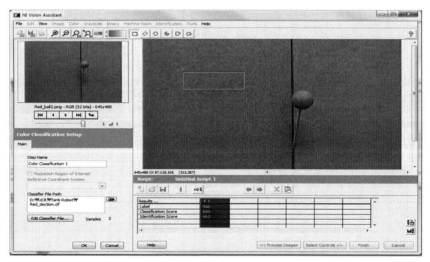

그림 5-14 ● Vision Assistant의 Color Matching

2포신 TANK ROBOT 제작 시 유의할 점

1. 4개의 Wheel과 포신 회전 모터는 바퀴 모드, 포신 모터는 관절 모드로 설정한다.
2. Missile Lauch 회전각도를 구하는 것이 중요하다.

5.2.5 2포신 TANK ROBOT 활용

2포신 Tank Robot의 구조를 기반으로 그림 5-15의 Infantry Supportable Automated Fighter Robot과 같은 보병 지원이 가능한 전투차량용 형태로 개발이 가능하다. 전쟁 시 인명 피해를 줄이기 위해서 로봇 및 무인비행기-UAV(Unmanned Aerial Vehicle)의 개발 및 적용이 확산되고 있다. 지상에서 적과 자동으로 전투할 수 있는 차량을 개발하여 보병과 공동으로 작전을 펼쳐 지상 적군을 섬멸할 수 있는 전투 차량 형태라고 할 수 있다. NI VISION을 사용하여 적군을 탐지하고 자동 저격할 수 있는 형태로 개발이 가능하다.

그림 5-15 ● Infantry Supportable Automated Fighter Robot

5.3.1 **PORTER ROBOT 데모**

Porter Robot은 실제 지게차의 모션을 기반으로 제작하였다. 지게차가 물건을 위로 들어올려 운반하는 기능이라면, Porter 로봇은 악력을 이용하듯, 물건을 양쪽에서 집어 들어 운반할 수 있도록 구현하였다. 이번 Case는 로봇 모션을 구상할 시, 일상에서 존재하는 모션에 다른 발상을 적용하여 모션 구현이 가능함을 보여준 케이스라고 할 수 있다. 로봇 제작 대상 선정에 어려움이 있을 시 기본적인 모션을 다른 방향에서 접근해 보는 것도 좋을 것이다.

그림 5-16 ● Porter Robot Demo

● **REQUIREMENTS**

AX-12A모터 : 2 EA

AX-12W모터 : 2 EA

바퀴 : 2EA

CM-530 : 1EA

5.3.2 PORTER ROBOT 구조도

그림 5-17 ● Porter Robot 구조도

5.3.3 PORTER ROBOT 삼면도

Porter Robot은 AX-12A 2개, AX-12W 2개를 사용하여 물체를 잡아서 옮길 수 있는 로봇이다. 키보드 방향 키를 사용하여 로봇을 전, 후, 좌, 우로 움직이며 물건을 옮길 수 있다. Porter Robot은 하판, 중판, 상판으로 구성되어 있으며, 하판은 Wheel 파트를 담당하는 AX-12W 2개의 바퀴로 구성된다. 중판은 건전지를 탑재하는 부분이다. 상판은 Porter Robot 컨트롤을 담당하는 CM-530과 Arm을 담당하는 AX-12A 2개로 구성되어 있다. 다른 로봇의 구성과 다른 점은 CM-530의 전원부를 건전지를 이용해서 구성한 점이라고 할 수 있겠다.

그림 5-18 ● Porter Robot 삼면도 (순서대로 전면, 측면, 상면)

5.3.4 PORTER ROBOT 구동 및 로직

1) Porter Robot Key Control

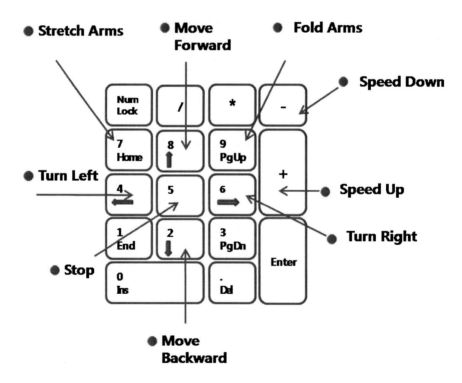

그림 5-19 ● Porter Robot Key Control

2) Porter Robot 구동 순서

Porter Robot의 기본적인 구동은 이동 후 들어올릴 물체에서 팔을 펼친 후 오므려서 물체를 이동시킬 수 있는 Motion으로 이루어져 있다.

그림 5-20 ● Porter Robot 구동 순서

3) Porter Robot Block Diagram

Porter Robot 구현 시 기본적으로 While Loop와 Event 구조를 사용하여 구현이 가능하다. Forward, Backward, Turn Right, Turn Left 등의 기본적인 움직임만으로 모션 구현이 가능하다. 제작 시 주의해야 할 점은 모든 Dynamixel의 ID를 다르게 설정해야 하며, 물건을 집는 부분은 관절 모드로, Wheel은 바퀴 모드로 설정하여 구현한다.

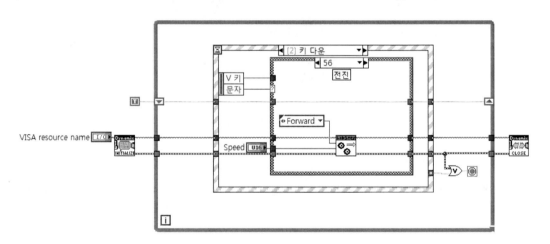

그림 5-21 ● Porter Robot Block Diagram

5.3.5 PORTER ROBOT 활용

그림 5-22 ● Room Tidying Pick Up Robot

그림 5-22는 Porter Robot의 물체를 집는 기능에 회전할 수 있는 몸체, 짐을 실을 수 있는 짐 칸을 추가하여 주변을 정리할 수 있는 기능을 더했다고 할 수 있다. 기본적인 모터 골격의 로봇에 Tidying Pickup Robot과 같이 로봇 케이스 모듈을 설치한다면 더욱 로봇다운 로봇 제작이 가능할 것이다.

Porter Robot 활용 출처

http://www.hammacher.com/Product/78568?promo=Home&catid=0

5.4.1 SNAKE ROBOT 데모

Snake Robot은 실제 뱀이 앞으로 이동하는 방식, 옆으로 이동하는 방식 및 먹이를 포착하는 모습을 Dynamixel 모터를 이용하여 구현하였다. 9개의 모터를 모두 관절 모드로 설정하여 제작하였으며, 모션은 전진, 옆으로 이동, 공격, 대기, 정지까지 총 5개의 모션으로 구현되었다. 뱀의 자연스러운 움직임을 구현하기 위해서 다양한 모션으로 모터를 구동해 보는 것이 중요하다.

그림 5-23 ● Snake Robot Demo

● **REQUIREMENTS**

AX-12A 모터 : 9 EA

바퀴 : 4 EA

CM-530 : 1EA

5.4.2 SNAKE ROBOT 구조도

그림 5-24 ● Snake Robot 구조도

5.4.3 SNAKE ROBOT 이면도

Snake Robot은 AX-12A 9개와 CM-530 제어기를 연결하여 제작하였다. 몸통은 상하좌우 움직임을 위해 AX-12A를 지그재그로 조립한 후 각각의 모터를 Daisy Chain 방식으로 연결하였다. 몸통의 좌우에 달려있는 4개의 바퀴는 모터에 직접 연결되어 있지 않고 마찰력과 균형을 위해 모터 결합 부분에 연결하여 기동성을 높였다. 뱀의 꼬리 형상을 묘사하기 위해 주로 로봇의 손 또는 집게를 제작하는 용도로 사용되는 부품을 사용하였으며, 모터 ID는 Head를 0으로 시작해서 Tail을 8로 설정하여 제작하였다. 모든 모터의 제어 속도를 57162bps로 설정하였다.

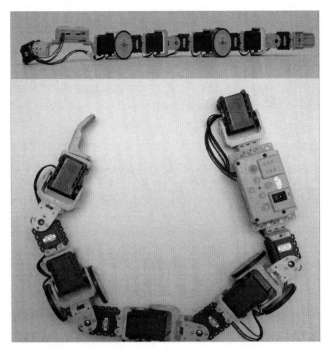

그림 5-25 ● Snake Robot 이면도 (순서대로 측면, 상면)

5.4.5 SNAKE ROBOT 구동 및 로직

1) Snake Robot Key Control

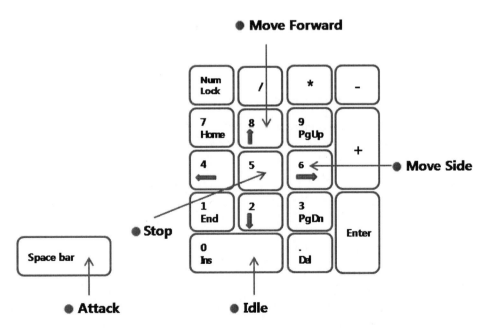

그림 5-26 ● Snake Robot Key Control

2) Snake Robot Block Diagram

Snake Robot의 기본구조는 While Loop와 Event 구조로 구현되었다. 각각의 모션은 열거형 상수에 Forward, Turn Right, Attack, Wait, Stop으로 정의하여, 전진 버튼을 클릭할 경우 발생되는 Key Down 이벤트를 통해 전진 모션을 구동한다.

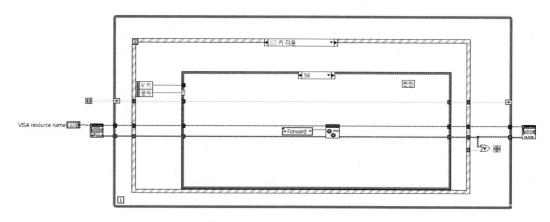

그림 5-27 ● Snake Robot Structure

전진 모션 구조는 모터의 ID와 Goal Position을 배열 형태로 관절 함수에 입력함으로써 입력된 모터 ID 순서대로 움직일 수 있도록 구현할 수 있다. 그림 5-28은 Forward 로직을 나타낸 것이다. 앞서 언급했던 방식대로 배열 형태의 모터 ID와 각도를 구성하여 Turn Right, Attack, Wait, Stop 로직을 구현해 보기 바란다.

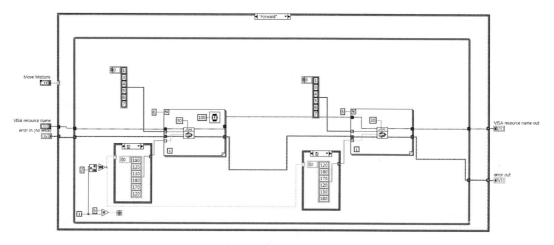

그림 5-28 ● Snake Robot Forward

5.4.6 SNAKE ROBOT 활용

9개의 모터를 어떻게 구동시키는지에 대한 로직을 이해한다면, 그림 5-29의 로봇과 같이 더욱 Snake의 움직임과 유사한 로봇 구현이 가능할 것이다. 실제 뱀의 모션과 유사한 움직임을 구현하고자 한다면, 뱀 로봇의 하단에 바퀴를 연결하여 마찰력을 최소화하면 더욱 자연스러운 움직임 구현이 가능하다. 아래의 영상자료 주소를 통해 Snake Robot의 모션을 확인하고 효과적인 구조로 제작해보기 바란다.

그림 5-29 ● Robotic Snake

출처 : http://www.moah.org/robotman/the_exhibit/exhibit.html
영상 자료 : http://www.youtube.com/watch?v=SRwiJWhtgpg

5.5.1 TRANSPORTER ROBOT 데모

Transporter 로봇은 실제 화물 운반 차량의 기능을 기반으로 제작하였다. 실제 화물 운반 차량의 움직임에 360도 회전이 가능한 모션을 추가적으로 구현하였다. 가장 일반적인 화물차량의 형태와 같이 여러 개의 바퀴를 설치하고 방향전환 모션용 Dynamixel 6EA를 바퀴 상단에 추가적으로 설치함으로써, 대각선 이동, Side 이동, 제자리에서 360도 회전이 가능한 Transporter 로봇을 구현할 수 있다.

그림 5-30 ● Transporter Robot

● **REQUIREMENTS**

AX-12A 모터 : 12 EA

바퀴 : 6 EA

CM-530 : 1EA

5.5.2 TRANSPORTER ROBOT 구조도

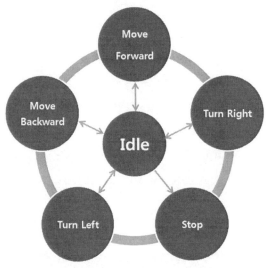

그림 5-31 ● Transporter Robot 구조도

5.5.3 TRANSPORTER ROBOT 삼면도

Transporter Robot은 차량 이동과 방향 전환을 제공함으로써, 사용자 혹은 개발자가 원하는 움직임을 대부분 구현할 수 있다. 이 데모를 구현해 봄으로써, LabVIEW와 Dynamixel을 이용한 모션 제어의 기본을 학습할 수 있다. 운송 로봇을 실행시키기 위해서는 방향 및 이동을 처리하는 부분을 따로 구성하여 처리할 수 있어야 한다. 따라서 운송 로봇은 크게 2가지 영역으로 구성되어 있다. 운송 로봇의 이동을 담당하는 6개의 모터와 방향 전환을 담당하는 6개의 모터로 구분된다. Transporter Robot은 차량 이동과 방향 전환을 제공함으로써, 차량 로봇이 표현할 수 있는 다양한 움직임을 구현할 수 있다.

그림 5-32 ● Transporter Robot 삼면도 (순서대로 전면, 측면, 상면)

기능	제품 이름
차량 이동	AX–12W
방향 전환	AX–12A

방향 전환과 위치 이동에 사용되는 모터들은 각각 한 개씩 사용하여 하나의 바퀴에 연결되게 된다. 아래 그림처럼 방향을 전환하는 모터와 이동을 처리하는 모터를 구성하도록 한다. 주의해야 할 점은 조립할 때 방향 전환 모터의 위치가 정확히 중간에 위치한 상태에서 조립을 해야 정확한 직선으로 차량이 이동할 수 있다. 반드시 여러 Dynamixel을 작동시키기 위해서는 ID를 각각 다르게 설정하여 사용하도록 한다.

그림 5-33 ● Transporter Robot Side View

5.5.4 TRANSPORTER ROBOT 구동 및 로직

1) Transporter Key Control

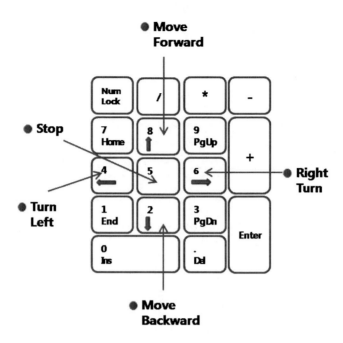

그림 5-34 ● Transporter Robot Key Control

제공되는 솔루션의 UI 단에서 CIRCLE 모드 설정이 가능하여, 이동 시 원을 그리며 돌게 하도록 구동할 수 있다.

2) Transporter Block Diagram

그림5-35는 Main VI의 코드이다. 기본적으로 While 및 Event 구조를 이용하고 있으며, UI의 버튼 또는 숫자 키보드의 상, 하, 좌, 우 키보드를 누르면 동작하는 구조로 되어 있다.

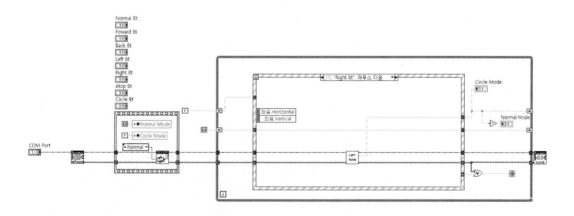

그림 5-35 ● Transporter Robot Structure

각각의 버튼이 눌러지게 되면 미리 할당되어 있는 각도로 모터가 구동되어 Forward, Backward, Right Turn, Left Turn 움직임을 표현한다.

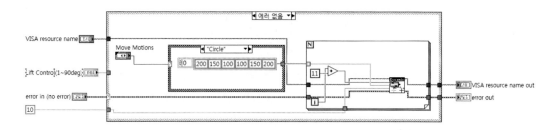

그림 5-36 ● Transporter Robot Left Turn

TIP

TRANSPORTER ROBOT 제작 시 유의할 점

1. 방향전환 모터의 원점 설정 후 차량 이동모터를 조립해야 한다.
2. Serial Com Port 번호는 Dynamixel Wizard에서 확인할 수 있으며, USB Camera Port 번호는 MAX → Device and Interface → NI IMAQdx Device에서 확인 가능하다.
3. 모든 모터 ID설정을 각각 다르게 구성한다.

5.5.5 TRANSPORTER ROBOT 활용

12개의 바퀴로 Transporter 로봇의 전진, 후진, 대각선, 원 모션 구현을 이해한다면, 그림 5-37과 같이 24개의 Wheel로 구성된 Transporter 로봇 구현 또한 도전해 보기 바란다. 6개의 바퀴를 이용한 Transporter에 비해 주의해야 할 사항은 좌회전 우회전 시 12개의 바퀴의 각을 좀 더 세밀하게 조절해야 한다는 점이다. Transporter 기본 로직을 바탕으로 Side Mode, Clock Wise, Counter Clock Wise 등의 모션을 구현해 보기 바란다.

그림 5-37 ● 12 Wheels Transporter Robot Structure

* TRANSPORTER ROBOT 활용 자료 출처

http://www.youtube.com/watch?v =U48kYnD21as

LABVIEW
5.6 DRAGON ROBOT 제작 및 활용

5.6.1 DRAGON ROBOT 데모

Dragon 로봇은 실제 StarCraft의 Dragon 캐릭터의 모션을 로봇으로 구현해보기 위해 제작되었다. 실제 4개의 발로 이동하고 미사일을 발사하는 게임 속 캐릭터를 직접 제작하였기에 흥미로운 움직임을 구현해 볼 수 있다. 로봇 제작 대상 선정 시, Dragon뿐만이 아닌 게임 속의 다양한 캐릭터를 로봇으로 구현해 본다면 보다 흥미롭게 로봇 제작이 가능하다.

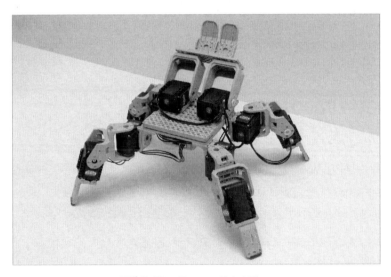

그림 5-38 ● Dragoon Robot Demo

● REQUIREMENTS

AX-12A 모터 : 10 EA

CM-530 : 1EA

5.6.2 DRAGON ROBOT 구조도

그림 5-39 ● Dragon Robot 구조도

5.6.3 DRAGON ROBOT 삼면도

Dragon Robot은 4개의 다리로 전진, 후진을 할 수 있고, 좌우회전 및 앉기, 서기 동작이 가능하다. 또 위의 미사일 발사대를 앞뒤로 움직여 미사일 발사를 할 수 있다. 이 로봇은 총 10개의 AX-12A 모터로 구성되어 있다. 4개의 다리는 각각 2개의 모터로 구성되어 있으며, 수직 또는 수평 방향으로 움직일 수 있는 구조이다. 로봇 상단의 미사일 발포대는 2개의 모터로 이루어져 있으며, 10개의 모든 모터는 관절 모드로 동작하게 된다. 미사일이 발포되는 방향은 로봇의 앞 쪽으로 지정되어 있다.

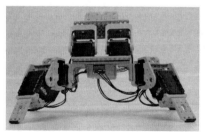  

그림 5-40 ● Dragon Robot 삼면도 (순서대로 전면, 측면, 상면)

5.6.4 DRAGON ROBOT 구동 및 로직

1) Dragon Robot Key Control

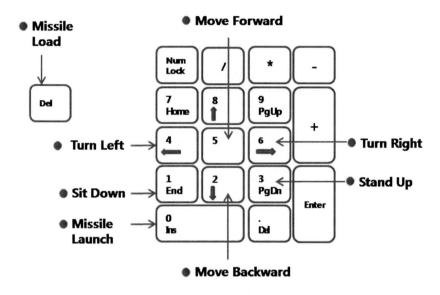

그림 5-41 ● Dragon Robot Key Control

2) Dragon Robot Block Diagram

Main VI는 While loop 안에 Event 구조로 되어 있다. 각 모션에 정의되어 있는 Key Down 이벤트가 발생하면 해당 모션 케이스에 적용되어, 각각의 모션을 구동한다.

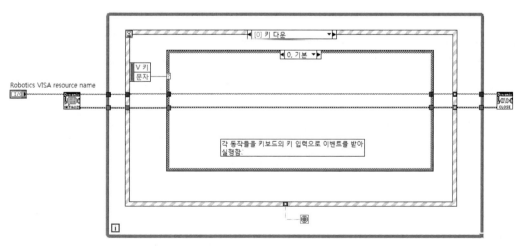

그림 5-42 ● Dragon Robot Structure

그림 5-43은 전진 모션을 나타낸다. 전진 모션은 세 가지 동작으로 구분된다. 전진을 위한 기본 자세 잡기와 왼쪽 앞 전진, 오른쪽 앞 전진이다. 왼쪽 대각선 앞으로 이동 후 오른쪽 대각선 앞으로 이동해서 결과적으로 앞으로 이동하는 동작을 하게 된다. 각 SubVI에 대해 살펴보도록 하자.

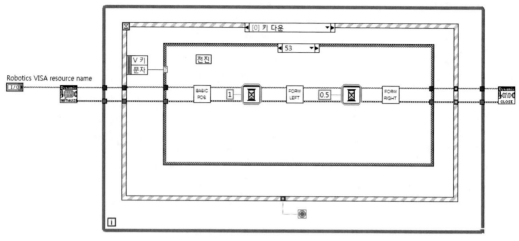

그림 5-43 ● Main VI Block Diagram

Basic forward VI는 전진을 하기 위한 기본 자세를 잡는다. 오른쪽 두 다리를 전진 방향 기준 오른쪽으로 90도로 위치하게 하고, 왼쪽 앞 다리는 0도, 왼쪽 뒷다리는 180도 위치한 형태로 만들어준다. Forward left VI는 왼쪽 대각선 앞으로 전진하는 동작이며, Forward right VI는 오른쪽 대각선 앞으로 전진하는 동작이다. 기타 Backward, Turn Right, Turn Left 등의 움직임은 추가로 제공되는 솔루션을 참고하여 구현해 보기 바란다.

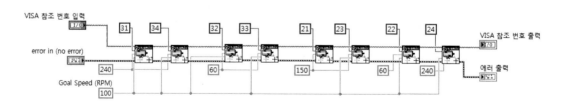

그림 5-44 ● Basic Forward VI Block Diagram

5.6.5 DRAGON ROBOT 활용

4개의 다리로 이동하는 Dragon Robot의 움직임에 대한 구현을 완성한다면, 그림 5-45와 같이 6개의 다리로 이동할 수 있는 Hexapod Robot 로직 또한 구현 가능할 것이다. Hexapod Robot은 실제 본 교재에서 다루고 있는 AX-12A 모터로 구성되었으며, LINE TRACKING 센서를 달아 LINE TRACKING 모션 또한 구현 가능한 로봇이다. 하단의 링크 주소를 통해서 6개의 다리로 Line Tracking하는 모션을 확인하기 바란다.

그림 5-45 ● Hexapod Robot

* Dragon Robot 활용 출처
1. http://www.youtube.com/watch?v=XWFtxBtQoaw
2. http://www.youtube.com/watch?v=Vo_WmDNnvFA

5.7 FOUR FEET WALKING ROBOT 제작 및 활용

5.7.1 FOUR FEET WALKING ROBOT 데모

Four Feet Walking Robot은 말 그대로 4족 보행동물을 모티브로 한 로봇이다. 실제 4족 보행 동물의 동작을 재현하기 위해 고관절, 무릎, 발목으로 이루어진 다리 구조로 제작하였다. 전면부에 USB 카메라를 이용하여 색상별로 특정 모션이 구동되도록 구현하였다.

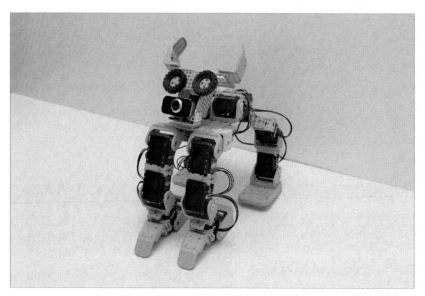

그림 5-46 ● Four Feet Walking Robot Demo

● **REQUIREMENTS**

AX-12A 모터 : 14 EA

USB Camera : 1EA

CM-530 : 1EA

5.7.2 FOUR FEET WALKING ROBOT 구조도

그림 5-47 ● Four Feet Walking Robot 구조도

5.7.3 FOUR FEET WALKING ROBOT 삼면도

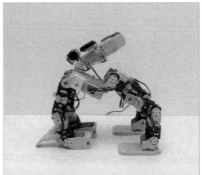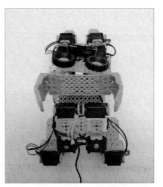

그림 5-48 ● Four Feet Walking Robot 삼면도 (순서대로 정면, 측면, 상면)

5.7.4 FOUR FEET WALKING ROBOT 구동 및 로직

1) Four Feet Walking Robot Block Diagram (Vision)

Vision Assistant의 Color Classification 함수를 통해 Red, Green, Blue 색상을 정의하는 Class를 생성하여 인식된 색상 값을 출력하게 된다. 인식된 색상에 따라 특정 모션이 구동될

수 있도록 구현되었다. Red 색상이 인식될 경우 발 구르기 모션, Green 색상이 인식될 경우 Wave 모션, Blue 색상일 경우 준비자세로 구동될 수 있게 제작되었다.

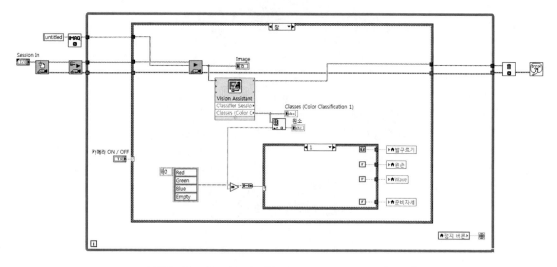

그림 5-49 ● Four Feet Walking Robot Block Diagram (Vision)

2) Four Feet Walking Robot Block Diagram (Motion)

14개 모터의 각도를 배열에 입력한 뒤, 배열 인덱스 함수를 통해 출력되는 회전각으로 각 모터의 움직임을 제어한다. 각 모션은 LabVIEW 상태머신 구조를 통해 순차적으로 연결되어 4족 보행 모션이 구동된다.

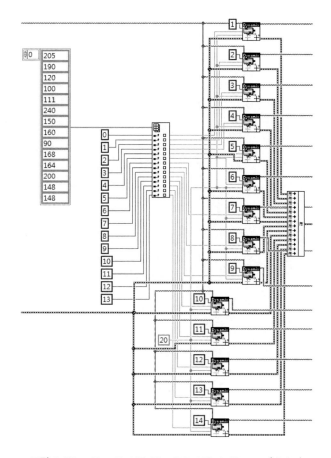

그림 5-50 ● Four Feet Walking Robot Block Diagram (Motion)

FOUR FEET WALKING ROBOT 제작 시 유의할 점

1. Vision Assistant의 Color Classification 사용 시 Samples 수가 많을수록 Color 인식률이 높아진다.
2. 발의 넓이를 크게 하여 4족 보행을 하는데 균형을 맞춘다.

5.7.5 가정용 로봇 사례

그림 5-51은 소니회사가 수십 억 원의 연구비를 들여 개발한 최초 애완로봇(Aibo)이다. Aibo 는 Vision 시스템을 이용하여 물체와의 거리를 감지하고, 가속도 센서를 설치하여 몸의 기 울기를 확인할 수 있어 넘어지거나 굴렀을 경우 스스로 일어설 수 있도록 제작되었다. 또한

Sound 인식을 통해 "앉아, 손, 앞으로" 등의 음성 인식 모션 컨트롤이 가능하다. 로봇에 다양한 센서 기능을 탑재하여 다양한 모션을 구현할 수 있음을 보여준 사례이다.

그림 5-51 ● 최초 애완로봇(Aibo)

가정용 로봇 사례 출처(히스픽토리) : http://www.hispictory.com/pins/1999-%EB%A1%9C%EB%B4%87-%EA%B0%95%EC%95%84%EC%A7%80/

5.8.1 TRANSFORMER ROBOT 데모

Transformer Robot은 실제 트랜스포머 영화에서 등장하는 로봇을 모티브로 제작한 로봇으로 로봇과 자동차를 결합한 형태의 로봇이다. Transformer 로봇 제작을 통해 기계적, 프로그래밍적인 이해도를 향상하는 데 그 목적이 있다. NI VISION 시스템을 기반하여, 자동으로 특정 물체를 추적하고 모션을 구동시키는 자동추적 알고리즘을 확인할 수 있을 뿐만 아니라 2족 보행의 장점인 다양한 자세 구현이 가능함을 보이고, 바퀴구동의 장점인 영상처리의 간편성을 확인할 수 있다.

그림 5-52 ● Transformer Robot Demo

● **REQUIREMENTS**

AX-12A 모터 : 12 EA

USB Camera : 1EA

바퀴 : 2 EA

CM-530 : 1EA

5.8.2 TRANSFORMER ROBOT AUTO TRACING ALGORITHM

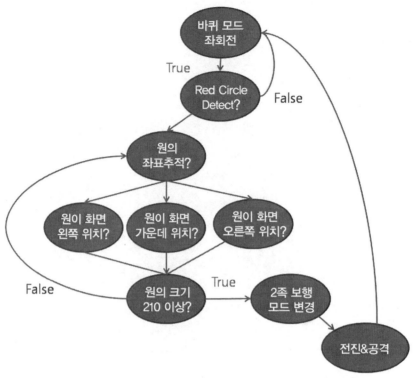

그림 5-53 ● Transformer Robot Auto Tracing Algorithm

5.8.3 TRANSFORMER ROBOT 삼면도

Transformer Robot은 AX-12A 12EA로 제작되었으며, 2개의 바퀴 모드와 10개의 관절 모드로 구현하였다.

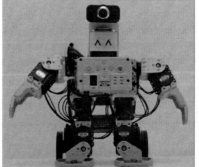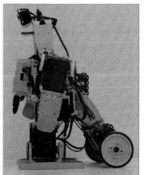

그림 5-54 ● Transformer Robot 삼면도 (순서대로 전면, 측면, 상면)

5.8.4 TRANSFORMER ROBOT 구동 및 로직

1) Transformer Key Control

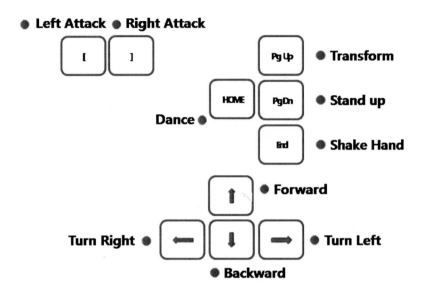

그림 5-55 ● Transformer Robot Key Control

*제공되는 솔루션 내에서 자동추적모드 컨트롤 사용 기능이 구현되어 있다.

2) Transformer 구동 순서

기타 추가적인 모션으로 넘어졌을 경우 PgUp 키를 이용하여 다시 일어설 수 있는 기능, Home 키를 눌렀을 경우 노래에 맞춰 춤을 추는 기능을 구현할 수 있다. Transformer의 기본적인 구동 순서는 그림 5-56과 같다.

그림 5-56 ● Transformer Robot 구동 순서

3) Transformer Robot Block Diagram

Transformer Robot Block Diagram은 생산자 소비자 구조 기반으로 작성되었다. 생산자 구조에서는 영상 수집과 키보드값을 입력받는다. 또한 자동추적모드를 누르게 되면, SubVI에 내장되어 있는 알고리즘대로 동작한다. 영상 수집의 경우에는 자동추적모드에서만 동작에 영향을 주고, 수동 조작모드에서는 단순한 감시용으로만 사용된다. 소비자 구조에서는 생산자 구조로부터 전송받은 키보드 값으로부터 Dynamixel을 제어하도록 하였다.

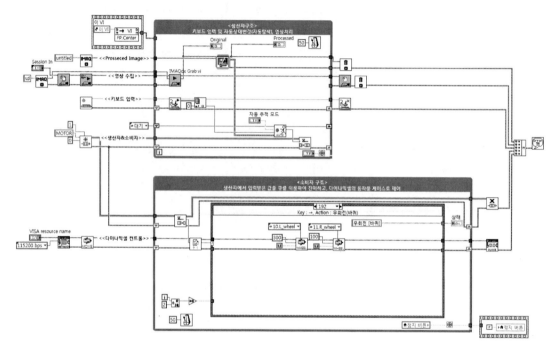

그림 5-57 ● Transformer Robot Block Diagram

4) Vision Assistant Logic

영상을 수집한 후에 Color Threshold를 이용하여 Red 계열의 색상을 추출하였다. Basic Morphology에서는 Dilate를 이용하여 영상을 원형에 가깝도록 복원한 뒤, Circle Detection을 이용하여, 원형 형태의 물체를 추적하고 원의 지름, 좌표값을 추출하였다. 추출된 값들을 활용하여 Auto Tracing Algorithm에 활용하였다.

그림 5-58 ● Transformer Robot Vision Assistant

5.8.5 TRANSFORMER ROBOT 활용

Transformer 로봇의 로직에 추가적으로 Wheel To Feet Transform 기능을 추가하여 그림 5-59와 같은 Transformer Tank Robot 구현이 가능할 것이다. 기존의 Transformer 로봇이 바퀴와 2족을 각각의 Dynamixel로 구현했다면, Transformer Tank Robot은 바퀴를 2족 보행할 수 있도록 Transform하는 로직으로 구현되어 있다. Transformer Tank Robot이 어떠한 구조로 변환되는지를 확인하고 구현해본다면, 로봇 제작에 대한 설계의 폭을 넓혀 줄 수 있을 것이다.

그림 5-59 ● Transformer Tank Robot

Transformer 활용 출처 : http://www.youtube.com/watch?v=XWkT8_NwONM

5.8.6 산업용 로봇 사례

하이브리드형 로봇의 개발을 통해서 다양한 동작 구현이 가능하였고, 영상처리 알고리즘을 추가하여 자동으로 임무를 수행할 수 있는 로봇을 제작할 수 있었다. 향후, 사물 인식과 동작 구현으로 경비 로봇이나 산업용으로 이용 가능할 것이고, 영상처리를 통해 자동화된 시스템으로서의 사용이 가능할 것이라고 판단된다. Transformer와 같은 2족 보행을 하는 로봇 중 산업용으로 사용되는 로봇에는 그림 5-60의 재난 구조 로봇용으로 제작된 로보티즈 사의 THOR이다.

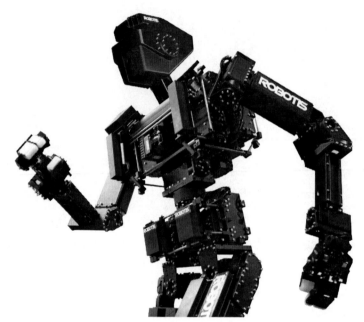

그림 5-60 ● 재난 구조 로봇(THOR)

일본 후쿠시마 원전 사태 이후 세계적으로 재난 구조 로봇을 개발해야 한다는 합의가 이뤄지고 있는 상황에서 지난 2013년 DARPA(Defence Advanced Research Project Agency)가 추진하는 재난 구조 로봇대회에서 예선 9위를 차지했다. 실제 THOR의 팔은 원자로 또는 방사능 물질에 대한 위험을 피하기 위해 먼 거리에서 원격으로 조정하는 장치로 산업현장에 투입될 예정이다.

5.9 DISASTER IN SPACE EXPLORATION ROBOT 제작 및 활용

5.9.1 DISASTER IN SPACE EXPLORATION ROBOT 데모

재난 탐사 로봇은 달팽이를 모티브한 Robot으로서 LabVIEW를 이용하여 Dynamixel 하드웨어를 제어하는 예제이다. 사람의 접근이 어려운 재난 현장에서 생존자 존재 여부를 판단하기위해 USB 카메라를 장착하여 Vision(피부색 감지 알고리즘)을 익히도록 하였고, 상황실에서현장상황을 보며 로봇을 컨트롤하기 위해 마우스로 UI 버튼을 컨트롤할 수 있는 모드와 키보드로 컨트롤할 수 있는 모드로 나누어 사용자의 편의를 높였다.

그림 5-61 ● Disaster In Space Exploration Robot

● REQUIREMENTS

AX-12A 모터 : 5 EA

USB Camera : 1EA

CM-530 : 1EA

5.9.2 DISASTER IN SPACE EXPLORATION ROBOT ALGORITHM

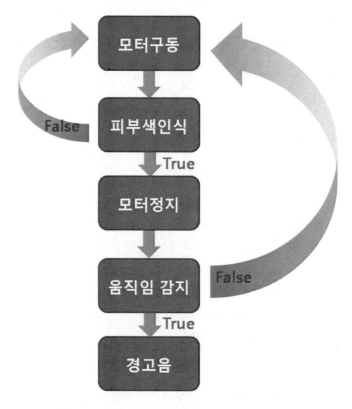

그림 5–62 ● Disaster In Space Exploration Robot Algorithm

5.9.3 DISASTER IN SPACE EXPLORATION ROBOT 삼면도

그림 5–63 ● Disaster In Space Exploration Robot 삼면도 (순서대로 정면, 측면, 상면)

5.9.4 DISASTER IN SPACE EXPLORATION ROBOT 구동 및 로직

1) DISASTER IN SPACE EXPLORATION ROBOT Key Control

제공되는 솔루션 내의 UI 단 컨트롤을 활용할 경우, 점프 모드 버튼을 활용하면 로봇을 약 20
도 가량 기울여 높은 지형을 오를 수 있도록 구현되었다.

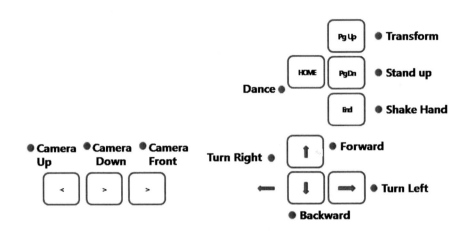

그림 5-64 ● Disaster In Space Exploration Robot Key Control

2) DISASTER IN SPACE EXPLORATION ROBOT 구동 순서

그림 5-65 ● DISASTER IN SPACE EXPLORATION ROBOT 구동 순서

3) DISASTER IN SPACE EXPLORATION ROBOT Block Diagram

블록다이어그램은 로봇 구동부와 키보드 컨트롤 부분으로 구성되어 있습니다. 로봇 구동부는
총 6개의 상태로 구성되어 있으며, 키보드 컨트롤은 자동 모드와 수동 모드 두 가지로 이루어
져 있습니다. 자동 모드일 경우 모터 구동이 실행되며, 모터 구동 중에 피부 인식이 되면 모터
가 정지합니다. 피부 인식에 사용된 Vision 함수는 Vision Assistant의 Color Classification
함수를 사용하여 Skin Color에 대한 Class 및 여러 Samples를 생성하여 Skin Color를 인식

할 수 있도록 하였다. 피부색이 감지된 화면에서 3초 간의 움직임이 감지되면 경고음을 발생시킨다. 만약, 3초 동안 움직임이 없다면, 다시 Skin Color 인식을 위해 모터가 구동된다.

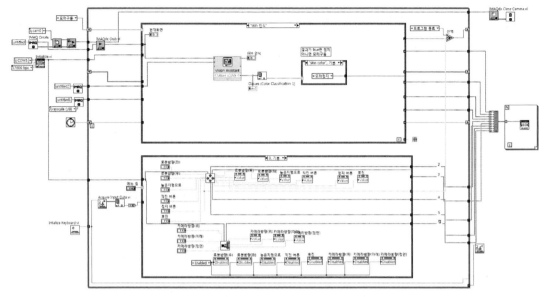

그림 5-66 ● Disaster In Space Exploration Robot Block Diagram

TIP

DISASTER IN SPACE EXPLORATION ROBOT 제작 시 유의할 점

1. 높은 지형을 이동하기 위해 Caterpillar 앞 단 모터를 들어올릴 수 있는 모터를 별도로 연결해야 한다.
2. Serial Com Port 번호는 Dynamixel Wizard에서 확인할 수 있으며, USB Camera Port 번호는 MAX → Device and Interface → NI IMAQdx Device에서 확인 가능하다.
3. 모든 모터 ID 설정을 각각 다르게 구성한다.

5.9.5 DISASTER IN SPACE EXPLORATION ROBOT 활용

재난 탐사 로봇의 캐터필러를 그림 5-67의 Liquid 로봇과 같이 Multiple Wheels와 Multiple Body 구조로 제작한다면 불균형한 지형에서 더욱 Flexible한 움직임 구현이 가능하다. 실제 제작된 로봇을 기반으로 보다 창의적인 방향에서 접근하여 더욱 효과적인 모션을 구현할 수 있는 아이디어가 돋보이는 Robot이라 할 수 있다. 실제 영상을 확인하고 어떠한 구조로 제작하였는지 확인해 보기 바란다.

그림 5-67 ● Liquid Robot

* DISASTER IN SPACE EXPLORATION 활용 출처
http://www.youtube.com/watch?v=30eAiQcRvkw

5.9.6 산업용 로봇 사례

그림 5-68 ● 무인 소방 로봇

재난 탐사 로봇의 모션 및 비전 기능을 활용하여 다양한 분야의 로봇에서 활용될 수 있을 것이다. 일반 로봇 크기보다 작은 사이즈와 높은 지형 또는 고르지 못한 지형을 이동할 수 있는 캐터필러를 이용한다면, 사람이 들어가지 못하는 좁은 구간을 탐사하기 위한 로봇을 개발할 수 있을 것이다. 또한 피부색 인식 로직을 자동차에 적용한다면, 사람을 발견할 경우 경고음을 일으키는 무인 자동차 알고리즘에 적용 가능하며, 상황실의 컨트롤러를 통해서 무거운 물체를 운반하는 운반용 로봇으로도 활용될 수 있을 것이다. 실제 산업 현장에서 사용되고 있는 재난 탐사 로봇과 유사한 로직의 로봇으로는 무인 소방 로봇이 있다. 그림 5-68의 무인 소방 로봇은 위험성이 높은 화재현장, 붕괴, 폭발 등에 소방공무원 대신에 접근하여 화재진압 업무 수행이 가능하다.

* 산업용 로봇 사례 출처 : http://busan119.tistory.com

요약

USER CREATED ROBOT WITH LABVIEW

5장에서는 3장의 Vision, 4장의 Motion을 활용하여 로봇을 제작하는 방법에 대해 알아보았다. Gripping Robot과 Tank Robot으로부터 모션과 비전이 통합된 기본적인 로봇을 살펴보았으며, Porter Robot, Snake Robot, Transporter Robot, Dragon Robot을 통해 관절 모드, 바퀴 모드의 모션을 효과적으로 적용할 수 있는 로직 구조를 배울 수 있었다. 또한 Four Feet Walking, Transformer, 재난 탐사 로봇에서는 NI Vision의 Color Pattern Matching, Color Matching, Color Classification 함수 및 기타 이미지 프로세싱 함수를 활용하여 로봇이 자동으로 물체를 인식하고 판단하며 구동될 수 있음을 확인할 수 있었다. 이렇게 9가지의 비전과 모션을 활용하여 제작된 Robot 사례들을 살펴보면서, 실제 로봇을 제작할 수 있는 방법을 살펴볼 수 있었다. 또한 Robot의 활용 사례를 통해 모션 설계에 대한 사고의 폭을 넓힐 수 있으며, 산업 현장에서 사용되는 로봇을 살펴보면서 교육용 로봇의 아이디어가 산업 현장에도 적용되어 개발될 수 있는 가능성을 확인할 수 있었다. 이번 5장에서 소개된 다양한 UCR Project 사례들을 제작해 보면서, 더욱 창의적이고 수준 높은 로봇을 제작할 수 있는 밑거름이 되길 바란다.

2장. 알고리즘

2.1절
1 : C   2 : C   3 : A

2.2절
1 : B   2 : B   3 : D   4 : A   5 : B

2.3절
1 : D   2 : C

2.4절
1 : B   2 : D

2.5절
1 : C

3장. 센서부

3.1절
1 : E   2 : A   3 : B   4 : D

3.2절
1 : C   2 : D   3 : C

3.4절
1 : C   2 : E   3 : A   4 : B

3.5절
1 : D   2 : F   3 : B

4장. 구동부

4.1절
1 : B   2 : A   3 : 바퀴 모드, 관절 모드   4 : Daisy Chain   5 : A

4.5절
1 : ID가 할당되지 않거나 겹치는 경우에 Dynamixel이 검색되지 않을 수 있다.
2 : Roboplus 소프트웨어의 펌웨어 복구를 할 수 있다.

4.6절
1 : Intialize.vi   2 : Move Motor.vi   3 : C

INDEX

LabVIEW

ni.com/trylabview를 방문하십시오

- LabVIEW의 새로운 기능 온라인 교육
- 모든 기능을 경험할 수 있는 평가판 다운로드
- 어플리케이션 별 모듈과 툴킷 평가판 제공
- DVD로 신청시 우편 발송

LabVIEW

마이랩뷰(mylv.net)

- 2,000건의 기술지원, 1,500건 이상의 오픈소스 자료, 300여 건의 사용자 솔루션, 월 평균 250건 이상의 사용자 Q&A
- 20,000여 명 이상의 월 평균 방문자*
- 어플리케이션 주제 및 산업, 지역, 소속 별로 170여 개 클럽 개설
- 마이랩뷰 오픈과 함께 해온 70여 명의 LabVIEW 파워 유저

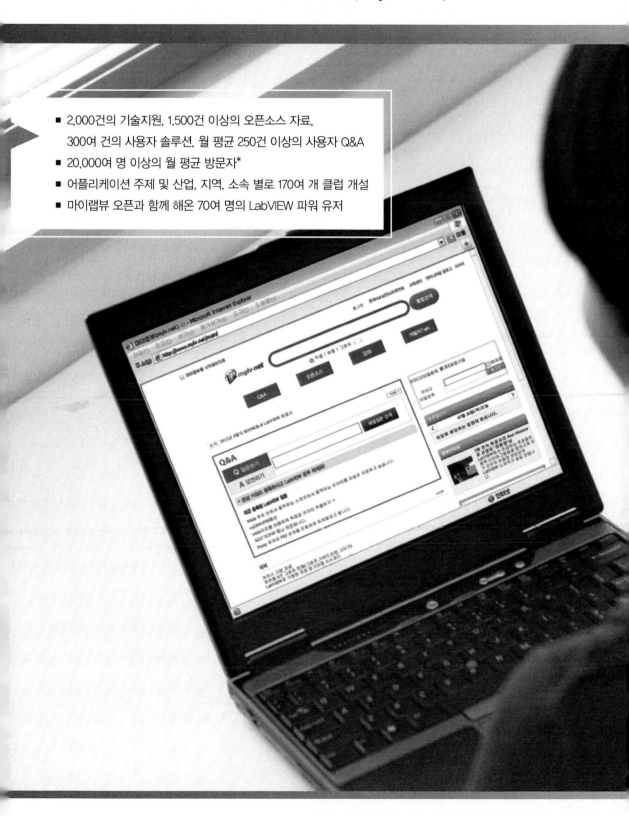

MEMO

MEMO

LabVIEW 기반의 로봇 개발
User Created Robot

인　　쇄	2014년 5월 22일 초판 1쇄	
발　　행	2014년 5월 29일 초판 1쇄	

저　　자	권오훈, 홍지수, 김수환, 박종경, 함범철
발 행 인	채희만
출판기획	안성일
영　　업	김우연
편집진행	우지연
관　　리	최은정
북디자인	디자인허브
발 행 처	INFINITYBOOKS
주　　소	경기도 고양시 일산동구 하늘마을로 158 대방트리플라온 C동 209호

대표전화	02)302-8441
팩　　스	02)6085-0777

Homepage	www.infinitybooks.co.kr
E-mail	helloworld@infinitybooks.co.kr

I S B N	979-11-85578-06-4
등록번호	제313-2010-241호
판매정가	24,000원

「이 도서의 국립중앙도서관 출판시도서목록(CIP)은 서지정보유통지원시스템 홈페이지
(http://seoji.nl.go.kr)와 국가자료공동목록시스템(http://www.nl.go.kr/kolisnet)에서 이용하실
수 있습니다.(CIP제어번호: 2014015810)」